江 苏 新 农 村 发 展 系 列 报 告
南京农业大学人文社科重大招标项目

江苏农村社会保障发展报告 2014

李 放等 著

科 学 出 版 社
北 京

内 容 简 介

《江苏农村社会保障发展报告 2014》是《江苏新农村发展系列报告》之一，由五个专题报告组成，分别对江苏新型农村合作医疗、农村最低生活保障、城乡居民社会养老保险、失地农民社会保障、农村扶贫开发的发展现状进行了专题研究。

本书数据资料翔实，兼顾微观与宏观视角、定性与定量方法，可以为相关理论和实际工作者及社会公众了解与研究江苏农村社会保障发展提供重要参考。

图书在版编目(CIP)数据

江苏农村社会保障发展报告. 2014 / 李放等著. 北京：科学出版社，2015.3

(江苏新农村发展系列报告)

ISBN 978-7-03-044024-2

I. ①江… II. ①李… III. ①农村－社会保障－研究报告－江苏省－2014 IV. ①F323.89

中国版本图书馆 CIP 数据核字(2015)第 063132 号

责任编辑：黄 海 顾晋饴/责任校对：鲁 素
责任印制：徐晓晨/封面设计：许 瑞

科 学 出 版 社 出版
北京东黄城根北街 16 号
邮政编码：100717
http://www.sciencep.com
北京京华虎彩印刷有限公司 印刷
科学出版社发行 各地新华书店经销
*
2015 年 3 月第 一 版 开本：787×1092 1/16
2015 年 3 月第一次印刷 印张：15 1/4
字数：220 000

定价：79.00 元

(如有印装质量问题，我社负责调换)

《江苏农村社会保障发展报告 2014》
主要撰写人员

李　放　何　军　王翌秋
周　蕾　谢　勇　沈苏燕

总 序

为了深入贯彻落实党的十七届六中全会精神和国家中长期科技与教育发展规划纲要，繁荣我校人文社会科学，强化我校新农村发展研究院的政策咨询功能，从2012年起，南京农业大学在中央高校基本科研业务费中增设人文社会科学重大专项。人文社会科学重大专项通过招标方式，主要资助我校人文社科专家、教授针对我国农业现代化和社会主义新农村建设中遇到的具有全局性、战略性、前瞻性的重大理论和实践挑战，以解决复杂性、前沿性、综合性的重大现实问题为重点，以人文社会科学为基础、具有明显文理交叉特征的跨学科研究。其中，为江苏“三农”服务的发展报告是首批重点资助的项目，项目实施一期三年，每年提交一份年度发展报告，并向社会公布。

江苏地处中国经济发展最快速、最具活力的长三角地区，肩负“两个率先”的光荣使命，正处于率先实现小康社会奋斗目标、全面开启现代化建设征程的新的历史起点。其经济社会发展的现状为南京农业大学发挥学科特点和综合优势，服务社会需求和发展大局，提出了新的挑战，提供了新的机遇。我校设立校人文社会科学重大招标项目主要基于四个方面的出发点。第一，随着我国整体改革的进一步深入，农业现代化进程的不断加快，农业现代化过程中凸显的难点和重点问题，使得人文社科研究的整体性、系统性、迫切性更加突出。我校通过顶层设计设置的人文社科重大招标项目——江苏“三农”相关领域发展报告，就是希望我校农业相关的人文社科领域专家、教授发挥团队力量，通过系统设计、周密调研和深入剖析，实现集体“发声”，冀求研究成果为江苏“两个率先”的实现做出应有的贡献，并对全国的农业现代化、对将来起示范和引领作用，从而扩大南京农业大学人文社科研究整体的社会影响力。第二，通过项目的实施，希望进一步引导我校人文社科领域专家、教授更加注重实际、实例与实体研究，更加关注传统与现实的结合，更加注重研究的定点和定位，更加重视科学研究资料和素材的积累。第三，通过项目实施，一个报告针对一个问题、围绕一个主题，使人文社科老师的科研活动多与社会、多与政府对接，使得研究成果的社会影响力和政府影响力都能得到充分发挥。第四，希望我校人文社科的老师与自然科学的老师形成交叉，培育新的人文社科学科发展增长点，推动学校创新团队培养和学科交叉融合。通过项目的实施，人才、团队、成果、学科、学术都能得到同步成长。

《江苏新农村发展系列报告》(2014)共分为十三个分册，分别为《江苏农村经济社会发展报告 2014》、《江苏农民专业合作组织发展报告 2014》、《江苏农村金融发展报告 2014》、《江苏乡村治理发展报告 2014》、《江苏农村社会保障发展报告 2014》、《江苏休闲农业发展报告 2014》、《江苏农业信息化发展报告 2014》、《江苏农村政治文明发展报告 2014》、《江苏农村生态文明发展报告 2014》、《江苏农村公共服务发展报告 2014》、《江苏农村文化建设发展报告 2014》、《江苏农村工业和城镇化发展报告 2014》、《江苏农村农业生产经营发展报告 2014》。各报告包括了 2014 年江苏全省农业相关领域的发展现状、总体评价、趋势分析及对策建议等；分别针对苏南、苏北、苏中专题进行评述并提出了相关建议；评析了 2014 年全省农业相关领域发展的典型案例；并附有 2014 年全省农业相关领域发展统计数据、政策文件以及发展大事记等。项目通过实证研究和探索，获得来自于农民生活、农业生产和农村社会实际的第一手资料，以期为政府决策提供真实的信息。项目实施过程中充分发挥了青年教师与研究生等有生力量的作用，既扩大了工作的影响面，又培养了人才。

总之，我校从专家集体发声、鲜明的导向、与社会及政府部门的对接、团队和学科交叉的发展这四个方面设计资助人文社会科学重大招标项目，希望对我校的人文社科发展起到积极的推动作用，能真正达到“弘扬南农传统和优势、对接古典和现实、破解农业现代化难题、振兴南农人文社科”的目的，同时为我国“三农”事业、经济社会发展，为江苏省农业科技进步、农业现代化和新农村建设作出新的贡献。

在项目的实施和发展报告的编写过程中，农业相关领域省级主管部门及各级各单位、各项目负责人及课题组成员给予了大力支持和密切配合，相关领域的领导和专家给予了指导，在此一并致以谢忱。

《江苏新农村发展系列报告》是一个全新的尝试，不足甚至谬误在所难免，还望社会各界倾力指教，以利更真实地记录江苏农业现代化进程的印迹，为美好江苏建设留下一组侧影。

南京农业大学副校长　丁艳锋

二○一四年十二月

前　言

《江苏农村社会保障发展报告 2014》是《江苏新农村发展系列报告》之一，得到中央高校基本科研业务费专项资金、南京农业大学人文社会科学重大招标项目资助(项目编号：SKZD201206)。项目负责人李放教授，主要成员有何军教授、王翌秋副教授、周蕾副教授、谢勇副教授、沈苏燕博士等。在制定详细研究方案的基础上，项目组走访了江苏省人力资源和社会保障厅、财政厅、民政厅、扶贫办等相关政府部门，并在全省范围内选取样本，分别对失地农民、低收入农户、农村老人和中青年人进行了问卷调查和访谈。经过大家的共同努力，形成了《江苏农村社会保障发展报告 2014》这一研究成果。在此，向提供支持和帮助的各级政府部门、被调查对象和调查员表示衷心的感谢！

本书各章的执笔人分别是：第一章，王翌秋、吕美晔、刘祎、茅奕奕、钟明月；第二章，周蕾、朱照莉、沙莎；第三章，沈苏燕、王寅、王丹丹、吕伟；第四章，谢勇、周润希；第五章，何军、黄昊舒、唐文浩。谢婷、王云云、张健、王丽艳、孟凡礼、叶云青等同学参与课题调研并收集、整理了书中的案例。全书由李放统稿、定稿。

受作者水平和时间所限，书中疏漏和不当之处在所难免，欢迎读者批评指正。

目　　录

第一章　江苏新型农村合作医疗发展报告

一、新型农村合作医疗发展现状

江苏新型农村合作医疗制度(以下简称“新农合”)自 2003 年试点实行以来，得到了快速的发展，早在 2005 年就率先实现了“全覆盖”的目标。在上一年度快速发展的基础上，2013 年江苏新农合在筹资规模、补偿方案、支付方式、运行成效、管理模式等方面又取得了新的成绩和突破。本节首先分析 2013 年江苏新农合的发展状况。

1. 覆盖面

自 2005 年实现“人人享有医疗保险”以来，江苏新农合覆盖率一直稳定在 90%以上，2013 年新农合农户参合率为 92.52%，参合人数达到 4055 万人，人口参合率为 99.95%，这为新农合的持续运行提供了基本保证。

2. 基金筹集

2007 年，江苏新农合共筹集资金 33.7 亿元，到 2012 年筹资总额增长到 134.1 亿元，2013 年筹资总额已快速增长到 160 亿元，与上年相比增加了 25.9 亿元。2007 年到 2013 年间江苏新农合筹资额年均增长 3.73%(图 1-1)。

与 2012 年类似，2013 年省级财政和县财政筹资在新农合筹资来源中所占比重最大(图 1-2)，2013 年省级和县级分别筹集资金 52.4 亿元、46.2 亿元，占比 33%和 29%；市和乡镇分别筹资 3.6 亿元、11.8 亿元，农民个人自付为 31.3 亿元，占比 2%、7%和 20%；中央财政、医疗救助缴纳以及其他资金分别筹资 7.2 亿元、0.92 亿元和 5.5 亿元，占比 4%、1%、3%，利息收入 0.99

亿元，占比 1%。

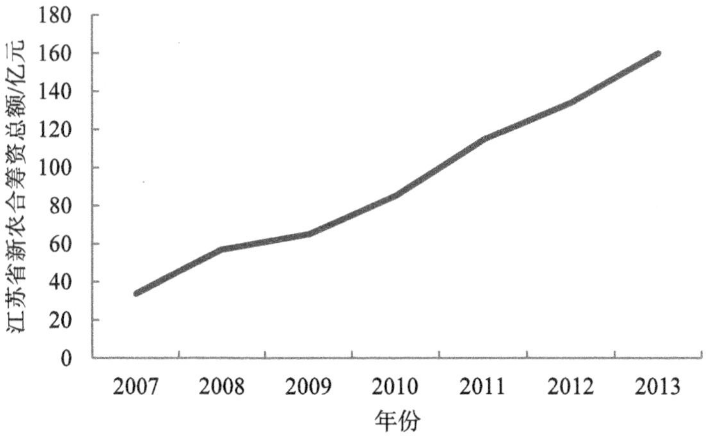

图 1-1 2007 年至 2013 年江苏新农合筹资总额

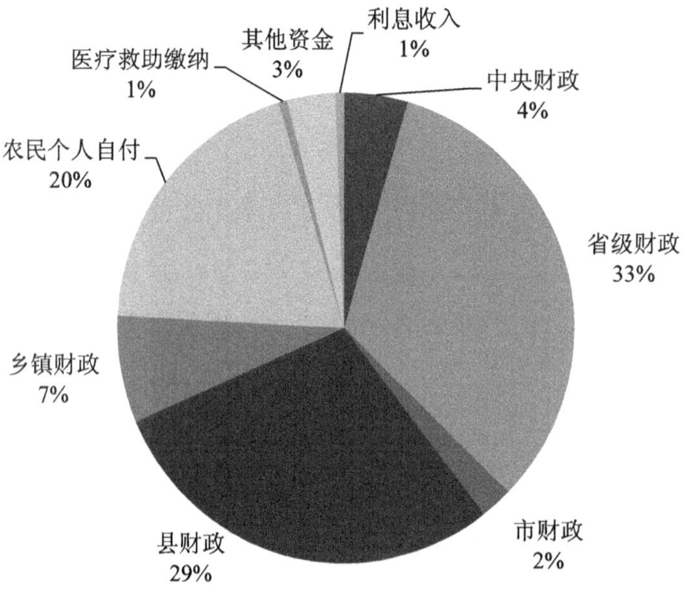

图 1-2 2013 年江苏新型农村合作医疗筹资比例

2013 年江苏新农合人均筹资 379 元，其中农民人均负担 80 元，各级财政补贴 299 元(图 1-3)，分别占比 21.1%、78.9%。与 2012 年相比，2013 年人均筹资额增加了 53 元，增幅为 16.25%，其中农民人均负担增加 12 元。

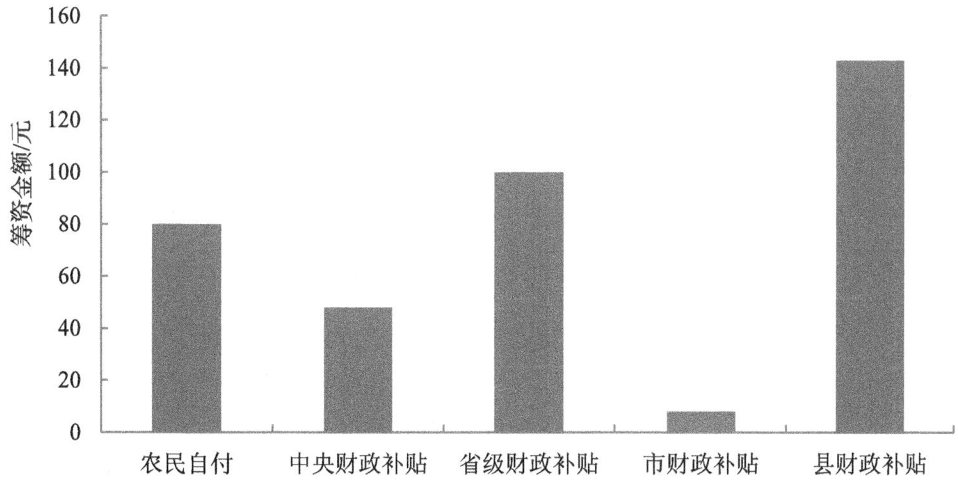

图 1-3　2013 年江苏新农合人均筹资的构成

2014 年江苏发布《关于做好新型农村合作医疗工作的通知》，各地纷纷对新农合基金筹资标准作出调整。例如，盐城市 2014 年的新农合筹资标准从人均 380 元提高到 430 元，其中各级财政补助从 305 元提高到 345 元，个人参合资金从 75 元提高到 85 元。又如南京市 2014 年新农合人均筹资标准是 600 元，其中农民个人交纳 130 元，市区镇三级财政对每个参保对象共补助 470 元，低保、五保户和重点优抚对象个人应缴纳部分由市和区财政各承担 50%。再如无锡市 2014 年的新农合筹资标准为人均 660 元，其中市财政补助 260 元，镇财政补助 250 元，个人自付 150 元。总之，2014 年江苏各地的人均筹资都有所增加，政府补助占总筹资额比例也相应增长。

3. 补偿和受益水平

1) 补偿水平稳步提高

随着新农合覆盖面的不断扩大以及筹资规模的不断增加，江苏参合人员补偿水平也显著提高。如表 1-1 所示，2013 年江苏新农合基金住院补偿总额 1 299 345.35 万元，门诊补偿总额 243 548.00 万元，体检补偿总额 2328.35 万元，住院分娩补偿总额 16 741.94 万元，特殊病种大额门诊补偿总额 32 721.41

万元，各项补偿总额共计 159.47 亿元。2013 年的新农合基金补偿总额比 2012 年增加 20.74%，除了体检补偿总额下降之外，其他各类补偿总额均有不同程度的增加。

表 1-1　2012 年和 2013 年江苏新农合基金各类补偿总额比较 (单位：万元)

项目	2013 年	2012 年	增长率/%
住院补偿总额	1 299 345.35	1 068 071.78	21.65
门诊补偿总额	243 548.00	208 207.91	16.97
体检补偿总额	2328.35	4666.69	−50.11
住院分娩补偿总额	16 741.94	14 969.95	11.84
特殊病种大额门诊补偿总额	32 721.41	24 869.73	31.57
补偿总额	1 594 685.05	1 320 786.06	20.74

资料来源：江苏省财政厅。

表 1-2 分住院和门诊补偿两类统计显示，参合居民全年住院总费用约为 2 355 851.18 万元，住院补偿人次数为 406.34 万人次，住院补偿总额 1 299 345.35 万元；参合居民门诊总额 647 745.52 万元，门诊补偿人次数为 13 478.35 万人次，门诊补偿总额 243 548.00 万元。

表 1-2　2013 年与 2012 年新农合次均住院补偿费用及次均门诊补偿费用

项目	2013 年		2012 年	
	住院	门诊	住院	门诊
补偿人次数/万人次	406.34	13 478.35	359.58	11 545.43
总费用/万元	2 355 851.18	647 745.52	1 977 833.04	598 998.87
补偿总额/万元	1 299 345.35	243 548.00	1 068 071.78	208 207.91
次均总费用/元	5797.78	48.06	5500.39	51.88
次均补偿费用/元	3197.70	18.07	2970.33	18.03
实际补偿比例/%	55.15	37.60	54.00	34.75

注：实际补偿比等于实际补偿费用除以总费用再乘以 100%，或等于次均补偿费用除以次均费用再乘以 100%。

资料来源：江苏省财政厅。

2013 年江苏参合居民次均住院费用为 5797.78 元，与 2012 年相比增长了

5.4%，而次均门诊费为 48.06 元，与 2012 年相比减少了 7.36%。2013 年的住院和门诊实际补偿比例分别为 55.15%和 37.60%，而 2012 年的住院和门诊实际补偿比例分别为 54%和 34.75%，2013 年均比 2012 年有所增加。

除了住院医疗费用外，特殊重大疾病医疗费用对居民的经济负担影响最大。数据显示，江苏参合居民全年特殊病种大额门诊总费用 59 250.52 万元，补偿人次数为 643 307 人，补偿总额约为 32 721.41 万元，补偿比例达到 55.23%。

2) 受益水平稳步提高，总体高于全国平均水平

如表 1-3 所示，2013 年全省共有 406.34 万人次获得新农合住院补偿，13 478.35 万人次获得门诊补偿，另外 80.74 万人次获得体检补偿，12.67 万人次获得住院分娩补偿，64.33 万人次获得特殊病种大额门诊补偿，补偿人数总计 14 042.43 万人次。

与 2012 年相比，全省新农合住院补偿人数、门诊、特殊病种大额门诊补偿人数均比上年有不同程度增长，增幅分别为 13%、16.74%、54.86%，而体检补偿和住院分娩补偿的人数有所减少，分别减少了 53.93%、3.65%。但总体来说，补偿人数增加了 16.24%，即一共增加了 1885.16 万人。

表 1-3 2013 年江苏新农合补偿人次和补偿受益情况

项目	补偿人次/万人		增长率/%
	2013 年	2012 年	
住院	406.34	359.58	13
门诊	13 478.35	11 545.43	16.74
体检	80.74	175.26	–53.93
住院分娩	12.67	13.15	–3.65
特殊病种大额门诊	64.33	41.54	54.86
补偿总计	14 042.43	12 080.27	16.24

资料来源：江苏省财政厅。

江苏新农合受益人次数以及受益率也在持续增加。受益人次数从 2007 年的 5853.51 万人次大幅增加到 2013 年的 13 984.79 万人次，同时受益率相应从 134.7%增加至 294.1%，远高于全国平均水平。如图 1-4 所示，2007~2012 年，全国新农合受益率由 61.64%提高至 216.77%，同期江苏新农合受益率由 136.13%增长至 295.41%。

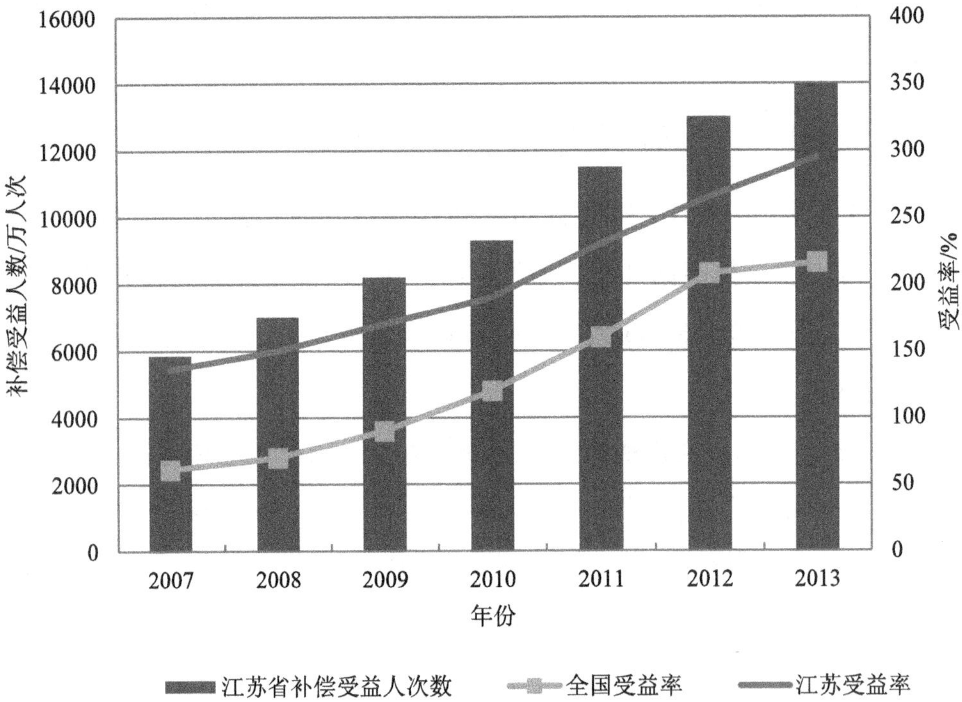

图 1-4　江苏参合居民受益水平

注：受益率=受益人次/参合人数×100%

3) 受益率稳步增加，但住院受益率仍低于全国平均水平

2013 年江苏新农合住院受益率为 10.02%，比 2012 年提高了 1.23 个百分点；2013 年门诊受益率为 332.38%，比 2012 年提高 50.05 个百分点；体检及其他受益率为 2.46%，与 2012 年的 2.95%相比有小幅度的下降。体检受益率下降的原因，主要是新农合规定全年没有得到过报销的参合农户，可以免费

参加健康体检，因此，新农合门诊和住院受益率的提高必然会伴随着体检受益率的下降(表 1-4)。

表 1-4　2013 年及 2012 年江苏新农合受益率

项目	2013 年		2012 年	
	受益人次/万人	受益率/%	受益人次/万人	受益率/%
住院	406.34	10.02	359.58	8.79
门诊	13 478.35	332.38	11 545.43	282.33
体检及其他	100.09	2.46	175.26	4.29
补偿总计	13 984.78	344.87	12 080.27	295.41

资料来源：江苏省财政厅。

综上所述，2013 年江苏新农合筹资总额稳步提升，新农合补偿总额、补偿比例、受益面、受益率继续稳步提高，进一步降低了参合居民疾病经济负担，效果更加显著。

二、近三年来新农合发展总体状况

1. 覆盖面

2013 年江苏参加新农合户数共 1342 万户，农户参合率为 92.52%，而 2012 年和 2011 年分别为 99.80%、100.00%，可见近三年农户参合率有小幅下降，但总的来说，新农合实现了江苏农村居民几乎全面覆盖，并一直稳定在 90%以上的水平，为实现新农合的可持续发展提供了必要条件。

2013 年江苏参合人数为 4055 万人，人口参合率 99.95%，高于全国人口参合率 98.7%。2012 年和 2011 年江苏参合人数分别为 4254 万人、4296 万人，相对应的人口参合率为 99.67%、99.72%，如图 1-5 所示，均不同程度高于全国人口参合率。

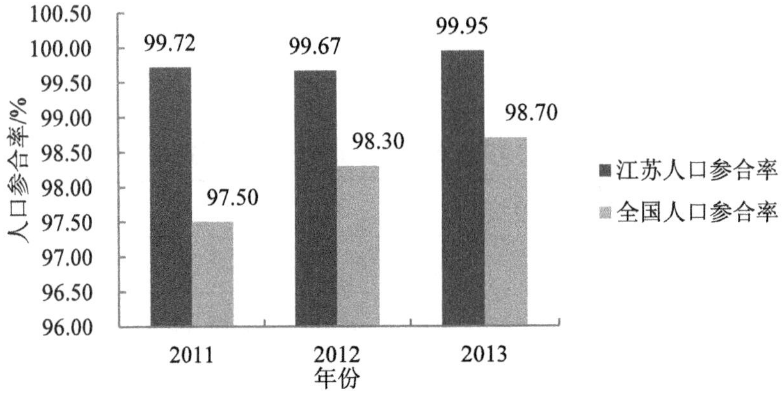

图 1-5　2011~2013 年江苏及全国人口参合率

2. 基金筹集

2013 年江苏新农合共筹集基金 160 亿元，比 2012 年的 134.1 亿元增长 19.31%，新农合筹资额占当年全国新农合筹资总额的 5.38%，而 2011 年和 2012 年筹资总额分别为 114.4 亿元、134.1 亿元，2012 年的增长率为 17.22%。由图 1-6 可以看出，2007~2013 年江苏省新农合筹集基金不断增长，而且增幅也不断提高。

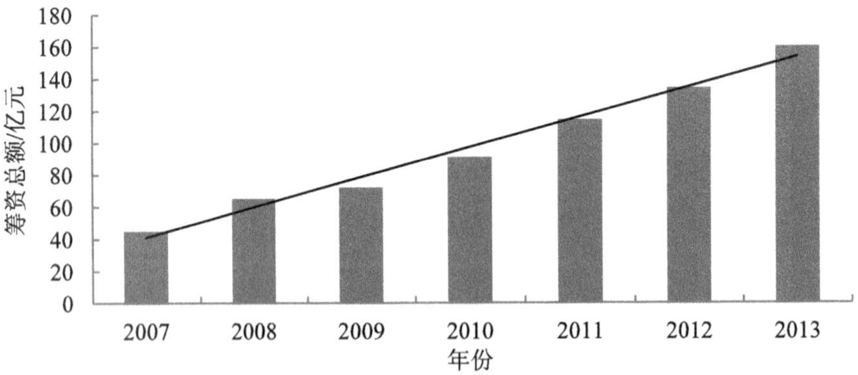

图 1-6　2007~2013 年江苏新农合筹资总额

观察近三年的资金筹集来源，省级财政在新农合筹资来源中所占比重最大，均在 31%以上，2011~2013 年新农合省级财政筹资额分别为 42.16 亿元、42.73 亿元、52.44 亿元，2013 年省级财政筹资额较 2012 年相比，增长率为

22.72%，增加幅度较大。

在新农合筹资来源中所占比重第二的是县财政，2011~2013 年新农合县财政筹资额分别为 36.39 亿元、40.61 亿元、46.21 亿元，三年的县财政筹资额占筹资总额比例则分别为 31.81%、30.29%、28.88%，三年来所占比重都在 30%左右。

三年的农民个人自付比重则均在 19%左右，2011~2013 年新农合农民个人自付筹资额为 21.65 亿元、26.35 亿元、31.28 亿元，增长幅度较为稳定，均在 20%左右。

由表 1-5 可知，与 2011 年相比，2012 年新农合基金来源增加了中央财政、医疗救助缴纳以及其他资金，但新增来源所占份额不大，新增三项来源分别筹资 8.87 亿元、0.77 亿元和 0.57 亿元，三项筹资之和占比 7.7%。2013 年新农合基金来源中央财政、医疗救助缴纳以及其他资金分别筹资 7.24 亿元、0.92 亿元和 5.47 亿元，所占比增幅较大的为其他资金，比例从 2011 年的 0.42%增长到 3.42%。

表 1-5　2011~2013 年江苏新农合筹资来源金额及其比例 (单位：万元)

项目	2011 年		2012 年		2013 年	
	金额	比例/%	金额	比例/%	金额	比例/%
基金筹资总额	1 143 876.04	100.00	1 340 662.95	100.00	1 600 036.54	100.00
中央财政	—	—	88 660.97	6.61	72 436.2	4.53
省级财政	421 642.25	36.86	427 256.78	31.87	524 356.42	32.77
市财政	27 240.17	2.38	32 137.09	2.40	36 263.75	2.27
县财政	363 918.48	31.81	406 142.99	30.29	462 119.94	28.88
乡镇财政	110 280.01	9.64	101 154.57	7.55	118 301.78	7.39
农民个人自付	216 513.65	18.93	263 542.01	19.66	312 759.16	19.55
医疗救助缴纳	—	—	7739.229	0.58	9164.99	0.57
其他资金	—	—	5656.3054	0.42	54 726.82	3.42

资料来源：根据江苏省财政厅提供的数据整理。

在新农合人均筹资方面，2011~2013年江苏新农合人均筹资267元、326元、379元，2012年的人均筹资增加了59元，增幅为22.10%，而2013年与2012年相比，人均筹资增加了53元，增幅为16.26%。由图1-7可知，近三年新农合农民人均筹资额有小幅增长，但各级财政筹资额增加幅度更大，因此农民人均负担占个人人均筹资的比重呈减少趋势。

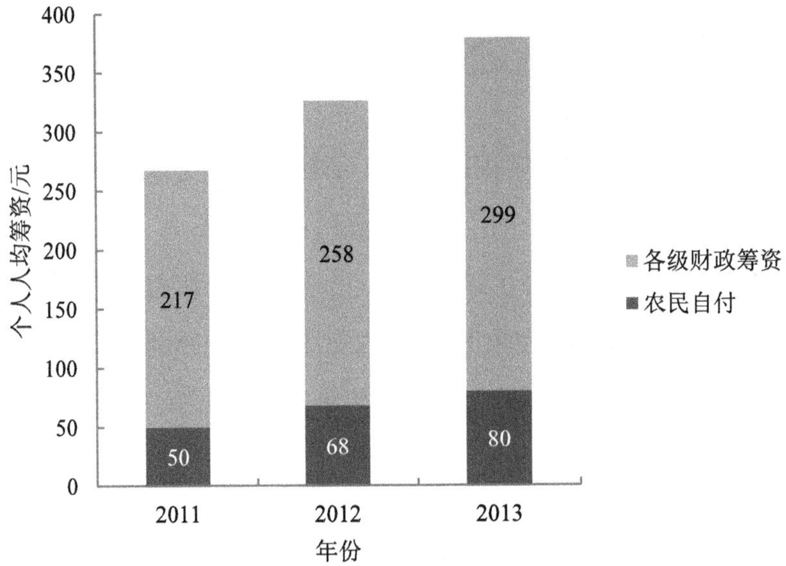

图 1-7　2011~2013 年江苏新农合个人筹资与政府筹资比较

3. 补偿和受益水平

1) 补偿水平持续提高，重大疾病保障有明显成效

随着新农合覆盖面的不断扩大以及筹资规模的不断增加，江苏参合人员补偿水平也显著提高。表 1-6 比较了 2011~2013 年这三年来江苏新农合住院及门诊补偿比例。数据显示，三年来新农合各类补偿比例均有不同程度的增加，2012 年乡镇医院、县医院的住院报销比例和门诊报销比例均有所上调，2013 年在 2012 年的基础上上调了在县以上医院住院报销比例。

住院、门诊报销起付线基本没有变化，只是2013年规定了在县以上医院住院起付线为600元，自2012年取消了门诊报销的封顶线，新农合为农民提供了更多的保障。

表1-6　2011~2013年江苏新农合补偿水平比较

		2011年	2012年	2013年
住院	在乡镇医院住院起付线/元	100~300	100~300	100~300
	报销比例/%	65~90	75~90	75~90
	在县医院住院起付线/元	300~500	300~500	300~600
	报销比例/%	55~70	60~75	60~75
	在县以上医院住院起付线/元	500~800	500~800	600
	报销比例/%	30~50	30~50	30~70
门诊	门诊报销起付线/元	0	0	0
	报销比例/%	20~50	25~50	25~50
	封顶线/元	200~2000	无	无

资料来源：根据江苏省财政厅提供的数据整理。

如表1-7所示，2013年江苏新农合基金住院补偿总额约1 299 345.35万元，门诊补偿总额约为243 548万元，体检补偿总额约为2328.35万元，住院分娩补偿总额约为16 741.94万元，特殊病种大额门诊补偿总额约32 721.41万元，各项补偿总额共计约为159.47亿元，与2012年相比，2013年补偿总额增长了20.74%。三年来除了体检补偿总额下降之外，其他各类补偿总额均有不同程度的增加。2013年特殊病种大额门诊补偿总额涨幅较大，比2012年增加近一倍。2013年其他的补偿总额增长率虽然逐渐趋缓，但增长幅度依然较大。

表1-7　2011~2013年江苏新农合各类补偿总额比较 (单位：万元)

项目	2011年	2012年	2013年	2011年与上年增长率/%	2012年与上年增长率/%
住院补偿总额	861 116.70	1 068 071.78	1 299 345.35	24.03	21.65
门诊补偿总额	151 172.91	208 207.91	243 548	37.73	16.97

续表

项目	2011 年	2012 年	2013 年	2011 年与上年增长率/%	2012 年与上年增长率/%
体检补偿总额	6972.34	4666.69	2328.35	−33.07	−50.11
住院分娩补偿总额	11 271.39	14 969.95	16 741.94	32.81	11.84
特殊病种大额门诊补偿总额	21 589.00	24 869.73	32 721.41	15.20	31.57
补偿总额	1 052 122.34	1 320 786.06	1 594 685.05	25.54	20.74

资料来源：根据江苏省财政厅数据整理。

表 1-8 显示，2013 年参合居民全年住院总费用约为 2 355 851.18 万元，住院补偿人次数为 406.33 万人次，与 2012 年相比均有所增加，并且住院费用增长速度快于住院补偿人次数增长速度。而2013 年补偿总额为 1 299 345.35 万元，增长率有所减缓，同样的次均补偿费用增长率也有所减缓，而住院总费用逐年增长率变快，这导致次均自付费用增长速度加快。但是相较于 2011 年的住院补偿人次数及住院费用的大幅增加，2013 年的住院次均自付费用已明显下降，实际补偿比例也持续增加，减轻了江苏参合人员的住院负担。

表 1-8　2011~2013 年江苏新农合次均住院补偿费用

项目	2011 年	2012 年	2013 年	2011 年与上年增长率/%	2012 年与上年增长率/%
补偿人次数/万人	322.75	359.58	406.33	11.41	13.00
总费用/万元	1708 564.88	1 977 833.04	2 355 851.18	15.76	19.11
补偿总额/万元	861 116.70	1 068 071.78	1 299 345.35	24.03	21.65
次均总费用/元	5293.85	5500.39	5797.78	3.90	5.41
次均补偿费用/元	2668.10	2970.33	3197.70	11.33	7.65
次均自付费用/元	2625.75	2530.06	2600.08	−3.64	2.77
实际补偿比例/%	50.40	54.00	55.15	3.60	1.15

注：实际补偿比等于实际补偿费用除以总费用再乘以 100%，或等于次均补偿费用除以次均费用再乘以 100%。

资料来源：根据江苏省财政厅数据整理。

表 1-9 显示，2013 年的参合居民全年门诊总额为 647 745.52 万元，门诊

补偿人次数为 13 478.35 万人次，门诊补偿总额约为 243 548 万元。2013 年门诊补偿人次数，门诊总费用、补偿总额增长率分别为 16.74%、8.14%、16.97%，其补偿总额增长率均超过门诊补偿人次数和门诊总费用的增长率，这使得门诊次均自付费用大幅下降，补偿效果十分明显。三年的门诊补偿费用分别为 151 172.91 万元、208 207.91 万元、243 548 万元，门诊补偿费用的不断增加，使江苏参合人员的门诊实际补偿比例也有所增加，只是次均补偿费用增长缓慢，实际补偿比例也逐渐变缓。

表 1-9　2011~2013 年江苏新农合次均门诊补偿费用

项目	2011 年	2012 年	2013 年	2011 年与上年增长率/%	2012 年与上年增长率/%
补偿人次数/万人	9050.89	11 545.43	13 478.35	27.56	16.74
总费用/万元	581 881.89	598 998.87	647 745.52	2.94	8.14
补偿总额/万元	151 172.91	208 207.91	243 548	37.73	16.97
次均总费用/元	64.29	51.88	48.06	−19.30	−7.36
次均补偿费用/元	16.70	18.03	18.07	7.96	0.22
次均自付费用/元	47.59	33.85	29.99	−28.87	−11.40
实际补偿比例/%	25.98	34.75	37.60	8.77	2.85

注：实际补偿比等于实际补偿费用除以总费用再乘以 100%，或等于次均补偿费用除以次均费用再乘以 100%。

资料来源：根据江苏省财政厅数据整理。

除了门诊和住院医疗费用外，特殊重大疾病医疗费用对居民的经济负担影响最大。表 1-10 显示，2011~2013 年江苏参合居民全年特殊病种大额门诊总费用分别为 42 693.65 万元、45 170.89 万元、59 250.52 万元，补偿人次数分别为 307 695 人、415 435 人、643 307 人，补偿总额从 2011 年的 21 589.00 万元上涨至 2013 年的 32 721.41 万元。特殊病种大额门诊补偿总额的大幅增加，切实增加了农民的特殊重大疾病的保障，减轻了农民的大病经济负担。

表 1-10　2011~2013 年特殊病种大额门诊补偿情况

项目	2011 年	2012 年	2013 年	2011 年与上年增长率/%	2012 年与上年增长率/%
特殊病种大额门诊人次数/万人	307 695	415 435	643 307	35.12	54.85
特殊病种大额门诊总费用/万元	42 693.65	45 170.89	59 250.52	5.80	31.17
特殊病种大额门诊补偿总额	21 589.00	24 869.73	32 721.41	15.20	31.57

资料来源：根据江苏省财政厅数据整理。

2013 年江苏 13 个市全面实施新农合重大疾病保障(20 类重大疾病)，2013 年累计救治重大疾病患者人数 13.94 万人次，新农合重大疾病保障支出 84 261.88 万元，重大疾病保障实际补偿比 71.36%。2013 年新农合大病保险试点工作展开，徐州、淮安、连云港以市为单位全面实施，常州、扬州、盐城试点实施率超过 50%，2013 年全省共有 42 个新农合统筹地区开展试点工作，大病保险参加人数 2265.84 万人次。参保人在得到新农合补偿后，如果个人负担部分超过大病保险补偿标准的，可以按 50%~80%的补偿比例获得再次补偿。

2) 受益水平快速提高，但住院受益率低于全国平均水平

如表 1-11 所示，2011~2013 年江苏分别有 322.75 万人、359.58 万人、406.34 万人次获得新农合住院补偿，有 9050.89 万人、11 545.43 万人、13 478.35 万人次获得门诊补偿，三年来住院补偿和门诊补偿人数不断上升，增长迅速。

另外，2013 年共有 12.67 万次获得住院分娩补偿，有 64.33 万人次获得特殊病种大额门诊补偿，体检补偿人次数为 80.74 万人，补偿人数总计 14 042.43 万人次。人均补偿受益次数从 2011 年 2.235 次上升至 2013 年的 3.463 次，三年人均受益次数远远高于全国人均补偿受益次数。

表 1-11　2011~2013 年新农合补偿人次和补偿受益情况

项目	2011 年		2012 年		2013 年	
	补偿人次/万人次	人均补偿受益/次	补偿人次/万人次	人均补偿受益/次	补偿人次/万人次	人均补偿受益/次
住院	322.75	0.075	359.58	0.088	406.34	0.100
门诊	9050.89	2.107	11 545.43	2.823	13 478.35	3.324
体检及其他	229.45	0.053	175.26	0.043	157.74	0.039
补偿总计	9603.09	2.235	12 080.27	2.954	14 042.43	3.463

资料来源：根据江苏省财政厅数据整理。

仔细比较三年新农合住院补偿人数、门诊补偿人数、住院分娩补偿人数以及特殊病种大额门诊补偿人数，均比前一年有不同程度增长，平均增长率分别为 6.47%、12.23%、0.38%和 27.27%，三年间体检补偿人数却减少了 105.46 万人次，但总体来说，补偿人数增加了 4439.34 万人，平均增长率为 11.56%。

江苏新农合受益人次数以及受益率也在持续增加。受益人次数从 2007 年的 5853.51 万人次大幅增加到 2013 年的 14 042.43 万人次，同时受益率相应从 134.7%增加至 344.39%。如图 1-8 所示，2007~2013 年，全国新农合受益率由 61.64%提高至 242.14%，江苏参合居民受益率始终远远高于全国平均水平。

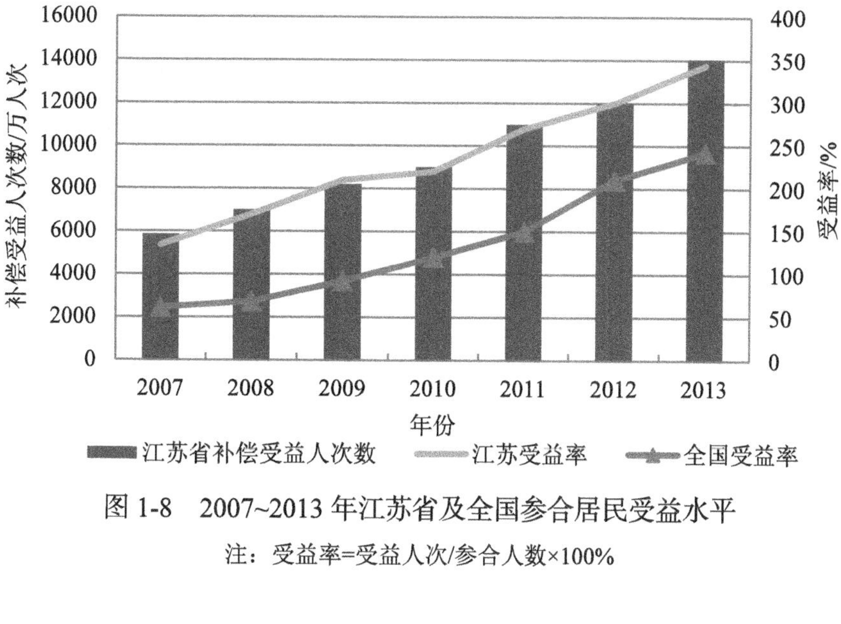

图 1-8　2007~2013 年江苏省及全国参合居民受益水平

注：受益率=受益人次/参合人数×100%

如表 1-12 所示，分析 2011~2013 年三年的数据可知，江苏新农合门诊受益率由 249.50%增长至 332.38%，住院受益率由 7.51%增长至 10.02%，而体检受益率由 30.3%下降至 1.99%。

表 1-12　2011~2013 年新农合受益人数及受益率

项目	2011 年		2012 年		2013 年	
	受益人次/万人次	受益率/%	受益人次/万人次	受益率/%	受益人次/万人次	受益率/%
门诊	9050.89	249.50	11 545.43	282.33	13 478.35	332.38
住院	322.75	7.51	359.58	8.79	406.34	10.02
体检	1301.70	30.3	120.56	2.95	80.74	1.99

资料来源：根据江苏省财政厅数据整理。

总体来说，江苏新农合受益人数不断增长，门诊受益率和住院受益率都在持续增长，这说明有越来越多的居民从新农合中获益，新农合为居民看病和住院提供了经济保障。

2011~2013 年江苏省新农合门诊受益率分别为 210.70%、282.33%、332.40%，2013 年比 2011 年提高 121.7 个百分点，三年门诊受益率平均增长率为 19.25%，增加速度快速，增加幅度较大。图 1-9 显示，三年的全国新农合门诊受益率分别为 140.3%、191.4%、189.5%，江苏新农合门诊受益率分别高于全国平均水平 70.4、90.9、142.9 个百分点。

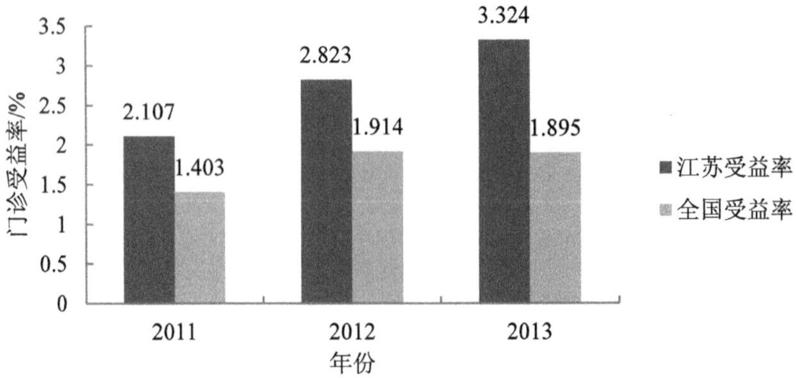

图 1-9　2011~2013 年江苏及全国门诊受益率

如图 1-10 所示，2013 年江苏新农合住院受益率为 10.02%，比 2012 年提高了 1.05 个百分点，比 2011 年提高了 2.51 个百分点。江苏住院受益率相对较低，三年分别低于全国平均水平 0.89、1.77、1.58 个百分点。

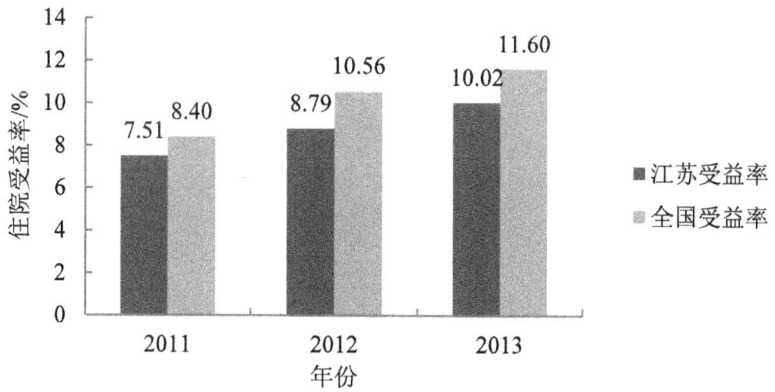

图 1-10　2011~2013 年江苏及全国住院受益率

4. 政策效果

从反映农民疾病经济负担的次均住院费用占人均年消费支出及人均年收入指标来看，2013 年江苏农村居民次均住院总费用占人均年消费支出的比例为 60.35%，占人均年纯收入的比例为 42.64%，如图 1-11 所示，与 2011 年和 2012 年相比，2013 年江苏农村居民次均住院总费用占人均年消费支出及人均年纯收入的比例已经有所下降。

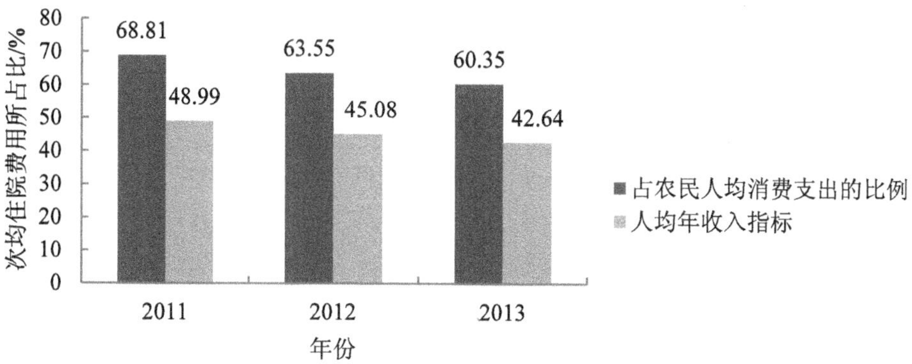

图 1-11　2011~2013 年次均住院费用占农民人均年消费支出及人均年收入比例

而农民获得新农合补偿后，2013 年的次均自付住院费用占人均年消费支出的比例下降到 27.06%，占人均年纯收入的比例降至 19.12%。如图 1-12 所示，自 2011 年开始，农民次均自付住院费用比例逐年下降，2012 年获得新农合补偿后的费用比例下降幅度更大，缓解农民疾病负担效果逐年明显。

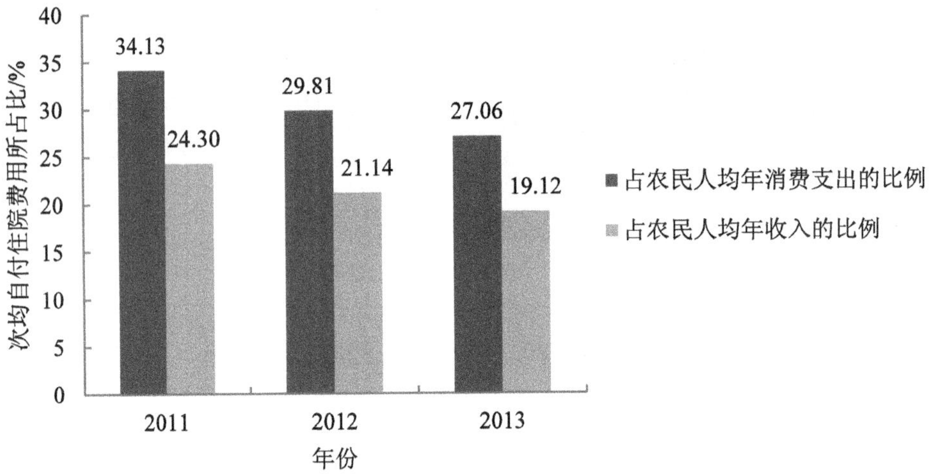

图 1-12　2011 年至 2013 年次均自付住院费用占农民人均年消费支出及人均年收入的比例

从次均住院费用占人均纯收入指标看，2011~2013 年农民住院经济负担分别为 48.99%、45.08%、42.79%(表 1-13)，呈小幅下降趋势。经新农合补偿后，2011~2013 年的居民住院经济负担分别为 24.30%、20.73%、19.19%，均降低一半左右。随着住院补偿比例的持续增加，江苏居民住院经济负担还会下降。

表 1-13　2011~2013 年新农合补偿前后居民住院经济负担比较 (单位：%)

	2011 年	2012 年	变化	2013 年	变化
新农合补偿前	48.99	45.08	−3.91	42.79	−2.29
新农合补偿后	24.30	20.73	−3.57	19.19	−1.54
补偿前后变化	−24.69	−24.34	0.35	−23.60	0.74

资料来源：根据江苏省财政厅数据整理。

从次均门诊费用占人均纯收入指标来看，三年来农民的次均门诊费用占人均纯收入的比重也有所下降。2011~2013 年的农民门诊经济负担分别为 0.60%、0.43%、0.35%(表 1-14)，新农合补偿后，三年的农民门诊经济负担分别为 0.44%、0.28%、0.22%，2012 年下降幅度较大，而 2013 年补偿前后变化最大。

表 1-14 2011~2013 年新农合补偿前后居民门诊经济负担的比较 (单位：%)

	2011 年	2012 年	变化	2013 年	变化
新农合补偿前	0.5950	0.4252	−0.1698	0.3547	−0.0705
新农合补偿后	0.4404	0.2774	−0.1630	0.2213	−0.0561
补偿前后变化	−0.1546	−0.1478	0.0068	−0.1334	0.0144

资料来源：根据江苏省财政厅数据整理。

三、年度重点工作及绩效

2013 年，江苏新农合参合率保持在 98%以上，人均筹资达到 379 元，其中各级财政补助不低于 280 元，县乡两级政策范围内住院费用报销比例稳定在 75%以上[①]。2014 年，江苏在新农合制度各方面都继续巩固提升。首先，继续落实农村重大疾病保障惠民政策，将容易导致农民群众“因病致贫、因病返贫”的 20 种疾病纳入重大疾病保障范围，在各统筹地区全面推动实施。其次，大力推动建立大病保险制度，按照不低于当年新农合人均筹资标准的 5%设立大病保险资金，以市为单位统一政策、统一实施。再次，全面推进混合支付方式改革，已在超过 80%的统筹地区实施按病种付费与按床日付费等相结合的混合支付方式改革，新农合次均住院费用增长幅度控制在 5%以内。另外，继续全面推进异地就医联网即时结报服务，以转外预约就医和出院即时结报为重点，扩大省级联网医院范围，切实方便患者异地就医。

① 江苏省卫生厅：2013 年重点工作完成情况，http://www.jswst.gov.cn/zwgk/bmyjs/2014/09/26093122062.html.

1. 进一步落实农村重大疾病保障惠民政策

江苏近年来积极推进农村重大疾病医疗保障工作，丰富医疗保障层次，着力减轻农村居民患大病的医疗费用负担。已将 20 个病种扩容至农村大病保障范畴，参合群众患大病负担明显减轻。2013 年，救治重大疾病患者 13.5 万，补偿金额 8.8 亿元，其中新农合支出 8.4 亿元，实际报销比例达 71.4%。

1) 将重大疾病纳入临床路径管理

为了规范医疗行为，江苏将重大疾病纳入临床路径管理。截至 2014 年上半年，全省已转发及制定了 342 个病种的临床路径，重大疾病中的某些病种也制定了标准化的临床诊疗方案，定点救治医院严格按照重大疾病规范化诊疗方案诊疗。

2) 科学设置定点救治医院

在设置定点救治医院时采用科学区别的方法。重大疾病定点救治以县级医院为主，中心卫生院或县外的二级以上医疗机构为辅。少数医疗费用高、医疗风险较大的病种如儿童白血病、慢性髓细胞白血病和血友病等的救治由省级定点医院承担。科学分类便于特殊病种集中优质医疗资源，形成规模治疗效应，降低医疗成本和风险。

3) 全面实行即时结报

重大疾病患者全部实行即时结报。重大疾病患者完成每次或每个周期的治疗后，只需缴纳个人自付部分，其余费用由定点救治医院先行垫付，由县级经办机构予以支付。且参合农民患重大疾病获实际报销额不受当地新农合以及医疗救助最高补偿封顶线的限制。

4) 部分病种实行特药制度

为减轻患者经济负担，对于某些病种的特殊药品实行特药制度，物价部门对价格进行审核，供应商给予价格优惠。比如治疗慢性髓细胞白血病所需的格列卫已经纳入特殊药品项目进行管理，前三个月病人的格列卫治疗费用由新农合基金报销 70%，病人自付 30%，后九个月的药品由公司和慈善组织免费提供，新农合及捐赠免除的费用高达 26 万元[①]。

在实施农村重大疾病医疗保障试点工作和新农合大病保险工作中，切实加强组织领导，不断健全和完善各项管理制度，保证了重点工作的落实，取得明显成效，受到广大参合群众的欢迎。

2. 全面推进城乡居民大病保险试点

在实施重大疾病保障的基础上，积极推进大病保险工作，巩固完善新农合制度，努力构建多层次医疗保障体系。2013 年 1 月江苏省出台了《关于开展城乡居民大病保险工作的实施意见》(苏发改社改发〔2013〕134 号)，全面启动了大病保险工作，2014 年 1 月发布《关于开展城乡居民大病保险工作的实施意见》,卫生厅也发布《江苏省新农合大病保险合规医疗费用范围(试行)》，配合省发展改革委出台《江苏省城乡居民大病保险承办机制招标管理若干规定》，进一步明确大病保险配套政策。

1) 大病保险试点覆盖面广

截至 2014 年上半年，已有 42 个新农合统筹地区被确定为新农合大病保险省级试点，占全省统筹地区总数的 53.8%，试点受益的参合人口达到 2300 万人。徐州市、连云港市、淮安市实现新农合大病保险试点工作全覆盖；常州市、盐城市、扬州市试点实施率超过 50%；江宁等 6 个实施城乡居民医保

① 中共江苏省委新闻网：江苏农村实施大病保障 20 余种，重大疾病即报 http://www.zgjssw.gov.cn/yaowen/201308/t1269106.shtml.

统筹管理的地区，新农合大病保险试点工作同步覆盖到当地所有参合的城镇居民。

2) 合理制定起付标准

大病保险是针对新农合基本保障后的又一次报销，起付标准以统计部门公布的上一年度农村居民年人均纯收入为判定标准，最低的县设定起付线为6000 元，最高的为 17 000 元。大病保险的实际报销比例不低于 50%，报销按照分段累计、按比例报销的原则，原则上医疗费用越高，支付比例也越高，但通过分段不同比例的核算方式，杜绝为“冲高”而故意抬高医疗费用的做法。

3) 紧密结合重大疾病保障工作

在已开展大病保险试点的地区，优先将 20 种重大疾病纳入大病保险范围，先由新农合按照不低于 70%的比例进行补偿，对补偿后个人负担费用超过大病保险补偿标准的部分，再由大病保险按照不低于 50%的比例(超过起付标准)给予补偿。对符合救助条件的贫困居民，其救助与民政部门相衔接。

4) 招标确定承办机构

新农合大病保险全面采取向商业保险机构购买服务的方式，通过招标确定承办的商业保险机构。大病保险基本政策统一的省辖市，由市级统一组织招标；未统一的，市域范围内各统筹地区可联合招标。徐州市已完成了新农合大病保险承办机构招标工作，启动新农合大病保险结报系统和新农合管理系统，上半年全市新农合大病保险共发生 14 579 人次，应补偿大病保险费用4521.03 万元，已支付大病保险费用 1076.89 万元[①]。

---

① 江苏省发展和改革委员会：徐州市农村重大疾病医疗保障和新农合大病保险工作成效明显，http://www.jsdpc.gov.cn/xxgk/wjg/shsyc/yltz/201408/t20140826_400118.html.

3. 推进混合支付方式改革

为提高新农合基金使用效益，江苏各地积极探索医疗费用增长控制机制，落实精细化管理措施，着力推进新农合支付方式改革，各地均积极实施有特色的新农合混合支付方式，在此基础上还积极加强医疗机构规范管理，使得混合支付方式改革向深度发展。

1) 合理测算支付标准

按照支付方式改革测算系统，合理确定支付标准和补偿比例。比如如东县统计出各级医疗机构不同疾病类型的病例数量、住院总床日、平均住院日、医疗费用总额、次均费用、日均费用、住院各时间段费用和基金支付情况，计算各相关指标均值，在合理的范围内设定支付标准。再如江阴市的各定点医疗机构核定的住院人次，是根据该机构住院三年人次平均值乘以相关系数得出，又根据不同疾病的诊疗特征和病程发展情况，把住院服务人次细分为五类。次均住院费用根据各医院三年次均住院平均费用乘以增长率来确定。实际补偿比例则根据测算出的住院人次、次均费用和总的住院基金总量计算核定。

2) 制定特色混合支付方式

各地积极推行混合支付方式改革，按照各地实际情况制定混合支付方式。比如如东县实施的是按病种付费和按床日付费相结合的新农合混合支付方式；滨海县实施以门诊补偿资金和一般诊疗费总额控制、按人头包干、住院按病种付费和按床日付费等多形式相结合的新农合混合支付方式；江阴市形成了以总额付费为主，按项目付费、按病种付费和按床日付费为辅的混合支付方式。

3) 建立医疗监管评定制度

为了增进支付改革与管理融合，各地建立起规范的监管评定制度。如东县建立医疗机构信用等级评定制度，分别研究制定医院管理、新农合管理和满意度评价的等级评审标准，定期组织专家对医疗机构进行评审，并将信用等级与新农合混合支付方式改革中的按床日付费标准挂钩[①]。滨海县创新管理方法，充分运用信息化管理手段，建立新农合管理信息系统，对定点医疗机构新农合工作的各个环节实施自动管理和控制，确保新农合支付方式改革能落实到位。滨海县还实施了明确医疗机构规范服务要求，落实综合性监管措施，建立定点医疗机构诚信等级评定公示制度，保证定点医疗机构在新农合支付方式改革措施控制范围内的服务行为规范和医疗费用的真实、合理[②]。江阴市则重点细化对各定点医疗机构的管理和考核指标，促进医疗机构由被动接受管理转变为主动参与管理，提高新农合管理绩效，将控制值与预付额度直接挂钩，根据指标考核情况对总额进行调整[③]，既能控制新农合总支出，保证基金不出险，又能保证既定的实际补偿水平，保障新农合健康可持续发展。

4. 推进省内异地就医联网及时结报

早在 2011 年 2 月，省卫生厅就印发《关于推进新型农村合作医疗异地就医联网即时结报工作的实施意见》，全面部署新农合省内异地就医结算即时结报工作。东南大学附属中大医院作为省内第一家试点开通新农合“即时结报”服务功能的“三甲”医院，2012 年与 50 个县市区签署了“即时结报”合作协议。徐州市 2012 年 6 月牵头组织安徽、河南、山东、江苏四省的 8 市、

① 江苏省卫生和计划生育委员会：如东县深入推进新农合混合支付方式改革，http://www.jswst.gov.cn/gzdt/sxjl/n%20t/2014/03/11105505828.html.

② 江苏省卫生和计划生育委员会：滨海县全面实施新农合混合支付方式改革，http://www.jswst.gov.cn/gzdt/sxjl/y%20c/2012/09/0600000046654.html.

③ 江苏省卫生厅：江阴市进一步完善新农合支付方式改革，http://www.jswst.gov.cn/gzdt/sxjl/w%20x/2014/05/23085448781.html.

58 个县(市、区)，成立了“淮海经济区新农合协作组”，成为全国第一个实现区域性医疗卫生协作、新农合跨省“漫游”异地就医结算机制的地区。2014 年 8 月，省卫计委主任王咏红说：“异地就医联网即时结报工作已在全省面上推开，已公布南京鼓楼医院、中大医院等 23 家省级联网医院，实现 20 类重大疾病按单病种、其他普通疾病按患者所在地政策提供联网即时结报服务。通过新农合信息平台，老百姓可以自助查询有关新农合政策，在线预约异地转诊的医院。当病人出院时，根据县合管办与定点医疗机构签订的协议，通过省内异地就医信息平台，按患者参合地政策提供联网结算，病人只交纳个人自付部分的费用，其他报销的费用由定点医疗机构与合管办另行结算，这样可以把最大程度的便利带给群众，减轻参合患者医药费用负担。”据统计，2013 年江苏新农合患者转诊至省市级联网医院的有 57 882 人次；2014 年上半年，转诊至省市级联网医院的有 33 857 人次，其中通过网上预约转诊的 21 437 人次，现场即时结报的 18 484 人次。

江苏已被国家列为新农合跨省异地结算试点省份，目前正组织新农合省级定点医疗机构完成药品目录、诊疗目录对照与接口测试，积极推进跨省就医联网结报。

四、年度重点工作案例分析

1. 重大疾病保障水平不断提升

2010 年以来，江苏用 3 年时间逐步将肺癌、农村儿童白血病、血友病、1 型糖尿病等 20 个病种扩容至农村大病保障范畴。2010 年，提高了农村儿童白血病、先心病医疗保障水平，0 ~ 14 周岁农村儿童所患急性白血病和先天性心脏病两类重大疾病实行定额、定点补偿。2011 年，扩大重大疾病救治的病种范围，将乳腺癌、宫颈癌、耐药结核病、终末期肾病、重性精神病、艾滋病机会感染等 6 个疾病纳入救治范围。2012 年 11 月，又将血友病、慢性粒细胞白血病、唇腭裂、肺癌、食道癌、胃癌、1 型糖尿病、甲亢、急性心肌梗死、脑梗死、结肠癌、直肠癌等 12 个病种纳入大病保障试点。到 2013 年 2 月底，20 种大病保障全面实施，大病保障的实际报销比例可以达到 70%以上，加上其他医疗救助等，患这 20 种大病的农村居民实际报销比例可达到 90%。进一步缓解了因病致贫、因病返贫。2014 年 9 月底，全省共有 3.18 万人次享受重大疾病补偿，补偿费用 2.86 亿元，实际补偿比 72.32%①。

家住无锡市的强女士是众人眼中乐观开朗的一个人，小区里的人经常看到她和丈夫在饭后说笑着散步，可其他人不知道的是如此这样乐观的她也经历过重大疾病的困扰。早在 2001 年，强女士就被确诊为乳腺癌，为了治病花掉了 8.9 万元，这对一个普通工人家庭无疑是一笔巨大的花销，在当时由于一些商业保险都过于昂贵，她并没有参加保险，医疗费全部是自费，并且因为生病，强女士在住院期间还耽误了自己和丈夫的工作，那段时间是强女士生命中最为消极的时期，仿佛看不到生活的希望，强女士在回忆的时候无不感慨。无锡市是从 2001 年开始建设新型农村合作医疗制度的，新农合制度从低水平起步，逐渐成熟和完善。从 2003 年“新农合”起步时最高住院结报补贴 2 万元，到今年一路“涨”到 15 万元，伴随“新农合”的一次次升级，困扰多年的惠山农民“看病贵”难题已得到缓解。据人力资源部门提供的资料，今年该区已有 19 万多名农民参加了新型农村合作医疗，参合率达到了 99.98%，上半年全区农民门诊及住院结报累计总额达 3364 万元。其中，结报总额超过 3 万元的就有 72 人，超过 10 万元的有 5 人。强女士从 2002 年开始参加新农合，2013 年她患上咽喉炎，生病住院了 15 天，花了医疗费近 8000 元，住院报销幅度达到 85%，自费仅仅花了 1200 元。强女士还强调自从参加了新农合，做身体检查也都是全部报销的，有什么病能够及时就医也不再因

---

① 江苏新闻网：江苏 20 种大病全部纳入保障 http://jsnews.jschina.com.cn/system/2013/01/18/015986844.shtml.

为害怕看病太贵而一拖再拖。平时感冒发烧到门诊就医的报销率也达到了45%。生性乐观的强女士说，生病了及时医治，现在她的身体状况很健康，即使退休了还能做一些简单的工作打打零工，也能补贴一点家用。强女士还感慨若是如今得了乳腺癌，治疗的费用就会大大减低，90%的报销率让农民再也不会因得了大病就"因病致贫，因病返贫"了。

2. 城乡居民大病保险覆盖面不断扩大

2013年1月江苏省出台了《关于开展城乡居民大病保险工作的实施意见》(苏发改社改发〔2013〕134号)，全面启动了大病保险工作，到2013年12月，已有无锡、苏州、南通、连云港、淮安、扬州6市分别实施了新农合、城镇居民医保省辖市市级统筹或城区统筹的大病保险，另有南京江宁区等16个县(市、区)实施了县级统筹的大病保险制度。据初步统计，全省各类大病保险已覆盖3544万人口，今年以来，已补偿5.2万人次，补偿金额约1.6亿元[①]。2014年9月，新农合大病保险省级试点统筹地区由最初的42个增加到55个，占全省统筹地区总数75.34%，共有2.38万人次获得补偿，补偿金额8443.17万元，较新农合基本补偿提高了9.15个百分点。2014年9月25日，省卫生计生委在南京召开全省农村卫生重点工作推进会，提出要抓紧建立实施新农合大病保险制度，执行好组织实施的基本要求，加强服务监管，谋划发展商业健康保险，满足群众多层次健康需求[②]。2014年1~6月份，无锡市享受大病医保待遇人员已达1.1万多人，大病保险基金理赔金额近3000万元，患大病参保人员的医疗保障水平明显提高，个人支付比例进一步降低。根据无锡市2014年一季度大病保险分析数据显示，年龄在60~79岁的参保人员为大病保险基金支付最多人群，占到60%以上，大多患有恶性肿瘤及心脑血管方面疾

① 江苏省政务信息公开网：我省城乡居民大病保险试点工作稳步推进，http://www.jiangsu.gov.cn/jszfxxgk/msldtx/jbylbz/dtxx/201312/t20131216_412106.html.

② 《瞭望中国》第253期。

病。其中，住院和门诊特殊病在合规费用内个人负担在 1.7 万~5 万元享受待遇的人数占到 96%以上，享受金额约占 80%[①]。

2013 年年底，年轻力壮的村民蔡某却因身体严重不适，住进了无锡市的医院，做了血管支架植入手术，花销医疗费 20 余万元。蔡某的妻子透露，两人结婚之后，本来日子还算过得安逸，但是自从丈夫患病后，巨大的经济和精神压力几乎让她精神崩溃。让她没有想到的是，回到镇里经新农合审核通过后，新农合不仅补偿了 18.6 万元，紧接着在新农合大病保险“一站式”窗口还补偿了 4.9 万元，蔡某个人仅负担 5.2 万元的医疗费，大大减轻了他的医疗负担。

村民石某长期患有心脏病，由于病情严重，石某犯病一次就要花费医药费上万元，前前后后花费 30 万余元，这对于一个普通的农村家庭来说，简直是一个天文数字。家里唯一的收入来源就是夫妻俩在县城的菜市场做点小生意，三个小孩上学、还有生病的老父亲，日子过得紧紧巴巴。自村里开始实行新型农村合作医疗以来，石某看到了希望，目前他的病情已经得到了控制，而且，从 2013 年开始，除了新农合能报销 65%的住院费用，自费的部分还可以从大病保险中报销 50%，也就是说，以后石某所花费住院费用的至少 80%都可以报销，这为这个家庭带来了新的动力和希望。

3. 深入推进支付方式改革，有效节约新农合基金

江苏着力构建现代医疗体系，已在超过 80%的统筹地区实施按病种付费与按床日付费等相结合的混合支付方式改革，该比例位居全国首位。江阴市不断精细化新农合支付方式，逐步形成了以总额付费为主，按项目付费、按病种付费和按床日付费为辅的混合支付方式。一是提高总额付费的计算精度。根据测算出的住院人次、次均费用和总的住院基金总量计算核定实际补偿比

① 中国江苏网：无锡享受大病保险补助人数过万，其中老人占六成，http://jsnews.jschina.com.cn/system/2014/07/29/021495592.shtml.

例，同时，住院人次根据不同疾病类别按实际运行情况进行调节。二是推行混合支付方式改革。在以总额付费为主的基础上，辅以按项目付费、按病种付费和按床日付费的混合支付方式，促进各支付方式取长补短，发挥综合效能。三是增进支付改革与管理融合。将结算方式由“后付费”调整为“预付费”。重点细化对各定点医疗机构的管理和考核指标，促进医疗机构由被动接受管理转变为主动参与管理，提高新农合管理绩效[①]。

如东县在实施按病种付费和按床日付费相结合的新农合混合支付方式改革的基础上，积极推动建立定点医疗机构信用等级评价制度，全面加强医疗机构规范化管理，鼓励医疗机构在节约中获益，推动混合支付方式改革向纵深发展。一是合理确定支付标准。根据支付方式改革测算系统，统计出各级医疗机构不同疾病类型的病例数量、住院总床日、平均住院日、医疗费用总额、次均费用、日均费用、住院各时间段费用和基金支付情况，计算各相关指标均值，在合理的范围内设定支付标准。二是建立医疗机构信用等级评定制度。分别研究制定医院管理、新农合管理和满意度评价的等级评审标准，同时，信用等级评定的得分也与住院补偿总额挂钩。三是实施核心指标考核按月结算。确定急危重症占比、可报药品占比、可报费用占比、平均住院日等共 9 大项 10 小项的核心指标，所有指标值均按月考核结算[②]。

4. 省内异地就医联网及时结报工作不断推进

据新华日报报道，盐城市村民王柱满今年 69 岁，2014 年 3 月，他外孙查出患急性淋巴细胞性白血病，全家那个愁啊！“一是担心外孙，二是愁我们农村人哪有这么多钱看病！医生建议转到苏州治疗白血病的定点医院医治，结果在苏州住院，新农合一样报销，出院时自己只花 3000 多块，我们县里和

① 江苏省卫生厅：江阴市进一步完善新农合支付方式改革，http://www.jswst.gov.cn/gzdt/sxjl/w%20x/2014/05/23085448781.html.

② 江苏省卫生厅：如东县深入推进新农合混合支付方式改革，http://www.jswst.gov.cn/zxgz/xxnchzyl/ 2014/03/1516471552228.html.

苏州结账，真方便！”王柱满说：“县合管办工作人员帮我们网上预约，转到苏州大学附属儿童医院住院治疗。这次住院第一个疗程就用了 41 089 元，出院时新农合现场报销了 37 762 元，这里面有医疗救助 8218 元，自己只花了 3327 元。”

家住宿迁市的刘女士 11 岁的女儿患有先天性室间隔缺损，2014 年 7 月 9 日泗洪县人民医院网上预约，孩子在 7 月 14 日住进南京市儿童医院，现在已经痊愈。她女儿住院总费用 32 000 元，由于按单病种定额结算，实际住院费用 27 000 元，新农合报销 70%部分由医院垫付，个人只需自付 30%，出院时实际支付 8100 元。刘女士说：“女儿到条件这么好的省城医院做手术，没找人就住进来了，而且自己只花了很少一部分的钱，真好！”

让这两个家庭齐声叫好的，就是江苏省新农合异地预约就医即时结报的惠民新政，也是江苏在全国率先实行的新医改举措。不过，目前更大范围的跨省异地就医还未实现。潘奶奶老家在安徽安庆，已随在南京工作的儿子居住近 10 年。近日，潘奶奶因白内障手术在南京住院花去 6692 元，她想趁国庆节回老家之际到当地医保部门报销相关费用。电话咨询却得知，只有急性病和当地看不了的重病异地就医才能回去报销，白内障不属于这一范畴。潘奶奶无奈地说，由于长期不在老家，她的医保卡个人账户上已累积了好几千元。“医保卡上的钱没机会花，在南京看病却自费，如果能异地报销该多好。”①

家住无锡市的张女士，原是一名裁缝，与身为工人的丈夫共同抚养儿子并照顾中风在床的公公，生活还算过得去。然而好景不长，张女士被查出患有肾病，在市医院就诊，换了肾。自从 2003 年“新农合”起步时最高住院结报补贴 2 万元，到今年一路“涨”到 15 万元，伴随“新农合”的一次次升级，困扰多年的农民“看病贵”难题已得到缓解。所以张女士需要自付的医疗费用只占小部分。去年张女士的病情复发，考虑到上海的治疗技术先进就去上

① 凤凰网资讯：跨省异地就医何时不再难，http://news.ifeng.com/a/20140924/42066390_0.shtml.

海就医，医药费等合计十几万，全都要自己掏腰包，再次给这个家庭蒙上了一层阴霾。

要实现跨省就医即时报销，首先需要以省为单位，统一筹资水平和报销政策，建立省级医疗保险信息平台，实现省内异地就医即时报销，以此为基础，各省级平台再和国家医疗保险信息平台进行对接，实现跨省就医即时报销。当前面临的难点在于，各省之间还没有实现医疗保险信息互联互通；基本医疗保险统筹层次低，大多以县市一级为统筹单位，难以实现异地联网结算；医疗保险缴费和报销比例各地存在较大差异。流动人口一般都是从经济欠发达地区向发达地区流动，并且各地医疗价格有较大差距，一些欠发达地区医保部门担心，异地就医会导致医疗保险基金超支。实现全国异地报销是一项长期而艰巨的任务，需要从制度政策、信息系统、统筹层次、监管等方面采取综合措施加以解决。

2013 年我国已在部分省份试点跨省就医即时报销。2014 年各地正在推行省内异地就医即时报销，城镇职工和城镇居民医疗保险已在 8 个省、市实现这一目标。国家新农合信息平台最近开通试运行，并与北京、内蒙古、吉林、江苏、安徽、河南、湖北、湖南、海南 9 个省级平台互联互通，今后参合农民将通过这一平台实现异地就医即时报销。按照“十二五”医改规划，到 2015 年我国将全面实现省内异地就医即时报销，初步实现跨省就医即时报销。相信像张女士、潘奶奶这样的异地就医患者在不久的将来都会享受到医疗报销的好处。

5. 提高慢性病病种管理，减轻农村慢性病患者疾病负担

近年来，新农合对慢性病患者门诊费用实行了按病种管理以保障老年参合居民的卫生服务可及性。无锡市惠山区的门诊补偿标准是参合病人在社区卫生服务中心(卫生院)就诊时，每人每日(次)门诊补液处方(药品符合费用，下同)限额为 80 元、非补液处方限额为 60 元，按 40%结报补偿；参合病人在社

区卫生服务站就诊时，每人每日(次)门诊补液处方限额为 50 元，非补液处方限额为 30 元，按 45%结报补偿；高血压、糖尿病等慢性疾病，门诊常用药品费用按 60%结报补偿。个人全年累计门诊结报补偿最高额为 800 元。南京市江宁区对于符合门诊慢性病条件的参合者规定，年度内限享受一种慢性病补助待遇，补偿范围及补偿比例同普通门诊，药品目录放宽为针对性治疗所用药品，年累计封顶额为 1500 元。南京市溧水区门诊分为一般门诊(全年每人限报 600 元)和大额门诊(累计达到 1000 元以上的门诊费用)，其中大额门诊针对慢性病患者和特殊病患者，门诊费用 1000 元(不含 1000 元)以上部分按住院报销核算，报销比例 60% (已在“一般门诊报销”的医药费用不再给予大额门诊报销)。大额门诊费用报销总额纳入住院报销年封顶。

罹患慢性病和农村居民家庭收入大幅减少密切相关，老年慢性病患者家庭的巨额医疗费用支出发生率和贫困率显著性高于非慢性病患者家庭。而且，慢性病多为终身性疾病，常伴有严重并发症，致残致死率高。以糖尿病为例，患者肾衰竭发生率比非糖尿病患者高 17 倍。2001 年对我国 30 个省、市大医院住院糖尿病病人的调查发现，73%的糖尿病患者有一种以上的并发症，其中 6%会合并高血压及心脑血管病变，30%以上合并糖尿病肾病，30%以上合并眼病。家住无锡市的 74 岁老人徐大爷是一个地地道道的农民，但是随着无锡市城镇化进程的加快，十年前他家的地全被征收了，失去了唯一的收入来源。因为儿子们都是给别人打工的工人，收入只能勉强维持自己家的开销，因此他现在每月的生活费只有来自政府失地补贴的 610 元。徐大爷患有高血压、关节炎等慢性病，每隔一段时间就要去医院开一次药，但是政策规定门诊报销每年的限额是 800 元，这些对于徐大爷来说还远远不够。

五、医疗保险城乡统筹案例分析

城乡社会保障制度衔接与并轨是打破城乡二元经济社会壁垒，实现城乡协调发展，建设和谐社会之关键举措，医疗保险的城乡统筹发展是其中重要的一环。依托经济、资源、环境等优势，江苏医疗保险城乡统筹衔接与并轨走在全国前列，苏南、苏中、苏北均已发展成独特的模式。

1. 无锡市基本医疗保险城乡统筹的成效和特色

改革开放以来，无锡市社会经济发展迅速，经济实力不断增强，城乡居民的收入水平日益提高，奠定了医疗保险城乡统筹发展的基础，医疗保险城乡统筹发展取得了令全国瞩目的成就。

1) 无锡市基本医疗保险城乡统筹发展历程

无锡市的医疗保险城乡统筹发展历程可以分为城乡二元分割阶段、城乡逐步统筹阶段和城乡基本医疗保险逐步并轨阶段。

(1) 城乡二元分割阶段(1952~2002 年)。

建国以后到 1997 年，与全国一样，无锡城镇企业职工和机关事业单位分别实行劳保医疗和公费医疗制度，政策变化并不明显。1997 年，无锡成为全国第二批城镇职工基本医疗保险制度改革试点城市之一，开始着手改革城镇职工医疗保险，江阴市、宜兴市、原锡山市也同时启动。2000 年后，无锡相继出台了一系列政府文件，大幅度提升城市各类人员医疗保障覆盖度和保障标准。

无锡的农村医疗保险始于 60 年代实施的村合作医疗，那时的无锡郊区农村纷纷兴办合作医疗事业，建立大队医务室，医务室的“赤脚医生”替村民看病。然而此后，农村合作医疗制度在市场化取向的改革中遇到了窘境，一度几乎停滞。直到 2001 年，江阴率先开展了新型农村合作医疗试点工作，无锡农村才又恢复医疗保险制度，但是覆盖范围和保障标准都是较低。

(2) 城乡逐步统筹阶段(2002~2007 年)。

2002 年以来，无锡开始调整和整合各类社会医疗保险，进一步扩大医疗保险参保人群，同时开始破除城乡基本医疗保险的界限，城乡基本医疗保险的发展步入城乡统筹阶段，具体的做法有以下几点。

建立新型农村合作医疗保险制度。农村合作医疗保险制度的对象主要是纯农人员，而农村乡镇企业职工则按城镇职工医疗保险制度执行。2005 年，出台《无锡市新型农村合作医疗基金管理办法》和《无锡市新型农村合作医疗基金会计核算办法》，就新型农村合作医疗基金的筹资标准、使用、管理、监督及会计核算等方面作了明确的规定。

建立城镇职工基本医疗保险制度。2002 年 1 月颁布实施《无锡市城镇职工基本医疗保险暂行规定》，标志着无锡市医疗保险制度改革正式全面启动，同年 3 月颁布实施《无锡市城镇职工基本医疗保险个人账户和社会保险卡管理暂行办法》等一系列市医疗保险改革配套文件，无锡市基本医疗保险进入了全面实施阶段。该办法将城镇职工基本医疗保险覆盖范围扩展为在无锡市行政区域内所有用人单位，废除了之前的公费医疗制度和劳保医疗制度。城镇职工基本医疗保险实行属地管理,所有用人单位及其职工(含退休人员)都要参加基本医疗保险和补充医疗保险[①]。无锡市城镇职工(包括在城镇就业的农村居民)、社会自谋职业者，均按《无锡市城镇职工基本医疗保险管理办法》参加医疗保险，建立了统一的职工医疗保险制度。

建立居民医疗保险制度。2007 年无锡出台并实施了《无锡市城镇居民医疗保险暂行办法》，凡未在城镇职工基本医疗保险、新型农村合作医疗和机关事业单位儿童医疗统筹制度覆盖范围内的本市户籍居民，包括被征地政府保养人员，都应当参加城镇居民医疗保险，并将参保居民的医保分为大病医疗统筹和基本医疗统筹[②]。

建立少年儿童医疗保险。2007 年，无锡出台了《无锡市儿童统筹医疗管

① 无锡市人力资源和社会保障局：市政府关于印发《无锡市城镇职工基本医疗保险暂行规定》通知，http://lss.wuxi.gov.cn/web101/ggfwdt/cjfw/wyxsshbx/xsylbx/616321.shtml.

② 江苏人力资源和社会保障网：关于无锡市区实施《无锡市城镇居民医疗保险暂行办法》的意见，http://www.jshrss.gov.cn/zcfg/sjwj/wxs/200905/t20090514_31482.htm.

理办法》，表明无锡市的国家机关、事业单位正式职工的年龄在18周岁以下的子女，可申请参加儿童统筹医疗，已参加工作和进入大专院校读书的除外。儿童统筹医疗经费由单位和家长共同承担，单位统一缴纳[①]。同年出台实施的《无锡市城镇居民医疗保险暂行办法》明确提出未在机关事业单位儿童医疗统筹制度覆盖范围内的少年儿童，参加城镇居民医疗保险。

在城乡逐步统筹阶段，无锡开始整合过去城市和农村建立的各类基本社会医疗保险，建立了职工医疗保险、居民医疗保险为主，儿童统筹医疗保险、农村新型合作医疗保险为辅的多种形式并存的医保制度，真正实现了医疗保险对参保人员在时间和空间上的全覆盖，标志着无锡医疗保障制度的框架基本建立，这为无锡建设城乡基本医疗保险一体化工作奠定了重要的基础。

(3) 城乡基本医疗保险逐步并轨阶段(2008年至今)。

在城乡逐步统筹阶段，在城镇就业的农村居民、社会自谋职业者均已纳入城镇职工医疗保险覆盖范围；被征地农民、非集体户口学生纳入了城镇居民医疗保险覆盖范围。农村的部分居民已经实现了和城镇居民基本医疗保险的并轨。但是参加“新农合”的纯农人员还未和城镇居民享受同等的医疗保险待遇，因此，2008年后重点工作就是实现新型农村合作医疗保险与城镇居民医保的并轨，并且又进一步将学生医保和居民医保进行整合。

2010年无锡出台了《市政府关于印发无锡市区居民基本医疗保险暂行办法的通知》，将新型农村合作医疗和城镇居民基本医疗保险整合，统称居民基本医疗保险。将市区城镇居民医疗保险“大病医疗统筹”和“基本医疗统筹”两险种统一合并为以住院为主兼有门诊的基本医疗保险。文件还进一步对城镇职工医疗保险制度进行了完善，提出了全市各区域应该实现覆盖范围、保障项目、待遇标准、医疗救助和管理制度的相统一的职工医疗保险制度。为了切实缓解群众因病致贫问题，在不断提高医疗保障水平的同时，将医疗

① 无锡市人力资源和社会保障局。

保险的重点向大病重病患者倾斜，医疗救助资助对象参保的个人缴费部分由财政全额资助。

2010 年出台的《无锡市区居民基本医疗保险暂行办法》规定，无锡市市区范围内职工基本医疗保险制度覆盖以外的城乡居民，都应参加居民基本医疗保险。主要包括以下两类人员：一是各类学校的在校学生，包括在锡高校、科研院所和幼托机构的在校学生；二是市区户籍城镇和农村居民。这也打破了居民城乡身份的差别，将市区城镇职工医疗保险范围以外的其他各类城乡居民纳入统一制度。

《居民基本医疗保险暂行办法》实施学生少儿和成人居民不同的缴费标准，2014 年的学生少儿个人每年缴费 100 元，成人居民个人每年缴费 250 元，其他居民个人每年缴费 300 元。在居民个人缴费的基础上，政府也按不同人群给予缴费补助，如表 1-15 对学生少儿每年补助 280 元，对成人居民每年补助 380 元。《居民基本医疗保险暂行办法》规定的筹资标准，学生少儿达到 380 元，成人居民达到 630 元，其他居民达到 680 元[①]。

表 1-15　2014 年无锡市区居民基本医疗保险筹资标准　(单位：元)

项目	筹资标准	个人缴费	财政补助
学生少儿	380	100	280
成年居民	630	250	380
其他居民	680	300	380

资料来源：根据无锡市人力资源和社会保障局数据整理。

随着无锡医疗保险城乡统筹发展，原来的新型农村合作医疗、城镇居民和儿童医疗统筹整合为居民医疗保险，形成了居民医保筹资水平、经办管理、参保缴费、待遇标准城乡一体化的医疗保障体系，实现了城乡居民医疗保险的并轨。

① 无锡市人力资源和社会保障局：关于调整市区居民医疗保险筹资标准的通知，http://wxybw.com/html/zhengcefagui/27.html.

2) 无锡市基本医疗保险城乡统筹发展取得的成效

(1) 居民医疗保险覆盖全市。

无锡市医疗保险制度经过多年的改革发展，已经形成了职工基本医疗保险和居民基本医疗保险相互补充的基本医疗保险制度。职工医疗保险规定所有用人单位及其职工(含退休人员)都参加基本医疗保险和补充医疗保险，职工医疗保险种类也分为职工基本医疗保险、职工补充医疗保险、公务员医疗补助，涵盖所有种类工作的在职人员。而对于没有能力参加职工医疗保险的失业人员、中小学生、大学生、原参加新型农村合作医疗的农民、被征地农民全都纳入到了居民医疗保险体系中。无锡的两大医疗保险制度几乎将城乡所有居民都纳入了保障范围，做到了城乡医疗保障制度上的一体化，实现了医疗保险全市覆盖。

(2) 医疗保险参保覆盖率稳步提高。

2007 年以来，无锡市基本医疗保险参保率达到了 99%，几乎实现全覆盖。2013 年末，无锡市参加职工医疗保险的人数为 286.85 万人，居民参保缴费人员已达 438 395 人，未缴费人员 34 093 人，学校学生参保人数已达 499 630 人。与去年参保人数相比，街道居民参保已完成 90.58%，学校学生参保已完成 100%[①]。2014 年无锡还经过逐一发信、电话通知、核对人员、宣讲政策、具体指导等流程，积极推进外国人参保工作，截至 2014 年 8 月，补缴金额 362.7 万元，外国人参保率达到 89.66%[②]。

(3) 医疗保险待遇更合理，城乡差距初步缩小。

无锡市的医疗保障水平是与其经济发展水平相适应的，通过增加个人账户余额、提高医疗费用结负比例，使医疗保险待遇越来越合理。2013 年度医

① 无锡市人力资源和社会保障局：2013 年无锡市人力资源和社会保障事业发展统计公报 http://lss.wuxi.gov.cn/web101/xwzxzx/zyfwwbk/2013nwxsrlzyhshbzsyfztjgb/index.shtml.

② 无锡市社会保险基金管理中心：无锡社保信息 2014 年第 8 期，http://wxcsi.wuxi.gov.cn/sbqk/6975341.shtml.

疗保险个人账户已全部增资到位，全市共有 183.68 万人，比去年同期增长 4.43%，共增资 21.95 亿元，比去年增长 19.16%，人均增资 1195 元，比去年增加 148 元[①]。无锡市职工个人缴纳的基本医疗保险费，将全部记入个人账户。用人单位缴纳基本医疗保险费的 30%左右，按不同年龄段记入个人账户，并对退休人员给予适当照顾。2012 年提高了无锡市退休人员个人账户标准，如表 1-16 所示，70 周岁以下退休人员最低账户保障记入 600 元；70 岁以上退休人员最低账户保障记入 700 元。

表 1-16　无锡市退休人员个人账户标准

类别	45 周岁以下	45 周岁以上到退休	企业退休人员	机关事业单位退休
账户记入比例	3%	3.5%	7%	5%
保障类别	45 周岁以下	45 周岁以上到退休	70 岁以下退休人员	70 岁以上退休人员
最低账户保障记入	400 元	500 元	600 元	700 元

资料来源：根据无锡市人力资源和社会保障局数据整理。

保障待遇统一，体现多缴多得。制度统一后的医疗保障待遇，消除了城乡差别，让所有城乡参保居民都享受到了实惠。经初步测算，住院医疗总费用中基金支付的比例达到 55%，比“新农合”原平均 45%的比例高出了 10 个百分点；门诊医疗总费用中基金支付的比例达到 32%，比“新农合”原平均 27%的比例高出近 5 个百分点。此外，医疗保险基金向重大疾病倾斜，个人负担费用降低，切实解决了居民因病致贫的困局。

(4) 资金筹集和财政补助力度加大，医保待遇进一步提高。

2010 年无锡城乡居民医保筹资标准分别为：学生少儿每人每年 220 元、成人居民每人每年 400 元。到了 2014 年，无锡城乡居民医保筹资标准为：学生少儿每人每年缴费 380 元，成人居民每人每年缴费 630 元，如表 1-17 所示，短短三年增长幅度分别高达 72.73%和 57.5%。

① 人民网江苏视窗：2013 年无锡医保个人账户增资 21.95 亿元，http://js.people.com.cn/html/2013/01/09/199592.html.

表 1-17　2010~2013 年无锡城乡居民医保筹资标准

年份	学生少儿	成人居民
2010	220	400
2011	280	420
2012	350	530
2013	380	630

资料来源：根据无锡市人力资源和社会保障局数据整理。

2010 年学生少儿财政补助为每人 140 元，成人居民财政补助为每人 250 元，到 2011 年提高到每人 200 元和 270 元，以及 2012 年的每人 250 元和 340 元。2013 年对学生少儿每年补助 280 元，对成人居民每年补助 380 元，如表 1-18 所示，三年增长幅度分别高达 100%和 52%。

表 1-18　2010~2013 年无锡城乡居民医保财政补助标准

年份	学生少儿	成人居民
2010	140	250
2011	200	270
2012	250	340
2013	280	380

资料来源：根据无锡市人力资源和社会保障局数据整理。

3) 无锡市基本医疗保险城乡统筹发展的特色

(1) 建立了职工基本医疗保险、职工补充医疗保险、公务员医疗补助的自成体系的职工医疗保险。

目前，无锡已经在全市建立了相对完善的职工医疗保险体系。将在城乡各类企业中工作的劳动力全部纳入到职工医疗保险，具有本市户籍的灵活就业人员，可由本人自己选择参加城镇职工基本医疗保险或城镇居民基本医疗保险。职工医疗保险种类丰富，可以满足各类人群的医疗保险需求。如职工医疗保险中的个人账户外门诊就分为门诊统筹、门诊慢性病、公务员医疗补助这三类门诊补助。门诊统筹可以补助参保人员个人账户外的门诊的医疗费用。在职人员和退休人员分别享受 4500 元和 5500 元，制度内医疗费用的个人负担比例分别为：30%和 15%。十二种门诊慢性病则帮助患有市区职工医疗保险规定的十二种门诊慢性疾病的参保人员支付门诊费用，70 周岁以下 3500 元、70 周岁以上参保人员 4000 元，相应的个人负担比例和门槛费为：30%和 800 元、20%和 600 元。公务员医疗补助是针对缴纳了公务员医疗补助费的参保人员，在职人员享受 3000 元，退休人员为 4000 元，制度内医疗费用的个人负担比例分别为：30%和 15%[①]。

(2) 建立了城乡一体化的居民医疗保险体系。

将新型农村合作医疗、城镇居民和儿童医疗统筹整合为居民医疗保险进行整合建立了居民医疗保险体系。居民医疗保险实行个人缴费和政府财政补助相结合的基金筹集模式。居民医疗门诊部分，其发生的医疗费用年累计在 800 元(含 800 元)以内的由居民医保基金和个人共同负担，在社区卫生服务中心就医的居民医保基金支付比例为 50%，在市内、外医院就医，办理转诊手续的统一为 40%。参加居民医保人员在门诊特殊病治疗上也能得到保障，参保人员在由指定的医疗机构出具证明后，在门诊进行门诊特殊病治疗时，其发生的政策范围内医疗费用居民医保基金支付比例为 90%。

(3) 建立了城乡一体的社会医疗救助制度。

2010 年无锡市出台了《无锡市医疗救助暂行办法》，规定医疗救助对象统一由社保部门进行管理，并且职工医疗和居民医疗保险的参保人员将享受同一标准的医疗救助。医疗救助的内容包括保费救助和实时救助。保费救助指最低生活保障对象、城镇三无对象(无经济来源、无劳动能力、无抚养或赡养)、农村五保对象、社会特困对象、20 世纪 60 年代精简退职(民政部门)、优抚对象、重度残疾人员、特困职工家庭这些医疗救助资助对象参加居民医

① 无锡市人力资源和社会保障局：市政府关于印发《无锡市城镇职工基本医疗保险暂行规定》通知，http://lss.wuxi.gov.cn/web101/ggfwdt/cjfw/wyxsshbx/xsylbx/616321.shtml.

疗保险，其参保费用由财政全额补助。实时救助是指对普通患者、12 种慢性病患者和特殊病种患者门诊医疗费用及住院医疗费用的实时救助，对普通患者门诊医疗费用年累计在 500 元以内、12 种慢性病患者门诊医疗费用年累计在 1500 元以内、个人自负部分给予全额救助；对普通患者、12 种慢性病患者住院医疗费用年累计在 10 000 元以内，个人自负部分给予 70%的救助。对门诊特殊病种患者门诊和住院医疗费用年累计在 10 000 元以内，其个人自负部分给予全额救助，年累计在 10 000 元以上、50 000 元以内，个人自负部分给予 70%的救助。对住院患者医疗费用年累计超过居民医疗保险结付封顶线以上、个人自负 50 000 元以内部分给予 70%的救助①。医疗救助制度的进一步完善，体现了政府对贫困群体的关爱。

(4) 建立了医疗保险风险调节金制度。

2002 年，无锡市出台《无锡市城镇职工基本医疗保险暂行规定》，开创性地提出了建立社会医疗保险风险调节金制度。基本医疗保险基金由个人账户资金、统筹基金和风险调节金三部分组成。每年从统筹基金中提取 5%的资金建立风险调节金，用于统筹基金收不抵支和保障因突发性疾病流行、不可抗拒的灾害等因素所造成的大范围急、危、重参保人员抢救所需的医疗费用②。风险准备金列入财政专户管理，专款专用。风险准备金制度的建立增强了社会医疗保险基金的抗风险能力。

2. 泰州市基本医疗保险城乡统筹的做法

1) 泰州市基本医疗保险城乡统筹的主要做法

2007 年开始，泰州选择下辖的兴化市作为试点，将新型农村合作医疗的

---

① 法制网：无锡市人民政府办公室关于印发无锡市医疗救助暂行办法的通知，http://www.legaldaily.com.cn/rdlf/content/2010-11/03/content_2338295.htm?node=20974.

② 无锡市人力资源和社会保障局：市政府关于印发《无锡市城镇职工基本医疗保险暂行规定》通知。http://lss.wuxi.gov.cn/web101/ggfwdt/cjfw/wyxsshbx/xsylbx/616321.shtml.

管理职能由卫生行政部门划转到劳动保障部门，开始尝试城镇医疗保险与新型农村合作医疗“管理并轨、政策接轨”，建立覆盖城乡的医疗保险体系。2007 年 6 月作为全国城镇居民医疗保险试点城市，出台了《泰州市城镇非职工居民基本医疗保险制度实施办法》，将所有城镇户籍的非职工居民纳入参保范围，并允许长期居住在城镇、未参加新农合的农村户籍人员参保。同时，将大学生视同其他学生儿童一样参保，同等享受政府补助，实现了各类城镇居民参保制度上的全覆盖。

泰州将城镇职工医保、城镇居民医保和新农合三项制度整合为三个保障档次，建立了“一制三档”的城乡居民医疗保险保障模式。参保人可根据自己的经济情况选择合适的保障模式，即农村居民可以参加城镇居民医保、职工医保，同样允许城镇居民参加新型农村合作医疗，实现了制度架构的统一①。现在的泰州已经初步建立起覆盖范围全员化、执行制度规范化、基金来源多元化、管理操作社会化的社会保险体系，7 个统筹地区有 5 个实现了城乡居民医保制度整合，极大地方便了参保居民，而且减少了财政重复补贴，消除了城镇居民和新农合制度间衔接的障碍。

2) 泰州市基本医疗保险城乡统筹发展取得的成效

(1) 提高了城乡居民医疗保险参保率。

已实现整合的地区赋予乡镇劳动保障所医疗保障管理职能，具体负责辖区内用人单位和城乡居民的参保缴费工作。专管员组织城乡居民参保登记，统一录入数据，完善参保信息，通过计算机系统将三项保险参保人员纳入同一数据库管理，经过入库信息比对，消除了重复参保人员，避免了财政重复补贴，提高了城乡居民医疗保险参保率①。2013 年末泰州市城镇职工基本医疗保险参保人数 109.59 万人，比上年末增加 4.45 万人。其中：在职职工参保

① 胡大洋，叶跃华，周春林. 泰州市城乡医保整合成效和思考. 中国医疗保险，2014 年第 5 期。

82.35 万人，退休人员参保 27.24 万人，分别比上年末增加 2.93 万人和 1.52 万人。参加城镇职工基本医疗保险的农民工人数 18.64 万人。2013 年末泰州市城镇乡居民医疗保险参保人数 63.2 万人，比上年末减少 1.81 万人①。全市基本医疗保险制度覆盖到 99.7%的城乡居民，减少了重复参保率。

(2) 提高了城乡医疗保险保障水平，消除城乡医疗保险关系转换障碍。

按照统一缴费标准、统一财政补贴、统一目录管理、统一待遇水平的要求，重新制定城乡居民医疗保险政策。2014 年，泰州市市区城镇居民基本医疗保险筹资标准为每人每年 590 元，具体为：对一般居民(含老年居民)，财政每人每年补助 340 元，个人每年缴纳 250 元；对特困居民，财政每人每年补助 460 元，个人每年缴纳 130 元。泰州市市区学生儿童基本医疗保险筹资标准为每人每年 380 元，其中财政每人每年补助 320 元，个人每年缴纳 60 元②。靖江市在筹资上参考新农合的标准，统一为每人每年 480 元(个人 80 元，财政补助 400 元)③；在待遇上参考居民医保的标准，将住院医疗费用平均报销水平提高到 70%，住院补偿最高标准为 15 万元。按照缴费就低不就高、待遇就高不就低的原则，确保两种政策平稳衔接而又让群众得到实实在在的优惠。2013 年全市城乡居民门诊就诊达 392 万人次，21.4 万人次享受住院补偿 16.18亿元。

按照三项基本保险制度“可选择、可转移、可衔接”的要求，泰州逐步建立鼓励“上选”、限制“下选”的转移衔接政策。对已参加城镇居民医疗保险或新农合的对象允许作为灵活就业人员转移参加职工医疗保险，但作为新参保对象有 6 个月政策等待期，等待期内仍享受原参保的医疗保险待遇，

① 泰州市人力资源和社会保障局. 2013 年度泰州市人力资源和社会保障事业发展统计公报，http://www.jstzhrss.gov.cn/art/201406/22480.html.

② 泰州市人力资源和社会保障局. 关于调整 2014 年度市区城镇居民及学生儿童基本医疗保险筹资标准的通知，http://www.jstzhrss.gov.cn/art/201405/22350.html.

③ 江苏省人民政府. 靖江市政府关于印发靖江市城乡居民基本医疗保险实施办法的通知，http://www.jiangsu.gov.cn/jsgov/sx/xianshi/jingjiangs/201308/t20130821_397653.html.

形成了更加合理的保障梯度。目前，全市已有 2.8 万名原新农合人员自愿选择享受居民医保待遇，实现了制度内转换。

(3) 城乡居民参保人员就医报销更便捷，经办费用更合理。

通过整合同级城乡居民医疗保险经办服务，集中开发城乡医疗保障信息系统，实现了实时联网、实时监控、实时结付，城乡居民医疗保险医疗费用的即时报销、普通门诊医药费即时结报延伸到乡镇社区卫生服务中心，依托金保工程和数据集中，加快了实时结付的节奏，一套经办机构、一个结报网络，有效缓解了农民看病的垫支困难和结报麻烦，受到了群众的广泛欢迎。

城乡居民医疗保险制度的整合，不仅减轻了医疗机构建设两套管理系统的负担，而且在规范“两定”管理、身份审核、业务经办、费用结算和补偿审计等工作的同时，避免了信息系统建设的重复投入，节约了政府行政资源。如兴化市实行城镇医保与新农合管理并轨后，利用同一个网络系统，同一个经办服务，可以为参保人员提供快节奏、高效率的优质服务。

3) 泰州市基本医疗保险城乡统筹发展的特色

(1) 建立多元化城镇职工医疗保险体制。

自泰州市发布了《泰州市市区城镇职工基本医疗保险暂行规定》后，渐渐建立起以基本城镇职工医疗保险为主体，以大病救助、公务员补助和企业补充医疗保险为辅助的多元化城镇职工医疗保险体制。城镇职工医保允许进城务工人员和被征地农民选择参加“统账结合医疗保险+大病统筹”、“住院统筹医疗保险+大病统筹”或单独参加大病统筹。

(2) 尝试探索实施门诊统筹。

按照国家及省试点要求，泰州市积极探索和组织实施门诊统筹，将城镇职工和城乡居民基本医疗保险参保人员纳入共同的待遇范围，实行同等的待遇标准，突破了原有三项基本医疗保险制度以职工、居民、农民等人群来划分待遇范围的做法，实现了门诊统筹制度全覆盖。同时，门诊统筹实行社区卫生服务机构就诊制和约定式服务，通过社区首诊定点和按人头付费结算管理，积极引导参保人员“小病在社区、大病到医院”，2013 年全市 227 万城乡居民享受门诊统筹报销 1.43 亿元。

(3) 建立动态筹资机制。

积极探索建立“政府主导、稳步增长、合理分担”的城乡居民医疗保险筹资机制，合理确定总体筹资标准以及财政补助和个人缴费标准，将城乡居民医保筹资水平确定在上一年度城乡居民人均可支配收入的 1.5%左右，按照人均财政补助标准不低于筹资水平的 80%和国家及省规定的财政最低补助标准，财政补助资金由财政部门在规定时间内足额划拨到城乡居民医保基金财政专户，形成了长效筹资机制，消除了原制度间筹资的差异性，有利于城乡居民医保制度的可持续发展。2014 年城乡居民人均筹资标准提高到 480 元，其中财政补贴 380 元，全市共筹集城乡居民医疗保险基金 8.65 亿元，极大地增强了基金的抗风险能力。

如前所述，无锡自开始调整和整合各类社会医疗保险以来，明确了医疗保险参保人群，建立了城乡一体化的职工医疗保险体系和居民医疗保险体系，将新型农村合作医疗、城镇居民和儿童医疗统筹整合为居民医疗保险进行整合建立了居民医疗保险体系，相应的社会医疗救助制度也十分完善。而泰州在整合时将原先城镇职工医保、城镇居民和新农合三项制度变为三个保障档次，建立了“一制三档”的城乡居民医疗保险保障模式，泰州参保人可根据自己的经济情况选择合适的保障模式，即农村居民可以参加城镇居民医保、职工医保，同样允许城镇居民参加新型农村合作医疗，实现了制度架构的统一。虽然无锡和泰州医疗城乡统筹发展的模式有所不同，但参保率的提高，覆盖面的增加，受益水平的提升，管理模式的创新，均显现出城乡医保统筹的优势。

六、对 策 建 议

江苏新农合工作自开始以来就一直领跑全国其他各省，发展规模和速度持续增加，参合居民受益水平稳定提高，管理制度也不断创新，在此基础上，近两年江苏不断落实农村重大疾病保障工作、全面大力建立大病保险制度、全省推进混合支付方式改革，在各方面都继续巩固提升，取得了新的成绩和突破。

通过本报告对 2013 年至今江苏新农合发展现状、近三年江苏新农合的发展变化、年度工作重点与绩效、重大疾病案例和城乡统筹发展案例的分析可以得出以下几个基本判断：

第一，随着江苏新农合工作的进一步推进，2013 年江苏新农合筹资总额逐渐增加，筹资来源更加丰富，人均补偿额、补偿人次数、次均补偿费用稳步提高，参合居民的受益水平得到进一步提升，江苏新农合工作绩效在各方面都在稳步提升。

第二，江苏新农合年度重点工作和绩效主要体现在：不断落实农村重大疾病保障惠民政策，将 20 种疾病纳入重大疾病保障范围，2014 年上半年共有 3.18 万人次享受重大疾病补偿，实际补偿比 72.32%；大力推动建立大病保险制度，已有 55 个新农合统筹地区建立大病保险制度，共有 2.38 万人次获得补偿；全面推进混合支付方式改革，已在超过 80%的统筹地区实施按病种付费与按床日付费等相结合的混合支付方式改革，新农合次均住院费用增长幅度控制在 5%以内；继续全面推进异地就医联网即时结报服务，以转外预约就医和出院即时结报为重点，扩大省级联网医院范围，全面推进异地就医联网即时结报服务，切实方便患者异地就医。

第三，比较近三年新农合发展状况，江苏新农合各级财政筹资额增加幅度较大，持续为农民减轻负担，补偿水平持续提高，受益水平快速提高，重大疾病保障工作有明显成效，新农合对缓解农民疾病负担效果逐年明显。近

3 年来，经新农合报销后，江苏农村居民次均住院总费用占人均年消费支出的比重从 34.13%下降到 27.06%，占人均年纯收入的比重从 24.30%下降到 19.12%。但是，与世界发达国家相比，大病医疗支出占家庭消费支出的比重仍较大，大病依然会给农村居民带来较为严重的经济负担。

第四，城乡社会保障制度实施以来，江苏城乡医疗保险衔接与并轨有序进行，居民医疗保险覆盖全省，稳步提高医疗保险参保覆盖率，医疗保险待遇更合理，基金筹集力度不断加强，医疗保险的城乡差距逐步缩小。无锡、泰州等地的医疗保险城乡统筹模式可以给其他地区医疗保险城乡统筹提供可借鉴的经验，但各地可以根据当地实际情况，逐步实现城乡医疗保险的整合和医疗资源的均等化。

根据以上研究，本报告提出以下对策建议。

1. 建立多层次的疾病风险保障网

生大病是居民面临的最主要风险，应当充分发挥政府、社会、个人的作用，实现风险分摊，建立起多渠道、社会化的大病保障筹资机制。目前，重大疾病保障与大病保险的保障范围是政策规定病种和药品目录内的医疗费用，而其余的高额医疗费用还是要由居民自费，农村居民大病经济负担仍然较高。应清楚地定位医疗救助、新农合、重大疾病保障和大病保险、补充保险、商业保险等各保障方式的功能与作用，建立多层次疾病风险保障网，即医疗救助降低低收入人群的医疗负担，新农合满足全体居民的基本医疗服务需求，重大疾病保障和大病保险缓解罹患大病和面临灾难性医疗支出居民的经济风险，补充保险和商业保险满足高收入居民高于基本医疗服务之外的医疗保健需求，对于农村居民社会医疗保险政策范围外的大额医疗费用支出，可以尝试探索通过补充保险和商业保险解决的机制。另外，新农合基金的主要去向在原来的新农合一般补偿和风险基金预留的基础上，新增了重大疾病医疗保障补偿和大病保险补偿两类，因此，各级财政应较大幅度增加对新农合基金的投入，除了省级财政，有条件的县级财政也要提高筹资金额。

2. 统筹城乡医疗保险制度，确保医疗保险基金有效运行

政府应该理顺行政管理体制，实现制度层面的创新和优化，建议出台整合城乡医疗保险的具体实施政策，明确统筹的管理职能归属问题，形成统一调度、分类有序、体系完整的并轨管理模式。全省要进一步打破医疗保险的不公平，逐步缩小医疗保险体系中的城乡差别、身份差别、地区差别，实现城乡居民同一筹资标准、同一补偿方案，同一保障水平。建立健全全省有关统筹城乡医疗保障体系的法律法规和政策体系，全面加快江苏省医疗保障体系建设的法制化进程，不断关注非医疗保险城乡统筹试点的农村地区，从法律角度体现医疗保障的公平性，实现城乡医疗保险的均等化。

3. 提高新农合资金使用效率和管理效率，改善基层医院医疗条件

高质量的医疗服务是吸引农民参保，促进新农合不断发展的重要因素之一。苏北地区要加快新农合的发展，就需要整合医疗资源，改善基层医院医疗条件，提高医疗水平，特别是要加大对欠发达地区对提高医疗服务能力起决定性作用的人力资源投入。在新农合管理模式上，鼓励苏北地区借鉴苏南地区的经验，委托商业保险机构管理新农合工作，以提高管理工作的效率。城乡医疗保障统筹的重点也在于医疗保险基金的有效运行，建议对医疗基金进行量化的绩效评价，根据上一年度绩效评价的结果来指导下一年度的基金支出方向和水平。在提高居民医疗保险待遇的资金补充时，可以尝试设立居民医疗保障慈善基金，也可将政府投资项目受益部分注入医保基金。

4. 特别关注脆弱人群的医疗保险问题

随着人口结构的变化，人口疾病模式也在发生重大转变。江苏是我国老龄化程度最高的省份之一，而农村老年人的疾病经济负担问题又比城市更为突出。慢性非传染病成为影响老年人健康的首要问题，也是人口死亡和残疾

最主要的风险因素。虽然目前江苏新农合将儿童白血病、儿童心脏病、乳腺癌、宫颈癌等有关儿童和女性的重大疾病都纳入了大病保障的范围，但还没有专门针对老年人的保险种类。而且一些被征地农民也反映他们所享受的新农合门诊待遇和普通慢性病保险待遇较低。应明确不同人群患病模式的特点，分人群、分病种、分阶段，系统地推出适应不同人群的医疗保险种类，特别关注脆弱人群的医疗保险问题。对于老年人，要考虑医疗服务的可及性和新农合针对高血压、糖尿病、心血管疾病等慢性病的保险种类；对于女性，新农合要覆盖对妇、产科和生育相关的疾病种类；对于农民工，新农合关注的重点应在制度设计的灵活性上，鼓励农民工参加城镇职工医疗保险，并以此为契机逐步统筹城乡医疗保险；对于征地农民，可以适当提高门诊和慢性病报销范围和比例。另外，还需尽快构建全国范围内的跨省医疗保险信息平台，确保农民工在原就业地的医疗保险和统筹基金能顺利转移到新就业地，实现顺利续接。

第二章　江苏农村最低生活保障发展报告

一、农村最低生活保障发展现状

1. 覆盖对象

1) 保障人口

农村最低生活保障对象是具有当地户籍、家庭人均纯收入低于户籍所在县(市、区)农村最低生活保障标准的农村居民，主要是因疾病、残疾、年老体弱、丧失劳动能力和生存条件恶劣等原因造成家庭生活常年困难的人员。2004年以来江苏农村最低生活保障发展迅速，保障人数快速增加，并于2011年底到达顶峰，之后开始出现缓慢下降。截至2014年6月底，全省农村低保对象为69.4万户，比上年同期减少2万户。全省农村低保覆盖人数为129.1万人，比上年同期减少4.7万人(图2-1)。

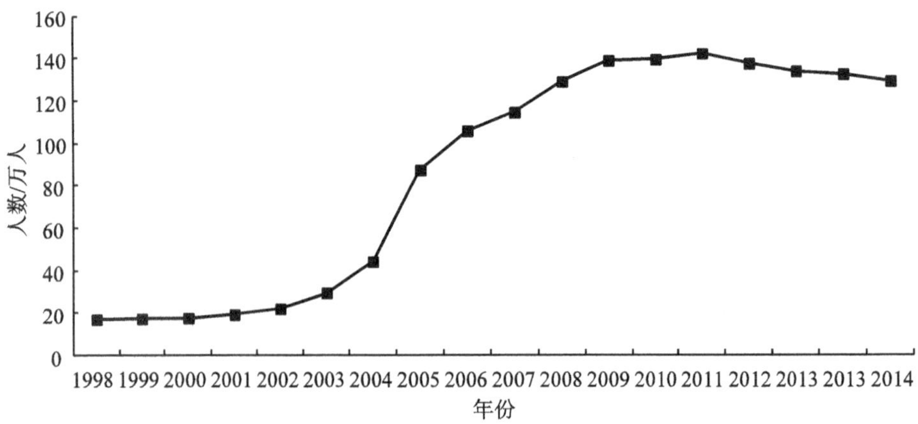

图2-1　江苏省农村最低生活保障制度保障人数(1998~2014)

数据来源：江苏民政网各年度城乡低保数据。

2) 覆盖面

在受保障总人数快速增加的同时，农村最低生活保障的覆盖率也得到较快的提高。如图 2-2 所示，农村最低生活保障人数占村镇人口的比重快速上升，1998 年覆盖率仅为 0.3%，2013 年底已经提高到 3.1%，是城市低保覆盖率[①](1%)的 3 倍多。

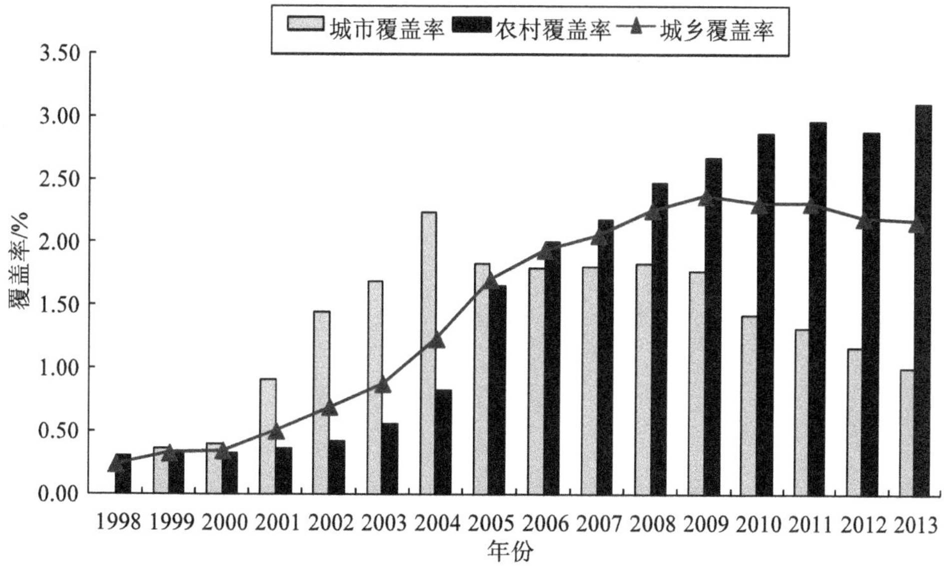

图 2-2　江苏省农村最低生活保障制度保障面(1998~2013)

数据来源：根据江苏省民政厅各年度城乡低保数据和《江苏省统计年鉴 2014》相关数据计算得出。

3) 保障对象结构

中国的最低生活保障是一种收入保障，但由于中国支出型救助发展缓慢，因而最低生活保障制度在设计上兼顾不同群体支出需求的差异，制度设计上优先保障残疾人、老人、未成年人等弱势群体。

表 2-1 反映了近三年来江苏省农村最低生活保障对象的人口特征。从年

① 由于缺乏江苏省户籍人口分城乡数据以及非农人口和农业人口数据，此处计算覆盖面公式为：城市低保覆盖率=城市低保人口数/城市人口；农村低保覆盖率=农村低保人口数/（镇人口+乡村人口）。

龄结构上看，老年人、未成年人所占比重接近一半。从性别结构上看，男性明显大于女性。从身体健全状况看，残疾人所占比重约 11%。整体上看，江苏农村最低生活保障主要覆盖对象为弱势群体。分年度来看，各类对象的比例相对比较稳定，老年人、女性比重有小幅上升。

表 2-1　江苏农村最低生活保障对象结构

年份	按年龄分/%			按类别分/%	
	老年人	成年人	未成年人	女性	残疾人
2013	37.88	51.50	10.62	36.53	11.00
2012	36.55	52.73	10.72	34.99	10.33
2011	32.06	55.15	12.80	31.00	11.16

数据来源：江苏省民政部网站。

2. 保障水平

1) 绝对水平

合理、适度、科学地制定最低生活保障标准，是低保制度平稳运行的基础和前提。由图 2-3 可以看出，近年来江苏的最低生活保障标准、人均补差水平随着经济发展和人民生活水平的提高也在不断提高。

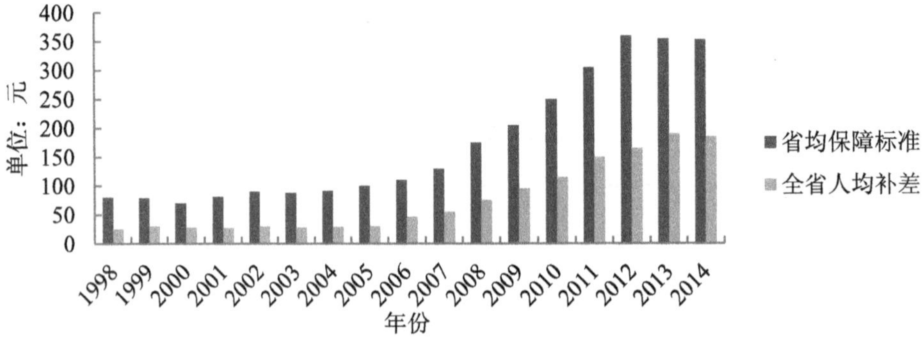

图 2-3　江苏农村最低生活保障补助标准(1998~2013)

数据来源：2014 年数据为第二季度水平，其他年度为年末水平。2011 年以后数据来自于江苏省民政网，其他年度数据来自于嘉秀娟.江苏省农村居民最低生活保障制度研究[M]//当代生活救助制度完善与创新.北京:人民出版社，2012：398.

2) 相对水平

最低生活保障是我国社会救助制度的最主要内容，由地方政府制定的低保标准实际上等于当地的贫困线。在国际上，对贫困线的衡量主要看其替代率，亦即救助后的收入占当地人均收入的百分比。

$$\alpha_t = L_t / I_t$$

其中，α_t是第 t 年的低保替代率，L_t是 t 年某地区的名义低保标准，I_t是 t 年该地区的居民人均收入水平。国际上比较认可的一种计算方法就是欧盟的“人均收入 50%或中位收入 60%”的标准。救助水平过高(如 70%甚至以上)容易让受助者产生福利依赖，救助水平过低(例如 30%或以下)则会使受助者无法维持基本的生存需要，所以定在 50%~60%将有助于在激励低保对象再就业与满足生存必需之间维持一个较好的平衡。

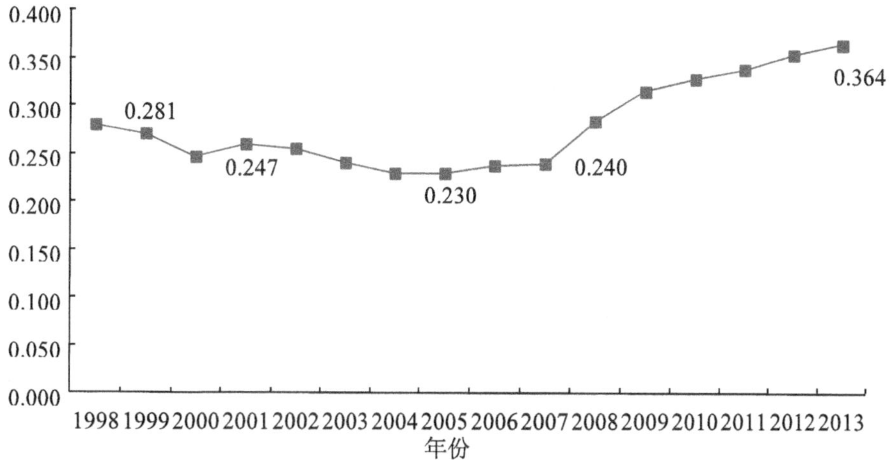

图 2-4　江苏农村最低生活保障替代率(1998~2013)

数据来源：农村低保标准数据来源同图 2-3，农村家庭居民人均纯收入数据来自《江苏统计年鉴 2014》。

图 2-4 显示了江苏农村最低生活保障替代率的历史变动轨迹。在 1998~2007 年波动并时有下降，2007 年后，江苏农村低保工作全面开展，形成制度化和规范化的社会救助，并在全国率先建立了与居民收入直接挂钩的

低保标准增长机制。农村最低生活保障的替代率也逐步提高，2013 年进一步提高到 0.364，受保群众的保障水平也进一步改善。但是，当前的替代率水平仍然远低于欧盟的人均收入 50%的贫困线标准。

“生活救助系数”和“救助力度系数”是比较最低生活保障制度救助的实际效果的两个重要指标。生活救助系数反映了当年政府对低保对象救助的实际效果，即低保制度对于低保家庭生存的保障程度。救助力度系数反映对低保对象的实质救助强度。救助力度系数越大说明政府对低保对象的救助力度越大，但力度系数过高则可能降低受助者的就业意愿，导致具有劳动能力的人长期不愿就业。

计算方法如下：

$$\beta_t = L_t / F_t$$

$$\lambda_t = L_t / W_t$$

其中，β_t是 t 年的生活救助系数，L_t是 t 年某地区的名义低保标准，F_t是该地区 t 年的居民家庭人均生活消费支出。λ_t是 t 年的救助力度系数，L_t是 t 年某地区的名义低保标准，W_t是该地区 t 年的职工最低工资标准。

江苏农村最低生活保障的生活救助系数在 2008 年以前一直在 0.3~0.4 徘徊，近年来表现出较为迅速的上升态势，2013 年达到 0.515。农村最低生活保障的救助力度系数则明显低于生活救助系数，大部分年份在 0.3 以下，近年来上升较为明显，并于 2011 年以后超过 0.3。一般来说，低收入人口的生活消费支出水平低于人均支出水平，但考虑到生活消费支出以必需品为主，因此低收入家庭的生活消费支出与人均支出水平差距不大。根据江苏省 2013 年不同收入组农村居民家庭平均每人生活消费支出统计，最低收入组生活消费支出是中低收入组的 88%、中等收入组的 72%、中高收入组的 54%、高收入组的 33%。即使让低保家庭生活水平达到低收入家庭的平均水平，低保的生活救助系数也应当达到 0.54~0.72，当前的低保标准和生活救助系数虽然一直在提高，目前已经接近但仍然没有达到这一水平(表 2-2)。

表 2-2　江苏农村最低生活保障的救助力度

年份	农村低保标准/(元/月)	农村人均消费支出/(元/月)	最低工资/(元/月)	生活救助系数	救助力度系数
2000	74	2338	315	0.38	0.235
2001	82	2374	335	0.414	0.245
2002	85	2625	353	0.389	0.241
2003	85	2704	425	0.377	0.2
2004	91	3035	493	0.36	0.185
2005	101	3567	530	0.34	0.191
2006	115	4135	630	0.334	0.183
2007	131	4791	713	0.328	0.184
2008	174	5328	713	0.392	0.244
2009	210	5804	713	0.434	0.294
2010	249	6543	807	0.457	0.309
2011	304	7693	957	0.474	0.318
2012	359	8655	1123	0.498	0.32
2013	412	9603	1287	0.515	0.320

数据来源：农村低保标准数据来源同图 2-3，农村居民人均生活消费支出数据来自各年《江苏统计年鉴》，最低工资数据来自于江苏省人力资源与社会保障网，根据三类/四类地区最低工资标准计算得出。

3. 政府责任体现

农村最低生活保障主要体现的是政府的责任，资金也主要来自公共财政的投入。江苏农村最低生活保障水平相对较高，发展也较早，因此财政投入的整体水平也比较高。如图 2-5 所示，江苏农村最低生活保障的资金支出已经从 1999 年的 4934 万元逐年提高到 2013 年的 33.22 亿元。

2014 年 8 月，为深入贯彻实施国务院《社会救助暂行办法》，确保“救急难”方针落在实处，根据民政部和省领导提出的“江苏省社会救助工作要先行先试”的要求，江苏省民政厅把乡镇(街道)社会救助“一门受理”平台建设作为打通社会救助政策执行“最后一公里”的基础性工作，加大试点力度，在总结南京市鼓楼区等地乡镇(街道)社会救助“一门受理”窗口建设经验的基础上，把能力建设作为核心，提出“求助有门、门里有人、人人全能、能解急难”的基层社会救助工作新思路，初步形成了“一站式受理”、“一体化推行”、“一个口上下”的基层社会救助管理服务工作模式，确保群众求助不走弯路，政府部门救助及时到位。

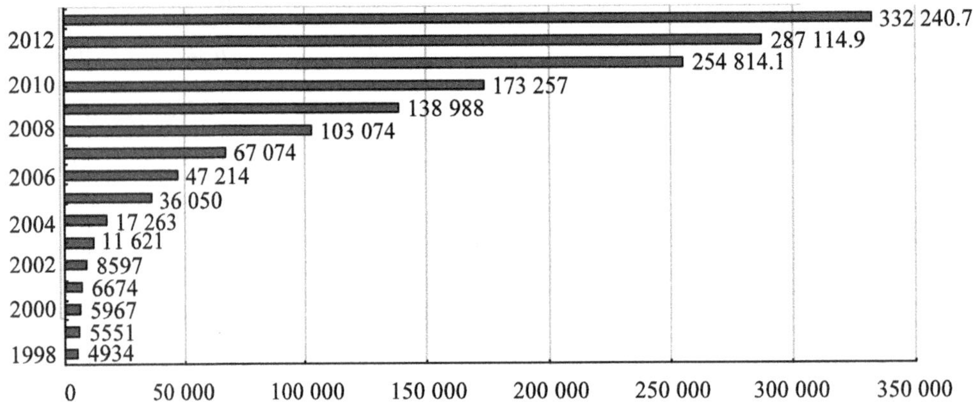

图 2-5 江苏农村最低生活保障财政支出(1998~2013) (单位：万元)

数据来源：2011 年以后数据来自于江苏省民政部网站，其他年度数据来自于嘉秀娟.江苏省农村居民最低生活保障制度研究[M]//当代生活救助制度完善与创新. 北京：人民出版社, 2012：398.

二、农村最低生活保障的比较分析

1. 农村最低生活保障的省际比较

1) 农村低保覆盖面的省际比较

从省级层面看，衡量农村最低生活保障水平的重要指标是其覆盖面。由于各省人口规模存在差异，因此相对规模不具有可比性，本报告用覆盖面指标来反映全国各省市农村最低生活保障的覆盖面差异。

图 2-6 显示了全国各省市农村低保覆盖率(农村最低生活保障覆盖人口数占农村人口数的比重)，江苏为 4.56%，在 31 个省市自治区中排列第 27 位，

仅高于北京市、上海市、天津市、浙江省等地，覆盖率水平最高的为甘肃省，覆盖率达到 22.19%。将农村最低生活保障覆盖率与各地区经济发展水平进一步比较可以发现，相对来说，经济发达地区由于整体发展水平较好，人民生活水平较高，绝对贫困人口的比重低，进而符合农村最低生活保障要求的家庭的比重较低，因而农村低保覆盖率低。

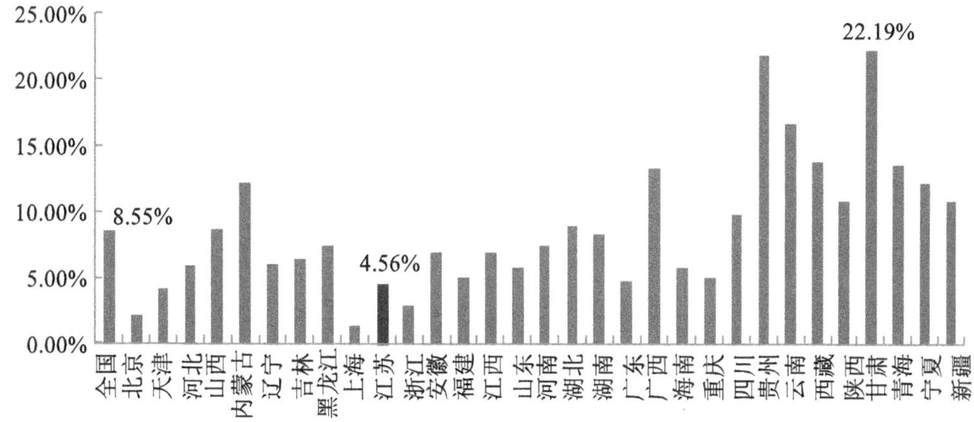

a. 2013 年度

资料来源：根据《中国统计年鉴 2014》和中华人民共和国民政部网站相关数据计算得出[①]。

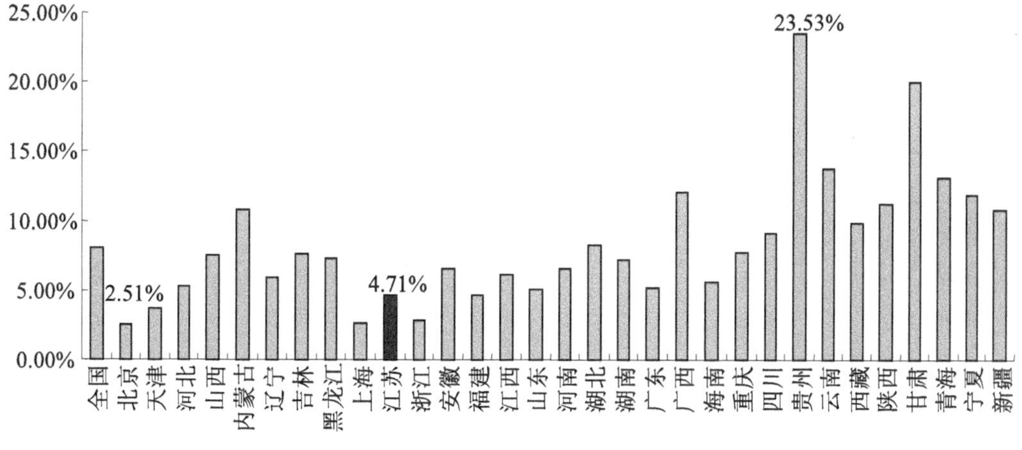

b. 2012 年度

图 2-6　全国各省市农村最低生活保障覆盖面

资料来源：根据《中国统计年鉴 2013》和民政部网站相关数据计算得出[①]。

① 由于缺少各省市农村户籍人口数据，此处分母部分为农村人口而非户籍人口。

再对比图 2-6a 和图 2-6b，可以发现，2012 年和 2013 年全国各省市农村低保覆盖率整体状况不变，但各省市农村低保覆盖率都有着小幅的下降，这也在一定程度上反映出我国 2013 年各省市经济发展水平的提高。

《2013 年 12 月江苏社会服务统计报表》显示，2013 年江苏农村最低生活保障支出 332 240.7 万元，环比增长 31.39%，农村最低生活保障家庭数 1 299 330 人，环比减少了 1.19%。

农村最低生活保障对象是家庭年人均纯收入低于当地最低生活保障标准的农村居民，主要是因病残、年老体弱、丧失劳动能力以及生存条件恶劣等原因造成生活常年困难的农村居民。女性、老年人、未成年人以及残疾人作为社会中的弱势群体是农村最低生活保障主要对象。因此享受低保人数越多，则反映当地总体经济水平越落后。由表 2-3 可证明，上海、北京等中国一线城市的农村最低生活保障人数远少于其他省市，分别是 3.3 万人与 6.0 万人，农村最低生活保障人数最多的前三名分别是贵州(475.9 万人)、云南(466.5 万人)、四川(438.6 万人)，而全国各省平均农村最低生活保障人数是 173.6 万人。江苏(130 万人)排在全国第 15 位，属中游水平，其中在农村最低生活保障的人口构成方面，女性有 47.5 万人，老年人有 49.2 万人，未成年人有 13.8 万人。

表 2-3　2013 年全国各省市农村低保对象结构

地区	农村低保人数/万人	女性/万人	老年人/万人	未成年人/万人
北京	6.0	2.5	2.3	0.8
天津	10.8	4.4	2.7	1.8
河北	221.5	66.3	129.3	12.0
山西	149.8	52.9	85.3	7.4
内蒙古	125.3	56.5	66.1	3.9
辽宁	88.0	30.6	38.8	6.9
吉林	80.9	37.3	43.4	2.9
黑龙江	121.5	43.9	51.5	8.0
上海	3.3	1.6	1.1	0.2

续表

地区	农村低保人数/万人	女性/万人	老年人/万人	未成年人/万人
江苏	129.9	47.5	49.2	13.8
浙江	55.6	18.7	20.8	7.0
安徽	216.1	76.3	81.2	20.4
福建	73.6	23.8	20.7	8.2
江西	160.6	62.8	47.2	28.7
山东	259.9	88.0	149.2	17.1
河南	389.8	115.7	198.5	30.9
湖北	235.2	101.6	94.4	14.6
湖南	288.9	79.9	110.1	32.3
广东	163.4	51.7	45.6	30.2
广西	345.9	94.0	120.8	54.2
海南	24.6	9.8	6.3	3.8
重庆	62.7	28.0	19.3	10.1
四川	438.6	126.1	189.7	48.0
贵州	475.9	167.3	160.7	74.0
云南	466.5	172.9	134.0	56.3
西藏	32.9	13.0	11.5	7.7
陕西	198.5	81.2	63.7	20.3
甘肃	343.0	112.2	73.3	55.6
青海	40.3	11.6	6.8	7.7
宁夏	38.2	12.5	13.5	3.5
新疆	134.8	54.6	38.2	26.1

资料来源：中华人民共和国民政部网站相关数据。

2) 农村低保绝对水平的省际比较

2013 年江苏人均地区生产总值 74 607 元，农村居民人均纯收入 13 597.8 元，城乡居民收入比为 2.39∶1，是全国较小的省份之一。在全国范围内，江苏城乡居民最低生活保障标准均位于前列。城镇居民最低生活保障标准为 485 元/月，在全国排列第五。农村居民最低生活保障标准为 396 元/月，在全国排列第四(表 2-4)。

表 2-4　2013 年全国各省经济发展水平与低保标准比较

地区	人均地区生产总值/元	人均地区预算收入/元	农村居民家庭人均纯收入/(元/年)	农村低保标准/(元/月)
全国	41 908	52 793	8895.9	203
北京	93 213	17 312	18 337.5	522
天津	99 607	14 122	15 841.0	442
河北	38 716	3131	9101.9	189
山西	34 813	4688	7153.5	180
内蒙古	67 498	6891	8595.7	285
辽宁	61 686	7617	10 522.7	237
吉林	47 191	4205	9621.2	170
黑龙江	37 509	3331	9634.1	186
上海	90 092	17 016	19 595.0	500
江苏	74 607	8273	13 597.8	396
浙江	68 462	6906	16 106.0	393
安徽	31 684	3441	8097.9	205
福建	57 856	5616	11 184.2	198
江西	31 771	3585	8781.5	201
山东	56 323	4685	10 619.9	206
河南	34 174	2566	8475.3	141
湖北	42 613	3779	8867.0	169
湖南	36 763	3035	8372.1	172
广东	58 540	6653	11 669.3	269
广西	30 588	2792	6790.9	166
海南	35 317	5373	8342.6	252
重庆	42 795	5701	8332.0	201
四川	32 454	3434	7895.3	153
贵州	22 922	3445	5434.0	153
云南	25 083	3438	6141.3	163
西藏	26 068	3045	6578.2	165

续表

地区	人均地区生产总值/元	人均地区预算收入/元	农村居民家庭人均纯收入/(元/年)	农村低保标准/(元/月)
陕西	42 692	4645	6502.6	179
甘肃	24 296	2352	5107.8	162
青海	36 510	3874	6196.4	174
宁夏	39 420	4713	6931.0	170
新疆	37 181	4984	7296.5	150

注：民政部网站江苏省农村低保标准与江苏省民政厅网站农村低保标准数据有一定差异。

数据来源：《中国统计年鉴 2014》和民政部网站 http://files2.mca.gov.cn/cws/201401/20140125145821573.htm.

3) 农村低保救助力度的省际比较

江苏农村最低生活保障的救助力度位于全国第四，在全国处于较高水平。如表 2-5 所示，江苏农村低保替代率(农村最低生活保障标准占农村居民人均纯收入)为 0.349，同样位于全国第四，仅低于海南(0.362)、内蒙古(0.397)、甘肃(0.380)，比全国平均水平高出 8 个百分点，远高于其他经济发达省份。江苏农村低保的生活救助系数为 0.480，仅低于西藏(0.554)、海南(0.553)、天津(0.522)，在全国排名第四，比全国平均水平高出 10 多个百分点。

表 2-5　2013 年全国各省农村低保救助水平比较

地区	农村低保替代率	农村低保生活救助系数	农村低保标准/人均 GDP	农村低保标准/人均预算收入
全国	0.274	0.367	0.058	0.046
北京	0.341	0.462	0.067	0.362
天津	0.335	0.522	0.053	0.376
河北	0.249	0.370	0.059	0.725
山西	0.302	0.371	0.062	0.460
内蒙古	0.397	0.470	0.051	0.496
辽宁	0.270	0.397	0.046	0.373
吉林	0.211	0.276	0.043	0.484
黑龙江	0.232	0.328	0.060	0.672

续表

地区	农村低保替代率	农村低保生活救助系数	农村低保标准/人均 GDP	农村低保标准/人均预算收入
上海	0.306	0.422	0.067	0.353
江苏	0.349	0.480	0.064	0.574
浙江	0.293	0.401	0.069	0.684
安徽	0.304	0.430	0.078	0.716
福建	0.212	0.291	0.041	0.423
江西	0.275	0.428	0.076	0.674
山东	0.233	0.335	0.044	0.528
河南	0.200	0.302	0.050	0.661
湖北	0.228	0.322	0.048	0.536
湖南	0.247	0.313	0.056	0.681
广东	0.277	0.388	0.055	0.486
广西	0.293	0.383	0.065	0.714
海南	0.362	0.553	0.086	0.563
重庆	0.290	0.417	0.056	0.424
四川	0.232	0.290	0.056	0.534
贵州	0.337	0.387	0.080	0.532
云南	0.318	0.412	0.078	0.568
西藏	0.301	0.554	0.076	0.650
陕西	0.330	0.374	0.050	0.461
甘肃	0.380	0.400	0.080	0.825
青海	0.337	0.345	0.057	0.539
宁夏	0.294	0.314	0.052	0.432
新疆	0.247	0.295	0.049	0.362

数据来源：根据《中国统计年鉴 2013》和民政部网站低保相关数据计算得出。

4) 农村低保水平与经济发展协调性的省际比较

农村最低生活保障的发展水平往往与其经济发展水平和财政承受能力有关，因此通过农村最低生活保障标准与地区人均地区生产总值、人均地方预算收入的比较，可以反映农村最低生活保障相对于其经济承载力的水平。如

表 2-5 所示，江苏农村最低生活保障标准为其人均地区生产总值的 0.064，比 2012 年的水平提高了 2 个百分点。在全国 31 个省市自治区中排列第十二位，排名比 2012 年略有下降，在全国属于中等偏高的水平。江苏农村最低生活保障标准为人均财政预算收入的 0.574，在全国 31 个省市自治区中排列第十一位，属于中等偏高的水平。

总体上看，江苏农村最低生活保障制度发展水平均处于全国前列，这与江苏的整体经济实力与财政能力基本相适应。2013 年全省实现地区生产总值 59 161.75 亿元，仅低于广东省。2013 年地方公共财政收入 6568.46 亿元，仅次于广东省。可以基本判断，江苏农村最低生活保障的保障标准与其经济发展水平比较适应，农村低保制度保障标准在全国处于中等偏高水平，反映出经济社会发展总体协调程度较高。

2. 农村最低生活保障的区际比较

1) 农村低保覆盖面的区域比较

江苏的区域划分与全国东部、中部、西部发展具有明显的梯度特征相似，江苏苏南、苏中、苏北三大区域的经济发展也不平衡。相对于经济发展差距，江苏省三大区域在社会保障发展规模和水平上也表现出不同特征。从农村最低生活保障覆盖人口来看，由于三大区域本身城镇化水平的不同，苏南、苏中、苏北的城市化水平依次递减，当地农村人口的规模依次递升，因而农村低保的覆盖面比较的重点在于农村低保的覆盖率(表 2-6)。

表 2-6　2013 年末苏南、苏中、苏北农村低保覆盖面比较

项目	保障人数/人	保障户数/户	当地农村人口数/万人	覆盖率/%
苏南五市	133 423	98 033	940.9357	1.42
苏中三市	269 432	157 837	1107.2543	2.43
苏北五市	882 136	453 628	2274.1943	3.88

数据来源：江苏省民政厅。

2) 农村低保绝对水平的区域比较

苏南、苏中、苏北由于其经济发展水平和消费水平的不同，低保标准也有一定差异。2013 年，苏南地区的农村低保平均水平为 538 元/月，远高于苏中地区的 405 元/月和苏北地区的 290 元/月(表 2-7)。

表 2-7a　2013 年苏南、苏中、苏北经济发展水平与低保标准比较

项目	人均地区生产总值/元	人均地区预算收入/元	农村居民家庭人均纯收入/(元/年)	农村低保标准/(元/月)
全省合计	74 607	8273	13 598	411
苏南五市	110 051	10 697	19 107	538
苏中三市	68 897	6076	16 285	405
苏北五市	45 444	4958	11 769	290

表 2-7b　2012 年苏南、苏中、苏北经济发展水平与低保标准比较

项目	人均地区生产总值/元	人均地区预算收入/元	农村居民家庭人均纯收入/(元/年)	农村低保标准/(元/月)
全省合计	68 347	7400	12 202	353
苏南五市	101 370	9661	17 160	472
苏中三市	62 208	5297	12 877	342
苏北五市	40 914	4298	10 502	255

资料来源：根据《江苏统计年鉴 2014》、《江苏省统计年鉴 2013》和江苏省民政部网站相关数据计算得出。

相比较 2012 年数据，苏南地区、苏中、苏北三个地区农村的低保标准都有所上升，并且涨幅都比较明显。

3) 农村低保救助力度的区际比较

苏南、苏中、苏北三大区域农村低保救助的力度也不尽相同。按照替代率指标，苏南地区的救助力度最高，而苏北的救助力度最低；按照生活救助系数指标，苏中的救助水平最高，苏南的救助水平最低，见表 2-8。

表 2-8a　2013 年苏南、苏中、苏北农村低保救助水平比较

项目	农村低保替代率	农村低保生活救助系数	农村低保标准/人均 GDP	农村低保标准/人均预算收入
全省合计	0.363	0.513	0.061	0.666
苏南五市	0.339	0.470	0.059	0.604
苏中三市	0.298	0.476	0.071	0.800
苏北五市	0.296	0.472	0.077	0.702

表 2-8b　2012 年苏南、苏中、苏北农村低保救助水平比较

项目	农村低保替代率	农村低保生活救助系数	农村低保标准/人均 GDP	农村低保标准/人均预算收入
全省合计	0.348	0.482	0.062	0.573
苏南五市	0.330	0.456	0.056	0.587
苏中三市	0.319	0.441	0.066	0.775
苏北五市	0.291	0.459	0.075	0.712

数据来源：根据《江苏统计年鉴 2014》、《江苏统计年鉴 2013》和江苏省民政厅相关数据计算得出。

相比较 2012 年数据，按照替代率指标，苏南、苏北、苏中三个地区的救助力度都有所上升，苏中地区增长最多；按照生活救助系数指标，苏中地区救助力度上升最为明显。

4) 农村低保保障标准与经济发展协调性的区域比较

江苏三大区域的经济发展水平差异较大，苏南地区的人均经济产出和人均财政收入均是苏北地区的两倍以上，因此在绝对水平上，苏南、苏中、苏北的保障水平依次递减。但是，按照低保标准占人均 GDP 的比重及低保标准占人均财政收入的比重衡量(表 2-8)，则苏中地区的救助力度最高，苏北次之，苏南的救助力度最弱。这一结果在很大程度上归功于江苏省财政对苏中、苏北地区大量的补贴政策。根据对江苏省财政厅的调研，江苏省对苏北地区低保资金的投入占全部资金的比例约 90%，对苏中地区的投入比例约占 60%，而对苏南地区的投入比例仅占 10%~20%。因此，虽然三大区域经济发展差异较大，但由于江苏省财政转移支付制度的倾斜而使得三大区域的农村低保制度发展相对较为平衡。

3. 农村最低生活保障的城际比较

虽然整体上江苏农村最低生活保障发展水平在全国处于领先地位，但省内各市在农村低保的规模、水平等方面并不均衡。苏北各城市的农村低保覆盖人口多，而苏州、无锡、南京等市的农村低保保障标准高。

1) 农村低保覆盖面的城际比较

江苏农村最低生活保障在各城市的覆盖人口数有较大差异。徐州、盐城是低保覆盖人口最多的两个城市，仅徐州一个城市的农村低保覆盖人口数就多于苏南五市农村低保人口总数。当然，农村低保的覆盖人口总数主要取决于当地的农村人口总规模、贫困程度等，因此需要通过覆盖面和低保标准等指标来进一步分析农村低保的覆盖面差异。

从时间维度上，可以发现大部分城市 2013 年较 2012 年的农村低保人口数没有较大变化，但各城市的低保人口变化方向却有本质的不同。仅有宿迁、盐城两个城市的农村最低生活保障人口数增加，其他四个城市的农村最低生活保障人口数均在减少，徐州、南通、淮安的农村低保人口数减幅较为明显(图2-7)。

无论是覆盖人口绝对数，还是覆盖面，苏北各市的农村低保覆盖水平均明显高于苏南各市。从全省 13 个市的比较可以发现落后地区的农村低保覆盖率明显高于发达地区(图 2-8)，这与相对落后地区绝对贫困人口比例较高有较大关系，也说明近年来江苏向苏中苏北的财政倾斜政策让落后地区民众得到了切实保障。

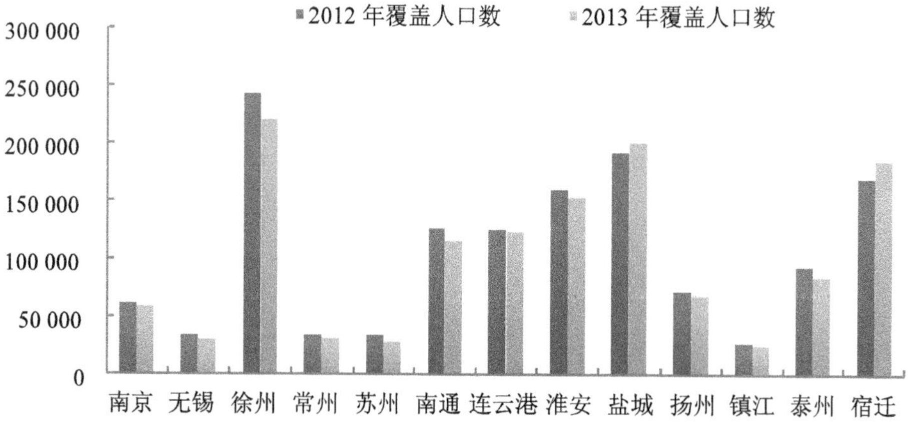

图 2-7　各市农村最低生活保障覆盖人数(2012~2013)

数据来源：江苏民政网《2013 年第 4 季度全省城乡低保基本情况》、《2012 年 12 月江苏农村低保基本情况》。

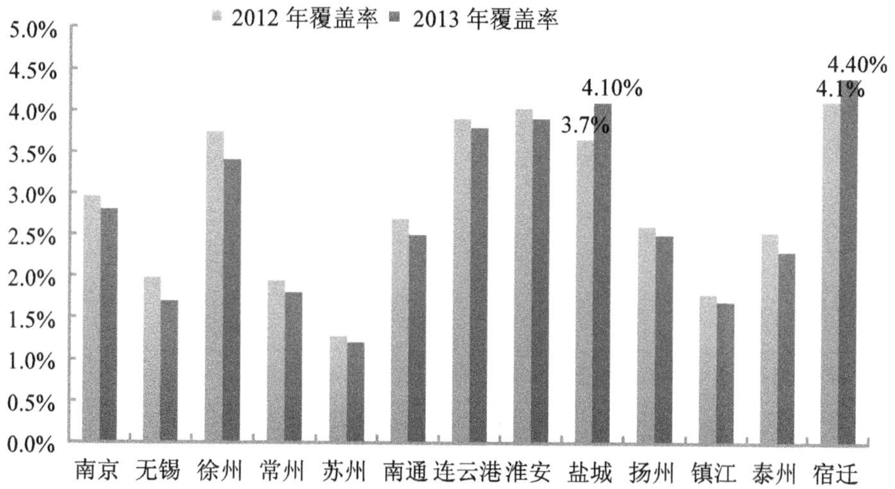

图 2-8　各市农村最低生活保障覆盖率(2012~2013)

数据来源：江苏民政网《2013 年 4 季度全省城乡低保基本情况》，《2013 年 4 季度全省城乡低保基本情况》。

2) 农村低保绝对水平的城际比较

对比江苏 13 个地级市的农村最低生活保障平均标准，不难发现发达地区的农村最低生活保障标准较高、保障对象较少，而落后地区的最低生活保障标准较低、保障对象多。如表 2-9 所示，苏州市的农村最低生活保障标准达到 580 元/月，与当地城市最低生活保障统一，是最低的宿迁市、连云港市、淮安市、盐城市、徐州市低保标准的两倍以上。

表 2-9　2013 年各市经济发展水平与低保标准比较

行政区划	人均地区生产总值/元	人均地区预算收入/元	农村居民家庭人均纯收入/(元/年)	农村低保标准/(元/月)	最低工资(两档均值)/(元/月)
南京市	98 011	10 170	16 531	516	1630
无锡市	124 640	10 980	20 587	555	1630
徐州市	51 714	4930	12 052	301	1460
常州市	92 995	8719	18 643	465	1630
苏州市	123 209	12 600	21 578	644	1630
南通市	69 049	6658	14 754	395	1630
连云港市	40 416	5258	10 745	294	1460
淮安市	44 774	5637	11 045	290	1460
盐城市	48 150	5081	13 344	295	1460
扬州市	72 775	5802	14 214	396	1460
镇江市	92 633	8034	16 258	510	1630
泰州市	64 917	5425	13 982	424	1630
宿迁市	35 484	3850	10 703	270	1270

数据来源：《江苏省统计年鉴 2014》、江苏省民政部网站。

3) 农村低保救助力度的城际比较

最低生活保障替代率是指低保标准占居民人均收入的比重。表 2-10 显示，2013 年全省农村低保替代率差异较小，在 26%~38%。比较各省辖市农村低保替代率可以发现，替代率最高的是南京和苏州、泰州，最低的是盐城、徐州和常州。农村低保生活救助系数的差异性也较小，所有城市的生活救助系数均在 40%以上，最高的是泰州市、镇江市、连云港市，均在 50%以上。农村低保救助力度系数则差异较大。救助力度系数反映的是低保标准与当地最低工资标准之间的比重，由于江苏省内最低工资水平差异不大而低保标准差异较大，因此救助力度系数与低保绝对标准的相关度较高，苏州、无锡、南京、镇江等农村低保绝对水平高的地级市救助力度系数较高。但是，由于救助力度系数均低于 50%，因此产生福利依赖的可能性较小。

表 2-10 2013 年各市农村低保救助水平比较

行政区划	农村低保替代率/%	农村低保生活救助系数/%	农村低保救助力度系数/%	农村低保标准/人均 GDP/%	农村低保标准/人均预算收入/%
南京市	37.46	49.97	31.66	6.32	60.89
无锡市	32.35	47.08	34.05	5.34	60.66
徐州市	29.97	49.85	20.62	6.98	73.27
常州市	29.93	41.14	28.53	6.00	64.00
苏州市	35.81	47.55	39.51	6.27	61.33
南通市	32.13	43.36	24.23	6.86	71.19
连云港市	32.83	50.89	20.14	8.73	66.81
淮安市	31.51	47.20	19.86	7.77	61. 74
盐城市	26.53	45.90	20.21	7.34	69.67
扬州市	33.43	48.86	27.12	6.53	81.90
镇江市	37 .64	51.02	31.29	6.61	75.99
泰州市	36.39	51.59	26.01	7.84	93.79
宿迁市	30.27	43.47	21. 26	9.13	84.16

数据来源：根据《江苏省统计年鉴 2014》、江苏省民政部网站相关数据计算得出。

4) 农村低保保障标准与经济发展协调性的城际比较

图 2-9 显示了江苏 13 个地级市农村最低生活保障标准与人均地区生产总值、人均财政收入的比重。常州、无锡的两个指标均比较低，而宿迁、徐州、泰州的两个指标均较高。可以发现，经济发达地级市的指标值普遍低于经济落后地区，说明相对于其经济发展水平和财力，江苏落后地区的农村低保救助水平较高，整体的社会保障的不平等程度低于其经济发展水平的不平等程度。

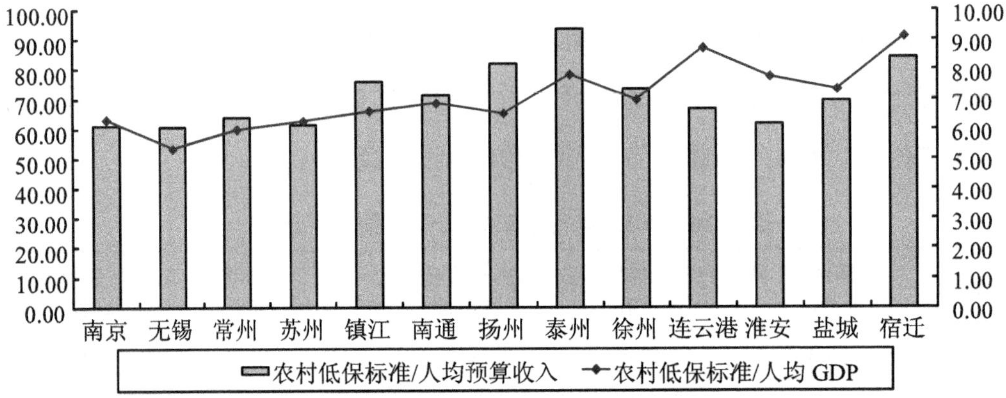

图 2-9 各市农村最低生活与经济发展的协调程度(2013)

数据来源：根据《江苏省统计年鉴 2014》、江苏省民政部网站相关数据计算得出。

5) 城际农村低保标准的年度比较

表 2-11 列出了江苏各市农村低保救助水平的三项指标。从低保替代率来看，大部分都是增长的，其中常州、扬州增长最为明显，约为 3%，但宿迁、淮安等市低保替代率发生下降。结合表 2-9，2013 年各市农村低保标准和居民人均收入都是增长的，反映出其低保标准增长比例低于居民人均收入的增长，因而需要进一步的提高低保标准。比较农村低保生活救助系数，结论与低保替代率的比较基本相同，这在一方面反映出农村居民生活水平的提高，另一方面也反映出省内部分城市的农村低保标准有待进一步提高，以切实保障农村居民基本生活。从低保救助力度系数来看，虽然救助力度系数涉及区域间最低工资标准的差异，但是从年度比较来看，除常州外，所有城市都表现出救助力度系数的下降，反映出江苏 2013 年对于低保对象实质救助强度的下降。

表 2-11 2012、2013 年各市农村低保救助标准比较

地区	农村低保替代率/%		农村低保生活救助系数/%		农村低保救助力度系数/%	
	2012 年	2013 年	2012 年	2013 年	2012 年	2013 年
南京市	37.06	37.46	49.31	49.97	33.09	31.66
无锡市	33.19	32.35	48.02	47.08	37.10	34.05
徐州市	29.61	29.97	47.27	49.85	22.32	20.62

常州市	26.53	29.93	36.92	41.14	26.81	28.53

续表

地区	农村低保替代率/%		农村低保生活救助系数/%		农村低保救助力度系数/%	
	2012 年	2013 年	2012 年	2013 年	2012 年	2013 年
苏州市	35.88	35.81	48.40	47.55	42.03	39.51
南通市	31.54	32.13	42.42	43.36	25.20	24.23
连云港市	31.16	32.83	48.12	50.89	20.92	20.14
淮安市	31.71	31.51	48.05	47.20	21.85	19.86
盐城市	26.22	26.53	44.58	45.90	21.85	20.15
扬州市	30.98	33.43	45.10	48.86	27.52	27.12
镇江市	36.58	37.64	50.43	51.02	32.07	31.29
泰州市	33.74	36.39	46.89	51.59	29.52	26.01
宿迁市	30.33	30.27	43.68	43.47	21.82	21.26

数据来源：根据《江苏省统计年鉴 2014》、江苏省民政厅网站相关数据计算得出。

三、最低生活保障城乡一体化进展

最低生活保障的城乡一体化是推进城乡发展一体化、区域发展一体化的组成部分。近年来，江苏大力推进城乡统筹发展，城乡低保一体化工作成效明显，一体化水平处于全国前列。

1. 推进城乡低保一体化的举措

一是缩小差距，保障标准一体化。江苏省明确，城乡低保标准的确定坚持与居民收入同步增长、与江苏省居民收入 7 年倍增计划和新一轮扶贫标准相衔接。经过几年的发展，城乡低保标准差距明显缩小。据民政部统计，2013 年江苏城市低保保障标准为 5821.56 元/年，农村低保保障标准为 4752.31 元/年，城乡低保标准之比降低至 1.22∶1，远低于上年度全省城乡居民收入之比 2.39∶1，城乡标准相差 1069.25 元/年，在全国东部地区 6 省 3 市中，仅次于北京市，是城乡差距排名第 2 的省份。

2014 年，江苏省民政厅、财政厅联合下发文件，要求全省各地从 2014

年 7 月起，全面提高城乡居民最低生活保障标准，确保城乡低保标准高于上年度省辖市城镇居民人均可支配收入和县(市、区)农民人均纯收入的 20%，农村保障标准达到 300 元/月以上。2014 上半年，全省共保障城乡低保对象 89 万户 167 万人，占总人口的 2.3%，总体实现了动态管理下的应保尽保。全省城乡低保平均保障标准分别为 488 元/月和 413 元/月，其中低保标准最高 670 元、最低 270 元。下半年提标后，低保标准最高将达到 700 元、最低 300元。

二是规范管理，制度设计一体化。适应最低生活保障工作面临的新形势、新要求，结合实际，省民政厅、财政厅、人社厅等 6 部门联合研究出台《江苏省居民最低生活保障工作规程》。该规程从保障对象确定、家庭收入核定、保障金额计算、审核审批程序、日常管理等方面做了统一规定，在制度设计和操作流程上实现了城乡一体。目前省民政厅正在指导各地加紧按照规程要求研究完善各项政策制度，目前各地基本完成政策调整完善工作。

三是因地制宜，稳步推进一体化。2014 年 7 月，江苏省已经有 37 个行政县(市、区)实现了城乡标准并轨，占 87 个涉农县(市、区)的 42.5%。无锡、苏州、常州、南京全市所有县(市、区)以及苏南大部分地区已率先实现城乡低保标准一体化。根据省相关规划，苏南地区和苏中部分有条件的地区 2015 年底前以县为单位实现城乡低保标准一体化。在管理方面，江苏最低生活保障制度设计、操作流程也已经实现了城乡一体化。随着江苏经济的转型升级，区域经济的统筹发展，将会有越来越多的困难群众实现城乡一体梦①。

2. 城乡低保一体化发展水平

1) 城乡低保覆盖程度的国内比较

从全国范围看，由于我国城乡收入差距相对比较高，所以农村贫困率远高于城市，农村低保覆盖率往往高于城市低保覆盖率。图 2-10 反映了全国 31

① 江苏民政网，http://www.jsmz.gov.cn/mzyw/shjz/gzdt/201303/2013-03-28_70361.htm.

个省市的城乡低保覆盖率，江苏城市低保覆盖率为 4.56%，农村低保覆盖率为 0.66%，无论城乡低保在全国的水平均较低。尽管城乡覆盖率均不高，但是江苏城乡覆盖率的差异较大，城市低保覆盖率是农村低保覆盖率的 6.87 倍，全国范围内仅低于浙江和广东。

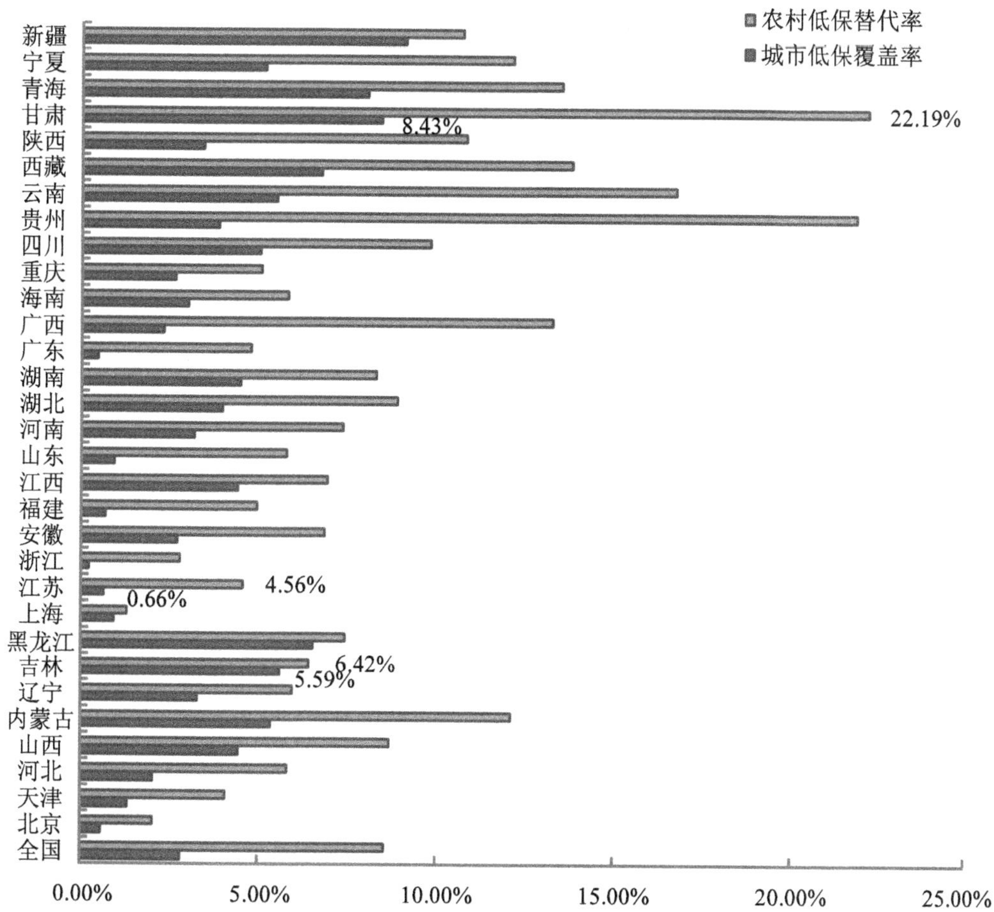

图 2-10　各省城乡低保的覆盖率比较(2013)

数据来源：根据《江苏统计年鉴 2013》和民政部网站低保相关数据计算得出。

2013 年江苏城乡收入比为 2.39，比 2012 年进一步降低，在全国范围内也属于偏低水平，说明江苏城乡经济一体化程度较高。反映城乡低保一体化程度最为重要的指标为城市与农村居民最低生活保障标准的比值，江苏该项指标为 1.22，一体化程度在全国排名第二(表 2-12)。

表 2-12 2013 年全国各省经济发展水平与低保标准比较

地区	城乡收入比	城乡低保标准比	城市低保替代率	农村低保替代率	城市低保生活救助系数	农村低保生活救助系数
全国	3.03	1.84	0.17	0.27	0.25	0.37
北京	2.20	1.11	0.17	0.34	0.26	0.46
天津	2.04	1.36	0.22	0.33	0.33	0.52
河北	2.48	2.00	0.20	0.25	0.33	0.37
山西	3.14	1.95	0.19	0.30	0.32	0.37
内蒙古	2.97	1.62	0.22	0.40	0.29	0.47
辽宁	2.43	1.74	0.19	0.27	0.27	0.40
吉林	2.32	1.90	0.17	0.21	0.24	0.28
黑龙江	2.03	2.08	0.24	0.23	0.33	0.33
上海	2.24	1.28	0.18	0.31	0.27	0.42
江苏	2.39	1.22	0.18	0.35	0.29	0.48
浙江	2.35	1.31	0.16	0.29	0.27	0.40
安徽	2.85	1.85	0.20	0.30	0.28	0.43
福建	2.76	1.84	0.14	0.21	0.22	0.29
江西	2.49	1.96	0.22	0.28	0.34	0.43
山东	2.66	2.03	0.18	0.23	0.29	0.33
河南	2.64	2.19	0.17	0.20	0.25	0.30
湖北	2.58	2.22	0.20	0.23	0.29	0.32
湖南	2.80	2.07	0.18	0.25	0.27	0.31
广东	2.84	1.41	0.14	0.28	0.19	0.39
广西	3.43	2.02	0.17	0.29	0.26	0.38
海南	2.75	1.40	0.18	0.36	0.27	0.55
重庆	3.03	1.72	0.17	0.29	0.23	0.42
四川	2.83	2.01	0.16	0.23	0.22	0.29
贵州	3.80	2.28	0.20	0.34	0.30	0.39
云南	3.78	1.99	0.17	0.32	0.26	0.41
西藏	3.04	2.62	0.26	0.30	0.42	0.55
陕西	3.52	2.10	0.20	0.33	0.27	0.37
甘肃	3.71	1.73	0.18	0.38	0.24	0.40
青海	3.15	1.90	0.20	0.34	0.29	0.34
宁夏	3.15	1.69	0.16	0.29	0.23	0.31
新疆	2.72	2.00	0.18	0.25	0.24	0.29

数据来源：根据《中国统计年鉴 2014》和中华人民共和国民政部网站相关数据计算得出。

从保障程度上来看，城乡最低生活保障的替代率和生活救助系数也有所不同。整体上来看，城市最低生活保障的替代率低于农村最低生活保障替代率。江苏的城市低保替代率为 0.18，在全国处于居中水平，而农村低保替代率为 0.35，在全国属于高水平。江苏城乡的生活救助水平均属于较高水平，但相对来说，农村低保的生活救助系数明显高于城市低保的生活救助系数。江苏农村低保的相对救助面和保障水平高于城市低保，城乡一体化程度较高。

2) 各市低保城乡一体化发展水平比较

江苏省内各市的城乡低保水平发展差异也较大。农村低保覆盖人口最多的市是徐州、盐城、淮安，城市低保覆盖人口最多的市是南京、盐城、徐州(表 2-13)。由于城市化水平不同导致城乡人口分布差异，有的城市(南京、苏州、无锡、常州)城乡低保人口相差不大，有的城市(徐州、盐城、淮安、宿迁、泰州)农村低保人口远远多于城市低保人口。

表 2-13　2013 年江苏城乡最低生活保障覆盖率

地区	城市低保人口/人	2013 年覆盖率/%	2012 年覆盖率/%	农村低保人口/人	2013 年覆盖率/%	2012 年覆盖率/%
南京	54 604	1.30	0.8	58 389	2.80	2.9
无锡	17 668	0.60	0.4	29 710	1.70	2.0
徐州	35 320	1.10	0.7	220 045	3.40	3.7
常州	16 906	0.90	0.5	30 949	1.80	1.9
苏州	19 969	0.40	0.3	28 440	1.20	1.3
南通	10 204	0.40	0.2	115 369	2.50	2.7
连云港	14 226	0.70	0.6	123 935	3.80	3.9
淮安	35 323	2.30	1.4	152 557	3.90	4.0
盐城	53 974	1.50	1.3	200 396	4.10	3.7
扬州	15 509	0.80	0.6	69 175	2.50	2.6
镇江	13 905	1.00	0.7	25 279	1.70	1.8
泰州	17 182	1.30	0.6	84 888	2.30	2.5
宿迁	35 597	2.40	1.5	185 203	4.40	4.1

数据来源：江苏民政网《2013 年 4 季度全省城乡低保基本情况》、《2012 年 4 季度江苏农村低保基本情况》、《江苏省统计年鉴 2013》。

从覆盖率上看，江苏 13 个地级市的城市低保覆盖率均低于农村低保覆盖率，但城乡低保覆盖率差距表现不同。大部分市的城市低保覆盖率低于农村低保覆盖率，平均城市低保覆盖率是农村低保覆盖率的约二分之一，个别市如镇江、泰州等地的城乡低保覆盖率差异相对较小。

从低保绝对标准看，2013 年 12 月底江苏已经有 30 个(表 2-14 中阴影部分)城乡低保标准并轨的行政县(市、区)，比上年增加了 2 个，占全省 87 个涉农县(市、区)的 34%。2014 年 7 月南京全市各区县实现低保标准统一。

表 2-14　2013 年江苏省典型县(区、市)城乡最低生活保障救助水平比较

地区	城市低保		农村低保	
	保障标准/元/(月・人)	人均补助/元/(月・人)	保障标准/元/(月・人)	人均补助/元/(月・人)
全省合计	487	293.2	412	194.6
南京市合计	564	419.0	516	315.9
秦淮区	600	452.8	590	590.8
溧水区	460	320.6	420	288.3
无锡市合计	580	358.8	555	290.8
锡山区	600	303.7	600	355.7
惠山区	600	302.4	600	362.9
江阴市	530	305.4	530	311.1
宜兴市	490	354.2	490	235.8
徐州市合计	510	277.2	301	180.2
鼓楼区	510	319.0		
云龙区	510	331.5	510	356.3
开发区	510	175.9	310	195.5
丰 县	510	286.8	270	168.7
常州市合计	510	380.6	465	235.2
新北区	570	323.0	570	297.3
武进区	450	253.8	450	206.8
溧阳市	420	275.6	420	224.7
金坛市	420	331.5	420	245.4

续表

地区	城市低保		农村低保	
	保障标准/元/(月·人)	人均补助/元/(月·人)	保障标准/元/(月·人)	人均补助/元/(月·人)
苏州市合计	641	421.1	644	388.8
虎丘区	630	290.6	630	321.3
吴中区	630	266.0	630	271.1
相城区	630	305.6	630	274.1
吴江区	630	506.8	630	412.5
常熟市	650	467.3	650	404.8
张家港市	670	446.5	670	476.3
昆山市	660	406.1	660	348.2
太仓市	650	405.5	650	390.7
南通市合计	510	304.9	395	192.1
崇川区	530	399.2	530	488.2
港闸区	530	329.9	530	380.0
通州区	530	327.5	380	241.6
开发区	530	267.2	530	328.5
海安县	480	263.7	310	185.0
连云港合计	386	222.0	294	167.0
淮安市合计	410	208.7	290	149.6
盐城市合计	410	220.3	295	177.4
扬州市合计	468	236.4	396	164.7
广陵区	485	323.1	485	245.0
邗江区	485	273.9	485	179.9
镇江市合计	510	303.2	510	249.2
京口区	520	305.1	520	324.0
润州区	520	280.7	520	336.8
丹徒区	520	293.6	520	255.7
镇江新区	520	337.6	520	249.0
南山管委会	520	310.0	520	363.2
丹阳市	480	293.9	480	261.7
扬中市	520	220.9	520	234.2

续表

地区	城市低保		农村低保	
	保障标准/元/(月·人)	人均补助/元/(月·人)	保障标准/元/(月·人)	人均补助/元/(月·人)
泰州市合计	480	235.3	424	189.4
海陵区	480	215.8	480	215.8
高港区	480	231.5	480	252.0
医药开发区	480	231.9	480	211.3
农业开发区	480	275.2	480	269.5
兴化市	480	213.4	320	160.4
靖江市	480	201.8	480	222.5
泰兴市	480	280.7	320	234.7
宿迁市合计	350	221.7	270	190.1

数据来源：江苏民政网《2013 年 4 季度全省城乡低保基本情况》。

从保障程度上来看，城乡最低生活保障水平在江苏各市表现也有所不同。整体上看，城市最低生活保障的替代率低于农村最低生活保障替代率。其中，南京和镇江的农村低保替代率最高，徐州的城市低保替代率最高，常州的城乡低保替代率均为最低。江苏各市城乡的生活救助水平普遍偏高，农村低保的生活救助系数明显高于城市低保的生活救助系数，各市间的救助系数差异较小。城乡低保救助水平相对平均，显示江苏低保保障程度的城乡一体化程度较高(表 2-15)。

表 2-15　2013 年江苏城乡最低生活保障救助水平比较

地区	城乡收入比	城乡低保标准比	城市低保替代率	农村低保替代率	城市低保生活救助系数	农村低保生活救助系数
南京市	2.33	1.09	0.18	37.46	0.28	49.97
无锡市	1.89	1.05	0.18	32.35	0.27	47.08
徐州市	1.97	1.69	0.26	29.97	0.39	49.85
常州市	1.96	1.10	0.17	29.93	0.27	41.14
苏州市	1.98	1.00	0.18	35.81	0.29	47.55
南通市	2.11	1.29	0.20	32.13	0.31	43.36

续表

地区	城乡收入比	城乡低保标准比	城市低保替代率	农村低保替代率	城市低保生活救助系数	农村低保生活救助系数
连云港市	2.14	1.31	0.20	32.83	0.33	50.89
淮安市	2.09	1.41	0.21	31.51	0.29	47.20
盐城市	1.81	1.39	0.20	26.53	0.29	45.90
扬州市	1.98	1.18	0.20	33.43	0.32	48.86
镇江市	2.03	1.00	0.19	37 .64	0.31	51.02
泰州市	2.08	1.13	0.20	36.39	0.32	51.59
宿迁市	1.76	1.30	0.22	30.27	0.32	43.47

数据来源：根据江苏民政厅数据和《江苏统计年鉴2014》相关数据计算得出。

四、农村低保分类施保情况

2014年2月国务院颁布《社会救助暂行办法》，把最低生活保障、特困人员供养、受灾人员救助、医疗救助、教育救助、住房救助、就业救助、临时救助等内容作为一个整体列入社会救助内容，自2014年5月1日起实行。在该暂行办法出台以前，江苏省尝试通过实行“分类施保”制度对特殊困难群体予以相应的救助。分类施保工作的开展，为江苏建立全面的社会救助体系积累了政策经验。

1. 农村低保分类施保政策

早在2003~2004年，苏州、无锡、南京、镇江等地区就对特殊农村低保家庭实施了上浮保障标准的政策，虽幅度不大，但差异化管理对这些特殊困难家庭摆脱贫困起到了一定的作用。2012年江苏统一了城乡最低生活保障的工作流程，在《江苏省居民最低生活保障工作规程》中对“分类施保”进行了具体的规范，并于2013年在全省各市广泛开展分类施保工作。

《江苏省居民最低生活保障工作规程》(简称《规程》)针对特殊居民给与分类保障：针对低保家庭中的特殊对象包括老年人、未成年人、单独生活的居民、归侨居民及少数民族居民，其本人每月再增发不低于当地最低生活保障标准 10%的保障金；最低生活保障家庭中持有《中华人民共和国残疾人证》的残疾人，其本人每月增发当地最低生活保障标准 20%的保障金；最低生活保障家庭中，经当地二级甲等以上医院认定患有癌症、尿毒症、白血病、肾移植、艾滋病等大重病的人员，其本人每月按照当地最低生活保障标准的 120%发放保障金；低保家庭中的军转干部，已故原工商业者无工作的配偶，以及家庭人均收入高于当地最低生活保障标准且低于最低生活保障标准 1.5 倍的艾滋病患者，分别按照相关文件规定执行。

《规程》将分类施保这一原则进行了细化，使各地的实施标准有所参照、有法可依，各地也在 2013 年、2014 年纷纷制定更为详尽的、符合当地经济发展实情的低保标准(表 2-16)。

表 2-16　江苏各地农村最低生活保障分类施保政策

类别	城市	施保标准
老人	南京	70岁以上者本人每月按保障标准增发10%保障金，80岁以上者增发20%保障金
	苏州、常州、镇江	本人每月按保障标准增发 20%保障金
	南通	本人每月按保障标准增发 10%保障金
	淮安	本人每月增发不低于当地低保标准 10%的保障金
	徐州、镇江	60 岁以上者本人每月按保障标准增发 10%保障金 70 岁以上者增发 20%保障金
	扬州	70 岁以上的老年人本人每月按保障标准增发 15%保障金；80 岁以上的老人每人每月增加 20 元
残疾人	南京、苏州、常州、镇江、徐州、淮安	本人每月按保障标准增发 20%保障金
	南通	本人每月增发不低于当地低保标准 10%的保障金
	扬州	本人每月按保障标准增发 20%保障金
重度残疾人	南京	本人每月按保障标准全额的 130%发放保障金
	徐州、南通、镇江、淮安、扬州	本人每月按保障标准全额的 120%发放保障金
	常州	本人按保障标准全额 100%发放保障金

续表

类别	城市	施保标准
三无人员	南京	本人每月按保障标准全额的 130%发放保障金
	苏州	本人每月按保障标准全额的 120%发放保障金
	扬州	本人每月按保障标准全额的 115%发放保障金
	徐州	本人每月按保障标准全额的 100%发放保障金
	常州、南通	每月按保障标准的 20%增发保障金
重病患者	南京	本人每月按保障标准全额的 130%发放保障金
	南通、苏州、镇江、淮安、扬州	本人每月按保障标准全额的 120%发放保障金
	徐州	本人每月按保障标准全额的 100%发放保障金
	常州	艾滋病患者本人按当地保障标准全额补助
未成年人	南京	学生每月按保障标准增发 10%保障金，父母一方死亡的未成年人按保障标准增发 20%保障金
	南通、淮安	本人每月增发不低于当地低保标准 10%的保障金
	扬州	孤儿每月按保障标准增发 15%保障金；非在校学生每人每月按保障标准增发 20%的保障金
	苏州	本人每月按保障标准的 20%增发保障金
	徐州、镇江	本人每月按保障标准增发 10%保障金
计划生育家庭	南京	独生子女家庭中达到法定退休年龄的父母每月按保障标准增发 10%保障金，独生子女死亡且达到法定退休年龄的父母每月按保障标准增发 20%保障金
	扬州	持有县级计生部门核发的计划生育困难家庭《优抚证》的独生子女每人每月按保障标准增发 20%的保障金
	徐州	持有独生子女证的农村低保家庭每月按保障标准增发 10%的保障金
	苏州	持有独生子女父母光荣证人员本人每月按保障标准增发 20%的保障金
	镇江	病残独生子女、独生子女死亡又不再生育的父母，或者因计划生育手术并发症丧失劳动能力的人员，按保障标准增发 20%保障金
单独生活的居民	南京、镇江	本人每月按保障标准增发 10%保障金
	南通、淮安	本人每月增发不低于当地低保标准 10%的保障金
	常州、镇江、徐州、扬州	本人每月按保障标准增发 20%保障金
归侨	南京、常州	本人每月按保障标准增发 10%保障金 台属、侨属家庭成员按保障标准增发 15%保障金
	扬州	本人每月按保障标准增发 15%保障金
	南通	本人每月增发不低于当地低保标准 10%的保障金
	苏州	本人每月按保障标准增发 20%保障金
	徐州、镇江	本人每月按保障标准增发 10%保障金

续表

类别	城市	施保标准
少数民族居民	南京、徐州	本人每月按保障标准增发 10%保障金
少数民族居民	南通、淮安	本人每月增发不低于当地低保标准 10%的保障金
少数民族居民	苏州、常州、镇江	本人每月按保障标准增发 20%保障金
优抚对象	扬州	家庭成员每月按保障标准增发 15%保障金
优抚对象	常州	本人每月按保障标准的 50%增发保障金
优抚对象	苏州、镇江	低保家庭中的军转干部，本人每月增发保障标准 50%的保障金
优抚对象	徐州	优抚对象(含在乡老复员军人遗属)增发 20% 最低生活保障家庭中的困难企业军转干部，其本人每月增发当地最低生活保障标准 50%的保障金。
劳动模范、先进工作者	苏州、南通、镇江、徐州、扬州	本人每月按保障标准增发 20%保障金
困境的低保边缘家庭	南京、南通、扬州	本人单独全额享受最低生活保障待遇
困境的低保边缘家庭	徐州、苏州、镇江	家庭人均收入高于当地最低生活保障标准且低于最低生活保障标准 1.5 倍的艾滋病患者，本人按照当地低保标准全额享受

资料来源：根据各城市农村最低生活保障相关办法、规程、细则整理。其中南京、苏州、镇江、徐州、扬州、南通城市最低生活保障制度已城乡统一。

统一分类施保标准后，各地均对分类对象的低保待遇作出了调整，使得特殊困难家庭的生活能够得到照顾。救助对象区分类别，突出重点，居住标准梯次拉开，形成“斜坡效应”。低保家庭中的重度残疾人、重病患者，实行“全额加增幅”救助；低保家庭中的老年人、未成年人、单独生活的居民、归侨居民、少数民族居民和一般残疾人，实行“差额加增幅”救助；低保以外的无固定收入或固定收入低于低保标准的重度残疾人，实行“差额无增幅”救助。尽管各地政策有一定差异，但是基本上对于有残疾人、老人、病人和未成年人等的低收入家庭提高了保障水平，当前的类别实施保障政策无疑对于保障上述弱势群体起到了一定的作用(表 2-17)。

表 2-17　江苏农村低保对象分类人数情况

项目	保障对象分类/人					保障基本情况	
	老年人	成年人	未成年人	女性	残疾人	保障户数/户	保障人数/人
2010年第4季度	471 214	737 125	184 564	561 185	202 448	729 634	1 392 903
2011年第4季度	485 026	752 558	184 759	570 745	216 396	746 959	1 422 343
2012年第4季度	481 270	719 975	172 552	562 791	208 779	729 617	1 373 797
2013年第4季度	492 153	669 180	137 997	474 650	142 869	702 172	1 299 330

数据来源：江苏民政厅网站数据。

2. 农村低保分类施保实施现状

为了考察江苏农村最低生活保障分类施保政策的实施现状，课题组对农村 11 户分类施保家庭进行了访谈，苏中、苏南、苏北分别为 2 户、5 户、4户。

1) 分类施保家庭的基本情况

表 2-18 为分类施保家庭的基本情况。家庭人口数均值为 3.09 人，人口规模较小；家庭规模较小的家庭往往抵御风险的能力比较弱，更需要政府和社会的帮助。每户家庭享受低保人数均值是 1.64 人次，约占家庭人数一半，分类施保人数 1.55 次，略低于低保人数，说明省内各地市分类施保已取得初步成效，但是仍有少部分人群没有纳入分类施保范围。所调查的 11 户分类施保家庭结果反应的分类施保特征有 9 户家庭是老年人、5 户家庭有残疾人、3 户家庭有重大疾病、还包括一户是属于单独生活的居民。分类施保待遇水平月均从 80 元到 800 元不等。从就业结构上看，分类施保家庭就业率较低，出去务工人员很少，大部分就业人员均是在家务农，所得农业收入较少，平均每户就业人口仅有 1.09 人次，有部分家庭无就业人口，收入水平低下，从而陷入贫困的境地。

表 2-18　分类施保家庭的基本情况统计

地区	家庭人口数	性别比例(男：女)	就业人数(包括务农)	享受低保人口数	分类施保人口数	分类施保特征	文化程度均值
苏中	3	2：1	3	3	2	老年人、残疾人	0
	2	2：0	0	2	2	老年人、残疾人	0
苏南	4	2：2	1	2	2	老年人、残疾人	1.25
	2	1：1	1	2	2	老年人、残疾人	1.5
	4	2：2	2	1	1	残疾人	1.5
	1	1：0	0	1	1	老年人	2
	3	2：1		1	1	老年人	0.67
苏北	5	3：2	0	1	1	重大疾病	1.2
	6	3：3	4	2	2	老年人、重大疾病	1.5
	3	1：2	1	2	2	老年人、重大疾病	1
	1	1：0	0	1	1	老年人、单独生活的居民	1
均值	3.09		1.09	1.64	1.55		1.06

注：文化程度：0 文盲或小学以下，1 小学，2 初中，3 高中/大专，4 大专及以上。

2) 分类施保政策实施效果

11 位分类施保家庭的访谈对象，仅有 5 位听说过分类施保政策，均是通过政府的宣传和村干部的告知而知道的，有 5 位了解老人、儿童、残疾人等的低保金更高一些，因为本人或亲属属于该范畴。但对于各类符合条件的对象的低保待遇几乎都不知道，反映出分类施保政策的宣传力度还不够，需要政府部门加强宣传，让农村居民真正的了解分类施保政策。

大多数受访者均认为分类施保政策在一定程度上提高了家庭生活水平，主要是生活补助增加，可以改善生活条件，对于家庭有重大疾病患者的分类施保家庭，尤其是可以改善伙食条件。但是对于家庭有重大疾病患者和老年人的分类施保家庭，医疗费用仍是其一大负担，分类施保补贴增加的部分与高额的医疗费用、药品费用相比仍然是非常不足的。

对于政府的期望，大多数家庭仍是希望可以提高待遇水平。尤其是需要负担高额医疗费用的家庭。访谈对象中有一位父亲的期望则是希望政府将精神病患者纳入低保覆盖范围，由于自己和妻子已年迈，无收入，除了高额的医疗费用还需要照顾患精神病的大儿子，生活负担较重，希望政府给予精神病患者及其家庭一定的补贴、帮助。对于残疾人或生活不便的独居老人，则更希望政府可以有一些政策措施可以提供相关生活照料服务，包括心理需求。政府还可以做的就是为农村低保家庭的就业困难人员提供合适的工作岗位，促进其就业。

五、支出型贫困家庭的调查分析

“支出型贫困”是指家庭有一定的收入，原可以维持日常生活，由于家庭成员出现重大疾病、子女就学、突发灾祸等原因，导致家庭刚性支出远远超出承受能力，生活窘困且短期内不可能改变。包括经过救助仍贫困的家庭和现有救助政策还未覆盖到的家庭。为了考察江苏支出型贫困家庭的救助现状，课题组对农村 18 户家庭进行了访谈，苏中、苏南、苏北分别有 3 户、10 户、5 户。

1. 支出型贫困家庭基本情况

18 户家庭的基本信息与收支情况调查结果如表 2-19 所示。家庭人口均值为 3.17 人，对于中国农村家庭人口数属于较少的人口数，故抵御风险能力较弱，突发的高额支出易造成家庭陷入经济困境。文化程度均值 1.94，平均文化程度接近初中水平，相对于农村地区来说，初中的文化水平并不算低，主要原因是支出型贫困家庭里有部分家庭有子女受高等教育，学费昂贵造成支出型贫困，并且与分类施保家庭的一个重要区别就是支出型贫困的家庭在没有出现突发必需的高额支出前，家庭条件大多在低保范围之外，经济条件并不落后，故家庭成员受教育水平并不低。从收支情况看，除遭遇突发事故、失去全部或部分劳动能力的家庭收入较低外，大多数家庭月收入在农村并不是低水平，但是几乎每一家的支出都很高，特别是有重大疾病患者的家庭和遭遇突发事故的家庭，医疗费用数额巨大，还有部分家庭子女教育费用占了支出的大部分，说明贫困的主要原因并不是收入低，而是支出过高，家庭收不抵支，陷入贫困。18 户家庭共 57 位受调查人员，其中只有 16 位正在享受低保待遇，说明支出型贫困家庭有大部分被排除在低保制度救助范围之外。

表 2-19　支出型贫困家庭基本信息与家庭收支情况

地区	家庭人口数	性别比例（男：女）	文化程度均值	享受低保人数	2013 年家庭月收入	2013 年家庭年支出	今年支出
苏北	6	2：4	2.5	4	2800	40 000	15 000
	5	2：3	1.5	0	1290	62 200	
	5	2：3	1.6	0	2000	20 000	20 000
	5	3：2	1.8	1	3000	70 000	
	4	1：3	2.25	0	500	4800	5000
苏中	2	1：1	2	0	2000	6000	2000
	2	2：0	2	0	1200	20 000~30 000	30 000
	3	0：3	2	1	20 000	15 000	50 000
苏南	2	2：0	1	1	3500	5000	2150
	2	1：1	1.5	2	334	15 000	16 000
	3	1：2	1.67	3	3000	25 000	
	3	1：2	2.3	1	0	未知	未知
	3	2：1	2.67	0	8000	450 000	100 000
	3	1：2	2	0	1500	7000	7500
	2	1：1	2	0	30 000	25 000	10 000
	2	1：1	2.5	0	2000	80 000	80 000
	2	2：0	1	2	2000	20 000~30 000	13 000
	3	2：1	2.67	1	5000	50 000	35 000
均值	3.17		1.94				
合计	57			16			

注：文化程度：0 文盲或小学以下，1 小学，2 初中，3 高中/大专，4 大专及以上。

2. 家庭困难成因

根据访谈结果，可将支出型贫困家庭的困难成因大致分为如图 2-11 所示 6 类，由于每个家庭致贫原因可能不止一种，故图 2-11 各频数之和大于总访谈户数。

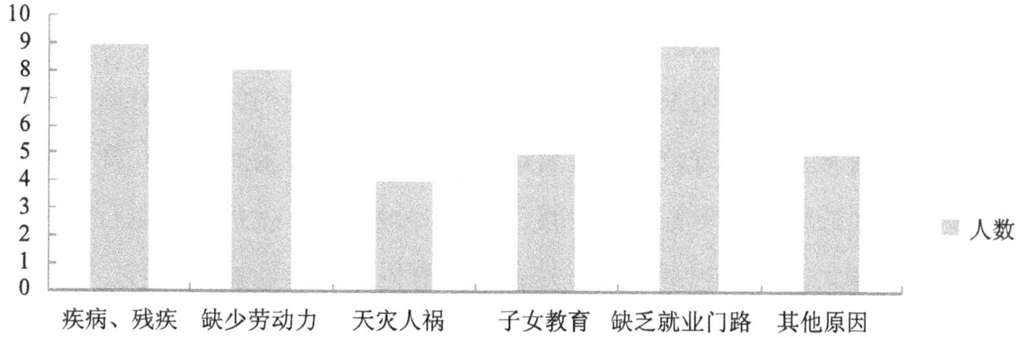

图 2-11　农村支出型贫困家庭的主要致贫原因

由图 2-11 可以清晰地看出，所访谈的 18 户中，家庭困难原因主要有：①家里有人患重大疾病或残疾，导致医疗费用负担过重。②缺乏劳动力或缺少就业门路。有的家庭成员是因为受教育水平较低，难以找到合适工作，当家庭需要大量支出时，不能为家庭提供收入；还有一家因为一成员有遗传精神问题，工作受限。有一家只有两位老人，由于妻子被检查出癌症，2013 年医药费用共花去 8 万多，而当年家庭月均收入仅 2000 元，根本负担不起这么昂贵的医药费，家里又缺乏劳动力，老人不仅生活困难、经济压力大，心理压力也很大。③教育费用高。有的家庭因为子女接受高等教育从而致使家庭一下子支出过多，导致入不敷出。比如，沭阳县蒲荡村的一户 5 口之家，父母均是普通的农民，家庭收入大部分来自微薄的务农收入，有 3 个小孩均在上学，其中大女儿正在读大学，子女教育费用占了家庭支出的大部分，收入有限，不得不在其他生活方面削减开支，家庭生活条件下降，陷入支出型贫困。④天灾人祸。有些原本属于生活条件还不错的家庭因为突发的天灾人祸而使生活突然陷入贫困境地。如南京六合新犁村有一家原本家境还算富裕，刚刚为儿子买了婚房，首付付了 15 万，谁知后来夫妻俩出了车祸，虽然丈夫经过治疗已经基本痊愈，但是妻子的后续费用很昂贵，家庭积蓄花光，入不敷出。大部分支出型贫困家庭的困难原因包括以上几个方面，也有一部分家庭因为其他原因致贫，包括患病之后，配偶要求离婚，失去部分财产，并且失去一部分原本配偶可以提供的生活照顾等。综上各种原因，支出型贫困家庭生活水平下降，家庭成员生活压力增加。

那么这些支出型贫困家庭是如何筹款解决支出问题的？是否有向村里或政府部门进行求助？地方政府有没有提供相关政策或资金支持呢？现在家里最需要哪方面的救助？带着这些疑问，课题组分别对该 18 户家庭进行了深入访谈，了解到大多村民的筹款方式是家里原有积蓄、向亲戚朋友借、村民邻居的帮忙、有劳动力的家庭还可以获取劳动收入等，对于有低保资格成员的家庭也可领取低保金。只有 6 户家庭主动向村里或政府部门求助，因为不知道是否可以得到帮助。对于大部分突发贫困的家庭，地方政府都提供过资金帮助，例如沭阳蒲荡村一户家庭接受过村里给提供的小额贷款。政策方面，将家庭部分符合条件的成员纳入低保，发放低保金，将入学子女纳入特困生范围，提供助学金等。但也有家庭向政府部门求助时遇到了阻隔，如淮安苏嘴某户村民向县民政局申请时，办事人员口头答应，却没有批准，透露出没有人情关系难以申请上。对于支出型贫困家庭，家里现今最需要的救助均与家庭遇到的困难相关。缺乏就业门路的希望政府可以安排就业，家庭成员有医疗需求的希望增加医疗补助，教育费用过高的则期望政府部门可以提供教育资金支持。

六、农村最低生活保障存在的主要问题

1. 支出型贫困问题尚待解决

课题组针对部分支出型贫困家庭的调查访谈发现，受访的支出型贫困家

庭致贫原因主要是家里有人患重大疾病或残疾、缺乏劳动力、遭遇突发灾祸等，而因病支出型贫困占支出型贫困家庭重要比例。虽然江苏已经制定了关于“分类施保”的规定，对于有残疾人、老人、病人和未成年人等的低收入家庭，增发一定水平的低保金，但是，增发额度非常有限，且不与其可能的支出需要挂钩，分类施保政策对于特殊群体支出需求的保障程度有限，难以满足特殊困难家庭的多元化需求。

2. 群众对分类施保政策的认知度低

民政部要求把分类施保作为完善农村最低生活保障制度的重要内容，具体办法由各地根据实际情况而定。但是课题组此次调研结果发现，很多受访者并不了解分类施保政策，他们表示一般只关心与自身相关的政策信息，或者被动接受村干部的政策普及，有的家庭所在村组甚至从未向村民宣传过分类施保政策的内容，导致很多符合条件的家庭被排除在应纳范围之外。社会政策的实施、推广、普及不仅要求政策本身的科学性和完善性，更重要的是要被群众接受，尤其是受政策影响的相关群众。此次分类施保调查结果一方面反映了政策宣传工作不到位，另外一方面，也与农村居民大多受教育水平较低，不能正确充分理解分类施保政策有关。

3. 低保家庭的就业救助需求亟待解决

社会救助是为了保障贫困家庭的基本生活，受救助者要想提高生活水平，还需要靠自身的工作，获取更多的收入。积极社会福利理论认为：“对于社会弱势群体，社会救助不仅需要保障其基本生活，更要鼓励他们接受乐观向上、积极健康的生活方式，能够工作的通过培训掌握新技能，提高就业能力，通过就业摆脱贫困。”就业应是摆脱贫困的最重要方式之一。课题组访谈得出的结果是很多贫困家庭都有就业需求，有着积极主动通过就业改善生活的愿望，但是苦于没有就业门路，而目前鲜有涉及针对就业或再就业的救助政策，分类施保政策还没有与就业救助很好的协调配合。

4. 管理机构的目标瞄准和目标人群的自我瞄准存在偏差

在基层实践工作中，绝对贫困户基本都能纳入农村低保范围，且不会引起争议。容易引起争议、使农户之间产生不公平感的，主要是对于那些接近农村低保线的低收入边缘家庭的确定。这也是农村最低生活保障制度目标瞄准的难点。年人均收入在农村低保线附近的农户，家庭生活状况有一定的差异，但他们之间差异比较小，而且大家生活水平都不高。采用目前现有的村、乡、县逐级推荐审批的办法很难准确判断和把握，究竟应该将谁纳入低保范围，这就为人为因素的介入创造了条件，造成一定的目标瞄准偏差。另外，调查发现，分类施保政策的宣传力度不够，有部分农村地区低保的实施过程不透明，出现应保未保的现象。目标人群的自我瞄准也存在问题，很多村民对最低生活保障制度的了解程度较低，对于自身是否符合低保标准及分类施保的条件也浑然不知，自然对最低生活保障制度以及分类施保产生的认同感也较低。

七、对 策 建 议

1. 救助体系制度化以解决支出型贫困

在《社会救助暂行办法》出台之前，江苏的社会救助已经涵盖了医疗救助、生活无着人员救助、临时救助、住房救助等内容，但救助水平低、覆盖面窄、救助制度易变，没有制度化，导致支出型贫困问题一直得不到有效解决。因此，需要进一步细化、实化、制度化《社会救助暂行办法》，切实把社会救助体系的“网底”筑牢、编实。针对急难类型的多样性、特殊性和差异性，要通过低保、特困人员供养等制度，解决救助对象基本生活问题；通过医疗、住房、教育救助、失业救助等制度，解决专门问题；通过临时救助，解决好突发问题；充分利用社会力量，帮扶解决个性化突出问题。基于支出型贫困需求现状，尽快构建医疗救助、失业救助、教育救助制度在内的制度化的救助体系，提高救助水平与效果。

2. 加强对分类施保政策的宣传力度

地方社保部门及政府要积极做好分类施保政策的宣传工作，利用多种渠道例如电视、宣传栏、报纸、广播等将分类施保政策传达给每一户农村家庭。在受助对象领取相关补助待遇时，邮政储蓄银行的工作人员应该主动提供最新政策的咨询服务，切实做好最低生活保障政策宣传工作。村委组织作为政策的执行者，可安排村委工作人员入户宣传，准确详细地将政策内容传达给每一位村民，积极听取并重视群众的建议与需求，调动群众参与政策执行的积极性，例如淮阴区试行的农村低保票决制度，让群众全程参与、全程监督，有效提高群众对低保制度的认知度。

3. 明确不同类别低保对象的需求，加强就业保障

分类施保工作，力求细致准确，综合考虑保障对象年龄层次、身体和文化素质、家庭收支情况、就业状况等，以明确不同类别低保对象的需求。应当关注就业保障，让贫困家庭有能力工作的成员走上工作岗位，自食其力，只有这样才有可能从根本上帮助其摆脱贫困。政府可以在政府网站或者乡、村宣传栏设置就业信息栏，积极为有需要的农民提供就业信息。大力支持乡镇企业的发展，为地方农民提供一些就业岗位。对于不愿意就业、但是有就业能力的分类施保家庭成员，应当规劝其主动就业，通过发放就业津贴或暂停低保救助的积极或消极措施促进其就业。

4. 内外共同监管，促进目标瞄准

针对农村最低生活保障制度目标瞄准的难点，要制定科学的核算办法，综合考虑当地农民的收支情况，区分核实农民固定收入和非固定收入，在民

主评议的基础上，反复核查，避免“漏保”、“错保”的现象的发生，确保低保对象的准确定位。推进建立跨部门、多层次、信息共享的救助申请家庭经济状况核对机制，并将这一机制引入低保审批流程。要建立社会监督机制，加强监督检查是保证低保工作公开、公平、公正的最有力、最有效的措施。此外，政府可鼓励筹办一个民间性质的社会监督委员会①，形成独立于农民低保制度主客体之外的履行监督职能的第三方的社会团体，用来接受农民的投诉意见，反馈给政府相关部门处理。

八、案　　例

1. 支出型贫困救助体系不够健全，癌症令小康之家陷入贫困境地

支出型贫困家庭人均收入略高于当地最低生活保障线，无法享受低保，实际处于社会救助的“夹心层”，一旦遇到不测，往往比低保户更困难。69岁的老人陈荷凤，是常州市天宁区青竹苑(原青峰村)的居民，初中文化，和老伴住在一间安置房内。年轻时种田为生，后被乡政府录为编外人员，有一个女儿，已经成家，住得不远。现有每月 1000 元养老金，准时发放。加上自己的积蓄，本来养老算不上问题。

陈荷凤老人于 2012 年初因感觉身体不适，去医院检查，后确诊为胃癌，因年龄较大，身体虚弱，加上患有糖尿病，医生不建议采取手术或化疗方式，于是决定进行药物治疗。但在药物方面的开销，一个月就要 2 万左右，而且由于城市化改造，原本的土地均已上交，除养老金外没有其他收入，女儿收入也不多，勉强挤出一些来资助父母，仍然入不敷出，使这个本来生活还算温饱的家庭陷入贫困境地。但是因收入明显高于标准，因而无法得到低保等相应补贴，处境显得较为尴尬。谈到最需要的帮助，陈荷凤老人坦言，最需

① 吕倩. 农村最低生活保障制度动态管理中的监督问题研究[D]. 重庆大学, 2013。

要就是资金帮助，另外希望政府部门可以多关注患重病的老人，因行动不便，希望可以有专业的医疗人员给予上门检查的帮助。

据了解，针对陈荷凤老人这类因病致贫群体，一些省市已经开始着手建立救助政策，例如2013年9月1日上海市正式实施《上海市因病支出型贫困家庭生活救助暂行办法(试行)》。这一办法为因病造成“家庭自付医疗费用支出超过家庭可支配收入”的家庭临时解决“吃饭”难题，整合各类社会资源，提高帮扶力度。江苏部分地市也已经开展因病支出型贫困家庭临时生活救助试点工作。

现今，由于病情恶化，陈荷凤已被家人送医院救治，由于腹腔开始积水，需要一周注射三次蛋白酶，一次三百元，负担更重了，居委会也开始给家里送慰问金。一家人现在也了解到江苏已经开始关注他们这类支出型贫困家庭，表示很高兴，期望政策早一点落实，以缓解家庭经济困难。

2. 低保救助水平难以满足特殊困难家庭的需求

张家港市金港镇占文村村民何向勇，男，今年24岁，自2007年领取低保。何向勇家里共三口人，父亲、母亲和他。何向勇父亲何全庆今年48岁，建筑工地工人，因过度操劳，现今身体状况不太好，不能长时间劳作，经常感到头晕、无力，需要不时去医院输液。何向勇母亲今年45岁，务农，无工作，患有胃病多年，需要定期吃药缓解。何向勇本人因车祸导致双腿残疾，因事故责任不在对方，只获得了一小部分赔偿，完全不够医药费用，当时的治疗几乎用光了家里的所有存款。现如今，一家人靠父亲母亲打零工获得的收入及政府补助来维持生活。

2013年，何向勇因对自己不能站立的事实无法接受，对生活的绝望、长期的压抑及生活的压力，开始变得自闭，除与父母简单的对话外，不再说一句话，从不与他人交流，对于他人的谈话置若罔闻，整天一个人坐着发呆。经诊断，患有中度自闭症，这无疑是雪上加霜。何向勇精神疾病的发生是该家庭在他致残后的又一大打击，而精神疾病发生的前期预防和后期干预是该家庭急需而社会未能提供的。

对于这样一个家庭，政府的低保补助金远远不能满足一家人的生活需求。面对沉重的经济压力，一家人愁苦不堪。但是其家庭三口人因身体原因，均无法长期工作，且何向勇的症状也需要有人照顾陪伴，无法离家工作，面对这种情况，何向勇父亲表示，希望向政府、全社会寻求帮助，以找到一个办法，能让一家人维持基本生活。

说到低保，何向勇的父亲何权庆表示，低保政策的确在一定程度上缓解了自己家庭的困难，客观地说也提高了生活质量，是利民惠民的政策，但是，政府低保补助金远远不能满足低保户的生活需求，作为被帮助者，不能有也不应有更多的苛责、要求，但是，还是希望政府在有余力的情况下再提高一些补助金待遇，或者提供一些其他服务，授人以鱼不如授人以渔，以帮助自己就业及那些能够就业却是失业的人员寻找就业机会，以解决自己的生活困难，也能在现有基础上，再提高生活质量。一方面，通过自己的劳动力来挣钱，自食其力，另一方面，也可以在一定程度上为政府减轻财政负担，让资金用在其他方面，能够帮助更多的人。

3. 因为外债压力无法改善生活

刘宝如今年 69 岁，是江苏省南通市如东县龙口村的村民，领低保多年。刘宝如家里一共两口人，他和他儿子。刘宝如的儿子今年 26 岁，持有残疾证，几乎没上过学，也不识字。而刘宝如本人因上了年纪，患有眼疾，体力不行没有能力打工，只能依靠政府补贴跟自己的几分地的收入维持生活。刘宝如的妻子 20 多年前就因肺结核不治而亡。家境本来就不好的他在 2013 年之前一直还要抚养年逾八十的父亲。2013 年他父亲住院也花费了他们家不少钱。

刘宝如家一直住的是草房子，多年来仅靠粗略修补维持危房的寿命。今年，刘宝如家的草房子终于承受不住日晒雨淋，彻底垮了。于是他借债 4 万元并且在亲戚和政府的帮助下，建了一个三间屋子的新房。因为之前他的家里一件电器也没有，甚至连床都是祖辈上留下来的朽木床，亲戚们看不下去筹钱帮他家购置了几件家具、电器。他感叹说："第一次自己家里也能看电视了！真好！"

两个人每月六七百元的补助远远不能满足生活需要，好在刘宝如在政府的帮助下参加了新农合、新农保，老了还可以享受养老金。刘宝如的儿子一直在寻找就业机会。但由于他儿子有残疾且智力有限，大多工厂都不愿意接受他。直到 2013 年，在一位亲戚的帮助下，刘宝如的儿子到一家手套厂打工，但因为残疾的缘故，一年也就能拿不到一万元的工资。

谈到低保，刘宝如表示，低保政策帮助他和他的儿子解决了生活困难，是惠民的好政策，但是低保补助金远远不能满足生活需要。作为低保户，他希望政府能提高低保补助金额，至少帮他解决建新房的沉重的外债压力。对于是否会退保，刘宝如说暂时没想过退保，但是未来如果生活有改善，他是一定会退保的。他希望政府能够加强对低保户的审核，不能使没有低保资格的人获得低保，应该让真正有困难的人得到帮助。

第三章　江苏城乡居民社会养老保险发展报告

我国新型农村社会养老保险(新农保)和城镇居民社会养老保险(城居保)，分别于2009年9月和2011年7月在全国开始试点，2012年7月1日城乡居民社会养老保险制度全覆盖工作正式全面启动，一年多的时间里取得了较为显著的成果。2014年2月21日，国务院下发《国务院关于建立统一的城乡居民基本养老保险制度的意见》，建立全国统一的城乡居民社会养老保险制度(以下简称“城乡居保”)。

2013年江苏13个省辖市的“新农保” 和“城居保”全部合并实施，截至2013年12月，城乡居民社会养老保险参保人数为1448.10万人，比上年增加34.59万人；基金收入188.07亿元，同比增长13.89%；基金支出148.22亿元，同比增长13.46%。2013年12月，省政府下发《关于印发江苏省城乡居民社会养老保险办法的通知》，从2014年1月1日起，江苏全面整合新农保和城居保，实行全省统一的城乡居民社会养老保险制度。

本报告首先分别从宏观与微观两方面分析江苏城乡居民社会养老保险的发展状况，继而总结本年度的工作重点、绩效，再对财政支持的可持续性进行分析，最后提出对策建议。

一、城乡居民社会养老保险现状的宏观分析

本节从城乡居民的参保缴费、基础养老金的待遇发放、基金收入和基金支出四个方面，通过年度纵向比较和地区横向比较来分析江苏城乡居民社会养老保险的实施现状，所用数据主要来源于江苏省财政厅、江苏省人力资源和社会保障厅，数据截止时间为2013年12月。

1. 参保缴费

江苏省 2012~2013 年城乡居民养老保险参保缴费情况如表 3-1、表 3-2 所示。2013 年全省累计参保人数达到 1448.0976 万人，占应参保人数的 99.87%，较之 2012 年同比上涨 0.09 个百分点，参保率这项指标说明江苏城乡居民养老保险已经基本达到“全覆盖”并且覆盖率在不断提高。同时，截止 2013 年 12 月，已有超过 1360.1272 万人续保缴费，占累计参保人数的 94.04%，但较之 2012 年同比下降了 2.86 个百分点，这可能是因为人口老龄化的影响，退休人数远大于新参保人数。同时，2013 年部分地级市续保率有所下降，苏北续保率均超过 90%，但南京续保率仅有 66.66%，与 2012 年 100.00%的续保率存在较大差异，泰州市续保率也仅有 85.57%，可见这项制度在参保持续性方面的总体表现是值得肯定的，但也需要特别关注续保率较低的地区，尽最大可能保证这项制度的可持续发展。

2013 年全年，就苏南、苏中、苏北三个不同地区而言，苏北地区应参保人数较多，最高达 218.85 万人；苏中地区相对减少，其中南通应参保人数最多为 177.71 万人；苏南地区应参保人数最少，苏州仅有 6.43 万人。由于城乡居民社会养老保险政策要求参保人员必须具有当地户籍，所以居民必须在户籍地参保，这明显体现出苏南与苏中、苏北地区的制度发展差异，苏北、苏中地区这项制度的未来养老压力比苏南地区平均多出 3~5 倍。

表 3-1　江苏城乡居保参保缴费情况之一

地区	应参保人数/万人		累计参保人数/万人		缴费人数/万人	
	2012 年	2013 年	2012 年	2013 年	2012 年	2013 年
全省	1482.69	1448.10	1479.41	1446.26	1433.58	1360.13
苏州	8.40	6.44	8.39	6.43	8.11	6.14
无锡	33.24	29.94	32.92	29.92	32.92	29.92
常州	46.01	43.43	45.82	43.33	45.62	43.01
镇江	34.71	33.08	34.66	33.07	34.03	31.56

续表

地区	应参保人数/万人		累计参保人数/万人		缴费人数/万人	
	2012 年	2013 年	2012 年	2013 年	2012 年	2013 年
南京	74.43	75.38	73.78	74.96	73.78	49.97
南通	186.48	177.71	186.23	177.71	173.16	169.65
泰州	128.99	123.45	128.59	123.20	117.91	105.42
扬州	105.01	99.15	104.47	99.14	86.21	92.02
宿迁	177.90	178.30	177.90	178.30	179.74	173.96
淮安	136.08	131.15	136.08	131.15	134.20	127.22
盐城	218.23	218.85	217.41	218.00	216.52	203.72
连云港	129.39	122.67	129.35	122.56	127.58	119.03
徐州	203.83	208.53	203.81	208.52	203.81	208.51

表 3-2　江苏城乡居保参保缴费情况之二

地区	参保率/%		续保率/%	
	2012 年	2013 年	2012 年	2013 年
全省	99.80	99.87	96.71	93.70
苏州	99.97	99.87	96.63	95.51
无锡	99.02	99.90	100.00	100.00
常州	99.59	99.76	99.57	99.27
镇江	99.85	99.97	98.18	95.43
南京	99.12	99.44	100.00	66.66
南通	99.87	100.00	92.98	95.47
泰州	99.69	99.79	91.70	85.57
扬州	99.49	99.98	82.52	92.83
宿迁	100.00	100.00	101.04	97.57
淮安	100.00	100.00	98.62	97.00
盐城	99.62	99.61	99.59	93.45
连云港	99.97	99.91	98.63	97.12
徐州	99.99	99.99	100.00	100.00

另一方面，通过对相关部门的深入访谈，发现江苏城乡居民社会养老在参保缴费方面存在一些客观问题，其中较为显著的是居民缴费档次偏低，青年居民的参保积极性不高。在对各地级市的调查中发现，养老保险设置了多个缴费档次，但经统计分析，选择缴纳低档次的人占绝大多数，13 个地级市的有效缴费档次都集中在较低水平。

2. 待遇发放

2013 年江苏年末全省常住人口 7939.49 万人，比上年末增加 19.51 万人，增长 0.25%。全年城镇居民人均可支配收入达 32 538 元，人均消费性支出 20 371 元，其中食品支出占比为 34.7%。全年农村居民人均纯收入达 13 598 元，人均生活消费支出 9607 元，其中食品支出占比为 36.3%。对于基本没有收入的老年人来说，养老保险金对生活的改善起着重要的作用，江苏基础养老金的支付水平是否能满足居民需求呢?

城乡居民社会养老保险的养老金由基础养老金和个人账户养老金构成。2013 年江苏的基础养老金在中央确定的最低标准每人每月 55 元的基础上提高到 80 元，个人账户养老金的月计发标准为个人账户全部储存额除以 139。其中，银行存款利率假定为 3%。

每月养老金待遇计算公式：待遇标准=个人账户总额/139+80

根据公式可以得出在不同缴费标准 15 年缴费年限下可领取的养老金数额，如表 3-3 所示。

表 3-3　不同缴费档次下 15 年缴费年限的养老金领取标准

缴费档次/元	财政补贴/元	缴费年限/年	个人缴费总额/元	财政补贴总额/元	合计利息/元	个人账户总额/元	基础养老金/元	待遇标准/元	每年总计可领取/元
100	30	15	1500	450	540.39	2490.39	80	97.92	1175.00
200	35	15	3000	525	976.87	4501.87	80	112.39	1348.65
300	40	15	4500	600	1413.34	6513.34	80	126.86	1522.30

续表

缴费档次/元	财政补贴/元	缴费年限/年	个人缴费总额/元	财政补贴总额/元	合计利息/元	个人账户总额/元	基础养老金/元	待遇标准/元	每年总计可领取/元
400	45	15	6000	675	1849.81	8524.81	80	141.33	1695.96
500	50	15	7500	750	2286.28	10 536.28	80	155.80	1869.61
600	55	15	9000	825	2722.76	12 547.76	80	170.27	2043.26
800	60	15	12 000	900	3574.92	16 474.92	80	198.52	2382.30
1000	70	15	15 000	1050	4447.86	20 497.86	80	227.47	2729.60

数据来源：江苏人力资源与社会保障网。

由表 3-3 可知，缴费年限为 15 年，各个缴费档次之间仅存在小额度的财政补贴差异。假定个人账户的利息率为 3%，以 139 个月为养老金的领取期限，那么最低档的每年 100 元缴费档次与较高标准的每年 1000 元缴费档次相比，每年差距的 40 元财政补贴合计到 139 个月为 463 元，而两档之间的缴费差额在 15 年有 405 元的银行利息。因此，政府的补贴缺乏弹性，最低档与较高档的财政补贴部分差距不大，回报率低。这使得参保人在理性思考的基础上，并不会选择提高缴费档次来增加自己对于城乡居民社会养老保险的投入。而且，在 15 年之后，随着通货膨胀率的不断上涨，会导致参保人的收益更为减少，使得缴费档次较高，投资回报率却并没有提高。与此同时，当参保人选择最低缴费档次 100 元/年，缴费满 15 年后可以领取的养老金待遇为 1175 元/年，选择 1000 元/年，缴费满 15 年后可以领取的养老金待遇为 2729.6 元/年。农村居民在 2013 年全年人均纯收入达 13 598 元，人均生活消费支出 9607，对于食品的人均消费需求已经达到了 3487 元。这也就意味着即使参保人选择较高水平的缴费档次也无法达到参保人的最低生活水平养老需求，使其心理预期产生偏差，这更易引发多数参保人参保积极性降低。

表 3-4 分别列出了全省和各市的城乡居保待遇发放情况。2013 年全省 60 岁以上的农村老人共有 933.219 万人，其中获得养老金的有 351.8051 万人，基础养老金发放率达到 99.99%，各项指标与 2012 年相比都有大幅的提高。

除无锡市的发放率为 99.92%，其他各市的发放率均为 100%，这说明这项制度已经基本惠及了全部的老年人口。其次，因为各地老人的数量相差较大，使得各地领取养老金的总人数悬殊也较大。在所有地级市中，徐州、盐城和南通领取养老金的人数竟达到 100 多万人次，而苏州、常州、镇江和南京的领取人数还不到 50 万，与 2012 年相比变化不大，但连云港领取养老金人数显著上升。显然，各地农村的养老压力不一，而苏北、苏中地区的压力偏大。各地老人领到的基础养老金待遇存在一定差别，苏南地区除了镇江执行的是省统一标准之外，其他地区均高于这一标准，其中 2013 年苏州为全省最高每月 260 元，苏中和苏北地区都是每月 80 元。在绝对数额上，经济较发达的苏南地区对农村老人的养老支持力度更大些。

表 3-4　江苏城乡居保基础养老金领取情况

地区	60 岁及以上农村居民人数/万人		领取养老金人数/万人		领取基础养老金人数/万人		基础养老金领取率/%	
	2012 年	2013 年	2012 年	2013 年	2012 年	2013 年	2012 年	2013 年
全省	874.13	933.22	289.34	351.81	879.87	933.16	100.66	99.99
苏州	44.81	43.79	46.65	14.19	44.81	43.79	100	100.00
无锡	56.23	70.54	70.39	70.54	62.31	70.48	111	99.92
常州	44.32	44.27	8.33	10.35	44.32	44.27	100	100.00
镇江	31.10	32.14	9.40	11.49	31.09	32.14	99.97	100.00
南京	33.69	36.82	7.71	41.41	33.69	36.82	100	100.00
南通	139.78	141.92	43.87	55.31	139.48	141.92	99.79	100.00
泰州	72.26	81.48	33.16	37.39	72.26	81.48	100	100.00
扬州	61.84	63.62	8.92	13.17	61.84	63.62	100	100.00
宿迁	64.09	67.29	9.07	15.81	64.09	67.29	100	100.00
淮安	61.52	64.50	7.98	14.92	61.52	64.50	100	100.00
盐城	107.32	114.80	25.92	34.25	107.30	114.80	100	100.00
连云港	49.88	53.54	6.42	12.97	49.88	53.54	100	100.00
徐州	107.29	118.51	11.52	20.00	107.29	118.51	100	100.00

注：基础养老金领取率=基础养老金领取人数/60 岁以上农村居民人数，全省和无锡在 2012 年这项指标上的数值大于 100%，主要是因为当年部分地区规定女满 55 周岁、男满 60 周岁享受基础养老金，所以基础养老金领取人数大于 60 岁以上农村居民人数。

3. 基金收入

城乡居民社会养老保险的基金收入来源包括个人缴费、集体补助、缴费补助(包括市级和县级)、基础养老金补助(包括省级、市级和县级)。表 3-5 是总体的基金收入状况，与 2012 年相比，年度总收入增加 22.94 亿元，增加了 13.89%。年末基金滚存结余增加 38.83 万元，增加了 15.01%。江苏 2013 年地区生产总值 59 162.00 亿元，比上年增长 9.6%，可见养老基金收入增长较快，同时基金保值增值能力需要进一步提高。此外，由表 3-6 可知，2012 年基金收入主要依靠个人账户收入，其次是财政支持，还有少部分依靠其他收入如滞纳金及其他经财政部门核准的收入，其中个人账户占基金总收入 40.55%，基础养老金补助占 35.05%。2013 年政府补助占基金总收入的 37.92%，个人账户占总收入的 36.08%，政府补助比上年增长了 2.87 个百分点，个人账户比上年降低了 4.47 个百分点，这说明政府正不断加大对居民养老保障的补贴力度。

表 3-5 江苏城乡居保基金收入情况之一 (单位：亿元)

地区	上年末基金滚存结余		总收入	
	2012 年	2013 年	2012 年	2013 年
全省	258.77	297.60	165.13	188.07
苏州	14.84	12.07	15.06	13.18
无锡	9.28	11.73	23.49	27.16
常州	26.25	28.48	11.48	12.79
镇江	13.50	13.69	4.75	6.68
南京	11.47	16.85	7.82	11.98
南通	73.67	81.09	26.78	28.60
泰州	37.58	42.23	14.45	16.36
扬州	13.17	15.89	8.79	10.66
宿迁	6.88	9.23	7.75	9.12
淮安	7.67	10.62	8.42	9.52
盐城	22.17	28.04	16.26	18.67
连云港	9.95	11.50	6.62	8.16
徐州	12.33	16.17	13.45	15.17

分地区看，在基金滚存结余方面，南通市最多，为 81.09 亿元，宿迁市最少，为 9.23 亿元。同时，南通市 2013 年基金总计最多为 28.6 亿元，镇江市 2013 年基金总计最少为 6.68 亿元。苏州市基础养老金补助占基金总额比为全省最高，达到 88.43%，而南通市基础养老金补助仅占总体收入的 13.76%。南通市个人账户收入占基金总额比为全省最高，达 59.22%，而无锡市基础养老金补助仅占总体收入的 10.41%。可见，江苏 13 市政府对养老保险的补贴力度存在较大差异，总体而言，苏南地区政府投入较多，苏中、苏北地区的基金收入主要依靠个人缴费。

表 3-6 江苏城乡居保基金收入情况之二 (单位：亿元)

地区	基础养老金补助收入		基础养老金补助收入占总收入比/%		个人账户收入		个人账户收入占总收入比/%	
	2012 年	2013 年	2012 年	2013 年	2012 年	2013 年	2012 年	2013 年
全省	90.70	112.85	35.05	37.92	66.96	67.85	40.55	36.08
苏州	11.24	10.68	75.74	88.43	3.73	1.83	24.74	13.85
无锡	15.17	20.62	64.58	75.92	2.09	2.83	8.88	10.41
常州	7.10	6.05	27.05	21.24	4.32	4.34	37.63	33.95
镇江	1.72	3.75	12.76	27.41	3.02	2.93	63.70	43.84
南京	4.27	7.87	37.24	46.68	3.54	4.08	45.33	34.03
南通	8.36	11.16	11.35	13.76	17.45	16.94	65.18	59.22
泰州	6.46	7.57	17.20	17.94	7.99	8.79	55.27	53.71
扬州	4.79	6.32	36.40	39.74	4.00	4.34	45.49	40.73
宿迁	4.95	6.34	71.92	68.72	2.80	2.78	36.11	30.48
淮安	4.93	6.07	64.25	57.12	3.38	3.46	40.19	36.29
盐城	8.62	10.53	38.87	37.57	7.65	8.14	47.01	43.58
连云港	4.04	5.10	40.56	44.37	2.59	3.03	39.06	37.07
徐州	9.05	10.79	73.35	66.74	4.41	4.38	32.76	28.88

就财政补助方面而言(表 3-7)，在基金收入中，2012 年省级财政补助 26.41

亿元与地方财政补助64.29亿元相差37.88亿元，到2013年省级财政补助37.93亿元与地方财政补助 74.92 亿元相差 36.99 亿元，与上年相比缩小了 0.89 亿元的差距，这一方面说明省级政府与地方政府正不断加大这项养老保险补贴力度，另一方面也说明在基金收入结构中，对于各级财政尤其是市级财政的依赖程度较高。除此之外，省级财政对欠发达地区的扶持力度较大，如镇江市的省级财政补助为 1.12 亿元，徐州市为 5.27 亿万元，补贴力度接近镇江的 5 倍，呈现出显著的地区差异性。

表 3-7 江苏城乡居保基金补助情况 (单位：亿元)

地区	小计		省级财政补助		地方财政补助	
	2012 年	2013 年	2012 年	2013 年	2012 年	2013 年
全省	90.70	112.85	26.41	37.93	64.29	74.92
苏州	11.24	10.68	0.89	1.83	10.35	8.84
无锡	15.17	20.62	0.71	1.22	14.46	19.40
常州	7.10	6.05	0.72	1.65	6.38	4.40
镇江	1.72	3.75	0.45	1.12	1.28	2.63
南京	4.27	7.87	0.55	1.85	3.72	6.02
南通	8.36	11.16	3.26	5.48	5.10	5.69
泰州	6.46	7.57	2.68	3.01	3.79	4.57
扬州	4.79	6.32	1.64	2.70	3.15	3.61
宿迁	4.95	6.34	2.13	3.00	2.83	3.34
淮安	4.93	6.07	2.34	3.01	2.59	3.05
盐城	8.62	10.53	4.43	5.25	4.19	5.28
连云港	4.04	5.10	1.92	2.55	2.12	2.55
徐州	9.05	10.79	4.69	5.27	4.36	5.52

在个人账户方面(表 3-8)，整体而言，2012~2013 年个人缴费、集体补助、利息收入在全省范围内都有增长趋势，其中利息收入上升速度最快，从 2.78 亿元到 7.47 亿元上涨了近 2.69 倍，这说明政府日益重视基金的保值增值，不断加大对基金的管理力度，在确保基金不缩水的情况下达到增值的目标。其

次，各地区的个人账户基金结余在 2 亿~7 亿元，比上年略有增加，但苏州、镇江、南通等地略有减少，这主要是因为这些地区的退休人口增多，导致养老金支出增加。最后，个人缴费部分的基金上涨明显，这一方面在于社会保险扩面阶段参与居民养老保险的人数不断增多，另一方面也在于居民选择的养老保险缴费档次逐渐提升。

表 3-8　江苏城乡居保基金个人账户收入情况　(单位：亿元)

地区	小计		个人缴费		集体补助		地方财政补贴		利息收入	
	2012 年	2013 年	2012 年	2013 年	2012 年	2013 年	2012 年	2013 年	2012 年	2013 年
全省	66.96	67.85	37.64	52.97	0.10	0.11	4.37	7.31	2.78	7.47
苏州	3.73	1.83	1.17	0.73	0.17	0.00	2.02	0.82	0.37	0.27
无锡	2.09	2.83	1.68	1.82	0.00	0.00	0.26	0.28	0.14	0.73
常州	4.32	4.34	3.08	3.45	0.08	0.09	0.48	0.45	0.68	0.35
镇江	3.02	2.93	2.42	2.26	0.00	0.00	0.36	0.36	0.24	0.31
南京	3.54	4.08	2.04	2.78	0.01	0.00	1.25	0.93	0.25	0.37
南通	17.45	16.94	14.22	13.49	0.00	0.00	1.03	1.12	2.21	2.33
泰州	7.99	8.79	6.51	7.26	0.00	0.00	0.30	0.33	1.17	1.20
扬州	4.00	4.34	3.52	3.78	0.00	0.00	0.29	0.28	0.19	0.28
宿迁	2.80	2.78	2.12	2.04	0.00	0.00	0.54	0.56	0.14	0.19
淮安	3.38	3.46	2.83	2.75	0.00	0.00	0.46	0.45	0.10	0.26
盐城	7.65	8.14	6.74	6.87	0.01	0.02	0.59	0.73	0.31	0.52
连云港	2.59	3.03	1.99	2.40	0.00	0.00	0.41	0.35	0.18	0.28
徐州	4.41	4.38	3.54	3.36	0.00	0.00	0.68	0.64	0.19	0.38

4. 基金支出

表 3-9 显示了 2012~2013 年江苏城乡居民社会养老保险基金各部分的支出情况，可以看出个人账户支出、基础养老金支出都是呈上涨趋势的，但是在其他 12 个市支出全部上涨的情况下，苏州的养老金支出却有所下降，这是由于死亡、迁出和退保等原因导致的参保人数减少，使得基金的个人账户支

出和基础养老金支出显著减少。在其他支出方面，全省处于下降趋势，部分地区其他支出为零，这与统计方法相关。我国对其他支出的界定主要是指退保金支出，并不包括管理费用等支出，由表可知江苏省的部分地区存在退保现象，不利于这项基金的可持续化发展。

表 3-9 江苏城乡居保基金支出情况 (单位：亿元)

	个人账户支出		基础养老金支出		其中当月基础养老金支出		其他支出	
	2012 年	2013 年	2012 年	2013 年	2012 年	2013 年	2012 年	2013 年
全省	20.47	23.30	98.95	116.48	21.81	9.92	11.22	8.44
苏州	1.26	1.12	13.14	12.02	13.14	0.99	3.42	1.36
无锡	0.49	0.57	14.66	17.53	1.08	1.53	6.27	6.76
常州	1.38	2.06	7.03	8.18	0.72	0.50	0.78	0.24
镇江	1.32	1.37	3.19	3.87	0.42	0.39	0.05	0.05
南京	0.34	1.13	4.75	7.70	0.59	0.65	0.09	0.00
南通	6.94	7.34	11.85	13.78	1.30	1.21	0.61	0.00
泰州	3.90	3.96	6.42	7.78	0.54	0.66	0.00	0.00
扬州	1.05	1.10	5.16	6.15	0.52	0.52	0.00	0.00
宿迁	0.15	0.26	5.32	6.38	0.45	0.53	0.00	0.00
淮安	0.46	0.57	5.26	6.28	0.49	0.52	0.00	0.00
盐城	1.81	2.23	8.85	10.80	1.25	1.05	0.00	0.00
连云港	0.82	0.78	4.25	5.15	0.40	0.44	0.00	0.03
徐州	0.54	0.82	9.08	10.85	0.89	0.93	0.00	0.00

从基金支出方向来看，80%~90%的基金支出属于基础养老金支出。从个人账户支出和当月基础养老金支出对比可知，个人账户支出占当地总支出比，从高到低依次排名为南通、泰州、镇江、常州、盐城、扬州、连云港、南京、淮安、苏州、徐州、宿迁、无锡；基础养老金支出占当地总支出比，从高到低依次排名为宿迁、徐州、淮安、南京、连云港、扬州、盐城、苏州、常州、镇江、无锡、泰州、南通；将排名进行对比可以发现：个人账户支出与基础

养老金支出基本成互补模式，个人账户支出多的地区基础养老金支出少，这与各地的人口结构和经济发展水平相关。经济发达地区居民缴费能力高，个人账户支出多；老龄人口较多的地区，基础养老金支出多。因此，宿迁、徐州、淮安的基础养老金支出较多，需要充分考虑这些地区的基础养老金支出压力。

2013 年全省基金收支平衡略有结余(表 3-10)，其中苏南地区平均各市基金收入和支出高于苏中、苏北各市，但是也有特例，比如镇江市基金收支水平均比较低，分别为 6.68 亿元和 5.29 亿元，盐城市基金收支水平在苏北地区中较高，分别为 18.67 亿元和 13.02 亿元。镇江市的经济发展水平略低于同水平城市，盐城市的经济发展水平要高于同水平城市，因此，政府补贴不能单纯区分苏北、苏中、苏南，也要视各地的经济发展状况而定。

表 3-10　江苏城乡居保基金收支情况　(单位：亿元)

地区	基金收入总计		基金支出总计		基金当年结余	
	2012 年	2013 年	2012 年	2013 年	2012 年	2013 年
全省	165.13	188.07	130.64	148.22	34.49	39.84
苏州	15.06	13.18	17.83	14.50	−2.76	−1.32
无锡	23.49	27.16	21.43	24.86	2.06	2.29
常州	11.48	12.79	9.19	10.47	2.30	2.32
镇江	4.75	6.68	4.56	5.29	0.19	1.39
南京	7.82	11.98	5.17	8.83	2.65	3.15
南通	26.78	28.60	19.40	21.12	7.37	7.48
泰州	14.45	16.36	10.32	11.74	4.13	4.62
扬州	8.79	10.66	6.20	7.25	2.59	3.41
宿迁	7.75	9.12	5.47	6.65	2.28	2.47
淮安	8.42	9.52	5.73	6.85	2.69	2.68
盐城	16.26	18.67	10.65	13.02	5.61	5.65
连云港	6.62	8.16	5.07	5.97	1.55	2.20
徐州	13.45	15.17	9.62	11.68	3.84	3.50

省级层面来看，2013 年城乡居保基金收入为 188.07 亿元，基金支出为 148.22 亿元，当期基金结余 39.84 亿元。2012 年城乡居保基金收入为 165.13 亿元，基金支出为 130.64 亿元，当期基金结余 34.49 亿元。2013 年比 2012 年多结余 5.35 亿元，较去年同期增长 15.56%。其中苏中地区结余较多，苏北地区居其次，苏南地区结余偏少，苏州地区 2012 年、2013 年均为负值，可见人口老龄化已经导致部分地区的当年基金产生赤字。这说明虽然基金整体运营现状良好，但未来存在风险。

二、城乡居民社会养老保险现状的微观分析

本节根据 2014 年 7 月~8 月课题组在江苏农村进行的养老保障现状调查数据，从微观层面分析农村中青年人和老人养老保险参保缴费情况、制度认知和待遇情况，为提出切实可行的提升城乡居民社会养老保险制度运行效应的对策建议提供参考。

1. 数据来源与样本特征

本次调查采用配额抽样与判断抽样相结合的方法进行。先从江苏所辖 13 个地级市中各抽取 2 个县(区)，共抽取了 26 个县(区)，再从每个抽中的县(区)中各抽取 1~2 个乡镇，最后采用判断抽样方法，根据调查的目的和各地区的实际情况，并结合预先规定的样本比例，抽取一定数量符合城乡居民养老保险参保条件的居民进行问卷调查。课题组设计了两份“城乡居民社会养老保险调查问卷”，A 类为 16~59 周岁的非老人组，B 类为 60 周岁及以上的老人组。A 类问卷主要内容涉及被调查者基本情况、参保缴费情况、制度认知情况；而 B 类老人组问卷增加了待遇情况。同时被调查者基本情况包括年龄、户籍等个人特征、家庭构成、收入等家庭特征及健康特征等。本次调查在每个乡镇发放 A 类非老人组和 B 类老人组问卷各 20 份，所有调查地区共计发放 A 类问卷 600 份，收回有效问卷 585 份，合格率为 97.5%；B 类问卷 620

份，收回有效问卷 605 份，合格率为 97.5%。样本基本情况如下。

1) 个人特征

非老人组中男性为 296 人，占样本总量的 50.6%，女性为 289 人，占样本总量的 49.6%；老年组中男性占 50.1%，女性占比 49.9%，由此可见，本次调查性别比例基本符合 1∶1 的配比要求。在调查对象年龄方面，最小调查对象年龄为 17 周岁，最大调查对象年龄为 94 周岁。中青年调查对象年龄结构分布较为平均，其中 29~39 周岁人数较少，仅为 13.6%，而 39~49 周岁比例达到 37.1%。老人中 60~69 岁符合参保条件的调查对象最多，占到样本总量的 57.5%，69~79 岁老人也比较多，为 30.8%，79 岁以上老人仅有 11.7%。有 82.4%的中青年人已婚，13.5%未婚；64.3%的老人已婚，13.4%的老人丧偶。在调查中，农村户口所占调查人数比例较大，非老人组为 484 人，占比 82.7%，而老人组中农村户籍人口也达到了 73.8%。总体来看，调查对象的受教育程度普遍偏低。老人组中，初中及以下文化水平的人数为 92.1%，不识字或识字很少的人接近半数；非老人组状况稍好，但初中及以下文化水平者也超过了半数，且大专及以上高学历者基本没有。通过对调查对象目前的职业分析，发现不同的年龄阶段的工作类型有比较大的差别，老年组中有超过半数的人过去务农，务工人员有 35%，从事其他工作诸如私营个体户的人极少；中青年组中更多的人(45.5%)选择了务工，且大多数在乡镇私营小企业工作，务农和其他工作者各占约 20%。在年收入方面，中青年组 2013 年个人总收入平均为 35 370 元，但超过 50%的人年收入小于 30 000 元，由此可见，调查对象还是存在一定收入差距的；老年组平均个人总收入为 12 136 元。在问及主要收入来源时，64.6%的老年人选择了养老金，选择务工或务农的老人也比较多，有 225 人，选择依靠子女和自己打工的也占有一定比例，由此可知目前的保险制度在保障老人生活方面起到一定的积极作用。

2) 家庭和健康状况

共同生活的家庭人口数中，A 类基本为 3 人(33.3%)、4 人(24.3%)、5 人(22.4%)和 2 人(10%)，典型三代同堂(中青年人与子女、父母一起居住)的情况约占一半左右；B 类共同生活家庭人数为 2 人的最多(38%)，其余与老人共同生活人数分布在 5 人(23.6%)、4 人(10.3%)，另有 11.6%的老人属于独居状态。另外，A 类家庭中最多有 5 个子女，平均子女数为 1.27 个；B 类家庭中有 2 个子女的最多，占 34.8%，拥有 1 个子女的和 3 个子女的各占 22%左右，最多的一户有 7 个孩子。

从被调查者健康状况分析，当被问及健康状况如何时，A 类中有 68.5%的人认为自己的健康状况好或者非常好，一般的为 27.6%，仅有 3.9%的人认为自己身体非常差，而老年组身体状况一般的大约有一半的人，这些老年人多数患有一些常见慢性病如高血压等，认为自己身体比较差的有 14%，而身体非常好的仅有 4.8%。老年人中有 37.3%的人患有慢性病，有 20%以上的老年人常年抽烟饮酒。调查样本中的老人自理能力基本比较强，但仍有少数特别是空巢老人需要一些特殊的生活照料等服务，这也是我国目前大力发展居家养老服务体系的重要原因之一。

2. 中青年居民参保缴费情况

1) 参保情况

从表 3-11 中可以看出，有 51.6%的人已经参加了城乡居民社会养老保险，其中大多数人(42.6%)是完全自愿参加的，也有 7.9%的人本不想参加，但是在村干部的动员下还是参加了，还有 1.1%的人是被迫强制参加的。同时在已经参保的人群中，有 96.2%的人没有中断过。有接近半数(48.4%)的居民没有参加城乡居民社会养老保险，其中部分居民参加了城镇职工基本养老保险等制度，扣除这部分群体，被调查的城乡居民社会养老保险的参保率达到 94.35%。

表 3-11 中青年人参加城乡居民社会养老保险的基本情况

项目	频数	百分比/%	有效百分比/%	累计百分比/%
1 是，完全自愿参加	249	42.6	42.6	42.6
2 是，本不想参加，在村干部动员下参加	46	7.9	7.9	50.5
3 是，本不想参加，但村里强制参加	6	1.1	1.1	51.6
4 没有参加	284	48.5	48.5	100
总计	585	100	100	

在没有参加城乡居民社会养老保险的群体中，参加城镇职工基本养老保险的人数最多，有 194 人，参加商业养老保险的也有 67 人，这说明随着经济的发展和居民经济能力的提高，人们的养老保障方式呈现多元化的态势发展(表 3-12)。

表 3-12 是否参加或购买其他类型养老保险

项目	频数	百分比/%	有效百分比/%	累计百分比/%
1 商业养老保险	67	11.4	11.4	11.4
2 城镇职工基本养老保险	194	33.2	33.2	44.6
3 其他	5	0.9	0.9	45.5
4 没参加其他任何养老保险	319	54.5	54.5	100.0
合计	585	100.0	100.0	

2) 缴费情况

表 3-13 显示，已参保的人中有 62.7%的参保居民选择 0~500 元的缴费档次，其中缴费金额在 300 元及以下者达到 158 人，超过了已参保人员的一半。约 26%的参保居民选择了 500~1000 元缴费档次，选择 1000~3000 元及 3000~5000 元缴费档次的投保人数较少但分布比较平均，差异不大，分别是 4.8%和 4.5%；而缴费水平达到 5000 元以上的人只有 6 人。选择较高档次缴费的居民大部分是由于其拥有较好的经济条件，对城乡居民社会养老保险制度比较了解且对其比较信任。

表 3-14 显示了参保人员选择缴费标准的原因，有 184 人认为统一规定的缴费标准是目前缴费档次选择的主要原因，同时根据调查可知，这部分人的

缴费标准也比较低，可能是当地政府考虑到多数人的经济承受能力也为适当减少差距而划定了较低的缴费标准。其次，根据自己的经济能力选择缴费档次的人也较多(约有 42.5%)，经济收入水平和缴费档次基本呈正相关。选择缴费标准越高、未来养老待遇就越高的和与村里其他人差不多的居民比例相近，前者是 22.7%，后者是 25.7%。

表 3-13　参保居民 2013 年缴费档次

项目	频数	百分比/%	有效百分比/%	累计百分比/%
0~500 元	183	31.3	62.7	62.7
501~1000 元	76	13.1	26.0	88.7
1001~3000 元	14	2.4	4.8	93.5
3001~5000 元	13	2.2	4.5	98
5001~7000 元	4	0.7	1.4	99.4
7001~9000 元	1	0.2	0.3	99.7
9000 元以上	1	0.2	0.3	100
总计	292	50.1	100	

表 3-14　选择缴费标准的原因

项目	选择	频数	百分比/%	有效百分比/%	累计百分比/%
1 统一规定的缴费标准	是	184	31.5	61.1	61.1
	否	117	20.0	38.9	100.0
2 根据自己的经济能力	是	128	21.9	42.5	42.5
	否	173	29.6	57.5	100.0
3 医疗教育其他开支大	是	21	3.6	7.0	7.0
	否	280	47.9	93.0	100.0
4 缴费标准高，待遇高	是	68	11.6	22.7	22.7
	否	232	39.7	77.3	100.0
5 缴费标准高，政府补贴高	是	24	4.1	8.0	8.0
	否	277	47.4	92.0	100.0
6 与村里其他人差不多	是	77	13.2	25.7	25.7
	否	223	38.1	74.3	100.0
7 其他	是	5	0.9	1.7	1.7
	否	286	48.9	98.3	100.0

关于城乡居民社会养老保险的缴费方式，目前主要有三种即村干部上门收取、到社保部门缴费和到银行办理，被调查的接近一半的中青年人选择第三种缴费方式，还有部分居民选择村干部上门收取和到社保部门缴费，其比例各占 20%~25% (表 3-15)。70%的中青年人认为目前的缴费方式较为方便或者很方便，22.6%的人认为一般，只有 6%的人选择了不方便，说明目前参保人对城乡居民社会养老保险的缴费方式基本满意，但仍然有一定的改进空间(表 3-16)。

表 3-15　缴费方式选择

项目	频数	百分比/%	有效百分比/%	累计百分比/%
1 村干部上门收取	77	13.2	25.4	25.4
2 到社保部门缴费	62	10.6	21.0	46.4
3 到银行办理	138	23.6	46.0	92.4
4 其他	24	4.0	7.6	100.0
合计	301	51.4	100.0	

表 3-16　缴费方便程度

项目	频数	百分比/%	有效百分比/%	累计百分比/%
1 很不方便	5	0.9	1.7	1.7
2 较不方便	13	2.2	4.3	6.0
3 一般	68	11.6	22.6	28.6
4 较方便	126	21.5	41.9	70.4
5 很方便	89	15.2	29.6	100.0
合计	301	51.5	100.0	

关于续保意愿，97.6%的参保居民表示明年会继续参保，这体现了绝大多数已参保居民对城乡居民社会养老保险制度的发展充满信心；2.4%的居民表示明年不再继续参加该保险，这其中既有收入较高的居民，也有一部分年轻力壮的居民。对于农村居民而言，这种典型的定期预缴、延期支付的养老保险待遇兑现方式，不能增加农民的当期收益，加上缴费的周期较长，很多农

村居民对于制度的稳定性以及预期养老的可能性存疑，即使其前期参保，对于后期让其不间断的续保，仍然存在问题，特别是在农村居民收入不稳定的情况下，更易出现“续保不续”的情况。

在个人缴费确定方式的选择中，更多的人(73.2%)倾向于明确的年缴费档次，而不希望与个人收入挂钩。随着城乡经济的不断发展，人们的收入水平也在不断增加，因此，人们更希望缴纳的保险费用处于一个相对稳定，不会有太大变动的水平，同时，按照个人收入百分比缴纳，势必会造成缴费差距的扩大，进而扩大待遇差距。在选择按个人收入百分比缴纳的 92 个人中，有 79 人希望其缴费比例小于 10%，5%以下的人超过一半，对大多数家庭来说如果保险缴纳比例过高，就会影响家庭其他消费支出，给日常生活带来不利影响(表 3-17)。

表 3-17 个人倾向哪种缴费确定方式

项目	选择	频数	百分比/%	有效百分比/%	累计百分比/%
1 个人收入百分比	是	92	15.8	30.9	31.0
	否	205	35.0	69.0	100.0
2 明确的年缴费档次	是	208	35.6	73.2	73.2
	否	76	13.0	26.8	100.0

3) 制度认知和评价

图 3-1 显示，有 302 人表示知道城乡居民社会养老保险中有政府补贴，但仍有 47.5%的人不知道有政府补贴，宣传不到位是造成这种现象的主要原因。关于政府补贴的作用，认为作用一般的人最多，有 40.9%，认为作用较小或很小的有 20%，认为作用很大或比较大的约占 37.3%。所以政府需要加强宣传力度，特别是对政府补贴的宣传，真正发挥“多缴多得”的激励作用(表3-18)。

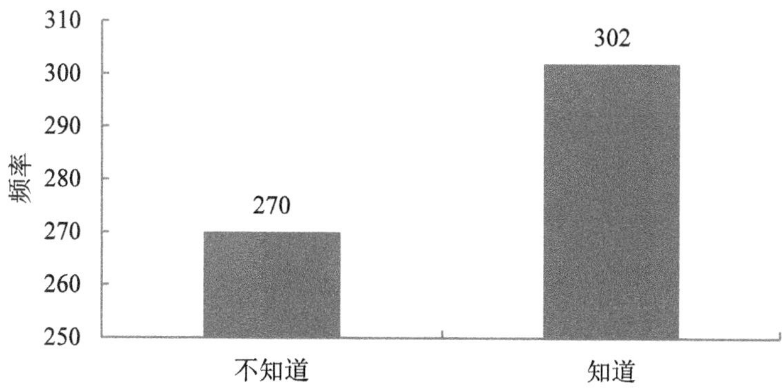

图 3-1　是否知道保险中有政府补贴

表 3-18　政府补贴对鼓励参保有多大作用

项目	频数	百分比/%	有效百分比/%	累计百分比/%
1 很大	53	9.1	9.1	9.1
2 较大	165	28.2	28.3	37.3
3 一般	239	40.9	40.9	78.3
4 较小	92	15.7	15.8	94.0
5 很小	35	6.0	6.0	100.0
合计	584	99.8	100.0	

目前中青年人所了解到的城乡居民社会养老保险待遇比较低。据表 3-19 所示，有 42.9%的人所了解的保险待遇在 300 元以下，其次是 301~600 元，占 15.6%，601~900 元及 901~1200 元的分别是 4.9%和 4.6%，只有极少数了解到的保险待遇在 1200 元以上。在待遇水平评价中，认为目前待遇水平较低或很低的有 53.2%，认为一般的有 39.5%，而认为其标准很高或较高的只有 7.4%。从中青年人的评价中可以得知，虽然目前的基础养老制度覆盖面较广，但是其待遇水平却很低，基本难以支持将来的老年生活。从另一方面来说，保险待遇具有刚性特征，因此在目前阶段，选择从低标准出发有一定道理，但更重要的是政府需要在适当的时候逐步提高基础养老金待遇，提高城乡居民养老保险的保障水平。

表 3-19 目前所了解的保险待遇水平

项目	频数	百分比/%	有效百分比/%	累计百分比/%
0~300 元	249	42.9	42.9	42.9
301~600 元	91	15.6	15.6	58.5
601~900 元	28	4.9	4.9	63.4
901~1200 元	26	4.6	4.6	68
1201~1500 元	15	2.6	2.6	70.6
1501 元以上	4	0.7	0.7	71.3
不知道	172	29.6	29.6	100
总计	292	50.1	100	

对“认为解决养老的经济问题，采取哪种方式比较好”这一问题，60.8%的人都选择了参加社会养老保险，这无疑是一个令人高兴的现象，表明随着保险覆盖面的不断拓展，越来越多的人享受到了国家基本养老保险制度所带来的实惠和便利，也越来越认可和支持我国养老事业的发展。其次，自己储蓄和子女赡养也是选择比例较高且比较传统的方式，分别有 341 和 272 的人次，在广大农村地区，“养儿防老”的观念仍根深蒂固，很多农户仍坚持传统的家庭养老，他们普遍认为子女应当承担部分赡养义务。除此以外，依靠政府补贴、土地收益和参加商业养老保险养老的人也存在不少，这也从侧面反映了目前我国养老经济来源的多样性，养老方式选择的多样性(表 3-20)。

表 3-20 解决养老经济问题的方式

项目	选择	频数	百分比/%	有效百分比/%	累计百分比/%
1 依靠土地收益	是	90	15.4	15.4	15.4
	否	493	84.3	84.6	100.0
2 子女赡养	是	272	46.5	46.6	46.7
	否	311	53.2	53.3	100.0
3 自己储蓄	是	341	58.3	58.4	58.6
	否	242	41.4	41.4	100.0
4 参加社会养老保险	是	354	60.5	60.6	60.8
	否	229	39.1	39.2	100.0

续表

项目	选择	频数	百分比/%	有效百分比/%	累计百分比/%
5 购买商业养老保险	是	83	14.2	14.2	14.2
	否	501	85.6	85.8	100.0
6 政府补贴	是	211	36.1	36.1	36.1
	否	373	63.8	63.9	100.0
7 其他	是	4	0.7	0.7	1.0
	否	578	98.8	98.8	100.0

关于目前城乡居民社会养老保险制度存在的主要问题。首先，待遇水平偏低是多数人(74%)的感受；其次，认为政府补贴少及服务不到位的分别有318 人、158 人。社保经办机构专业管理人才缺乏的现象在各地区不同程度地出现，特别是在基层从事养老保险经办的工作人员，大多数往往是临时组织招聘的人员，没有受到过专业培训，对社保认知不足，对相关业务和法律政策知晓不熟，影响到业务办理能力和服务意识。另外，管理人员的综合素质不高，会在一定程度上制约城乡居民社会养老保险的进一步发展。其他问题诸如缴费方式不合理，制度衔接不到位等也影响着城乡居民社会养老保险的进一步发展(表 3-21)。

表 3-21 目前城乡居保存在的主要问题

项目	选择	频数	百分比/%	有效百分比/%	累计百分比/%
1 待遇水平偏低	是	432	74.0	74.0	74.0
	否	145	24.8	24.8	98.8
2 缴费方式不合理	是	73	12.5	12.6	12.6
	否	506	86.5	87.4	100.0
3 制度衔接不到位	是	99	16.9	17.1	17.1
	否	480	82.1	82.9	100.0
4 服务不到位	是	158	27.0	27.3	27.5
	否	419	71.6	72.5	100.0

续表

项目	选择	频数	百分比/%	有效百分比/%	累计百分比/%
5 政府补贴少	是	318	54.4	54.4	54.6
	否	260	44.4	44.4	100.0
6 其他	是	42	7.2	7.2	7.2
	否	543	92.8	92.8	100.0

在对城乡居保总体评价的调查中，32%的受访者表示很满意或比较满意，55.4%的人对这一制度的评价一般，只有13.6%的受访者表示不满意或不太满意。

表 3-22　对城乡居保的总体评价

项目	频数	百分比/%	有效百分比/%	累计百分比/%
1 很满意	15	2.6	2.6	2.6
2 较满意	170	29.1	29.4	32.0
3 一般	321	54.9	55.4	87.4
4 较不满意	57	9.7	9.8	97.2
5 很不满意	22	3.8	3.8	100.0
合计	585	100.0	100.0	

3. 老年参保居民的调查分析

1) 待遇情况

在老年人的调查样本中，约有 81%的老人表示目前已经享有新农保或城居保，没有享受以上两种保险待遇的只有 19%的老人。在已享受保险待遇的这部分老人中，认为目前城乡居保待遇水平一般的人较多，已超过半数(50.4%)，认为待遇水平较低以及很低的也有 28.7%和 9.4%，只有 11.4%的老人认为保险待遇较高或很高。表 3-23 进一步显示了目前老人所得的保险待遇范围，超过半数的所得养老金档次为 300 元以下，这样的待遇水平仅能勉强维持部分老人的基本生活需要，对于老人的其他消费需求则无法满足。另外，90%的老人认为待遇发放比较及时，很少出现延时现象(图 3-3)。

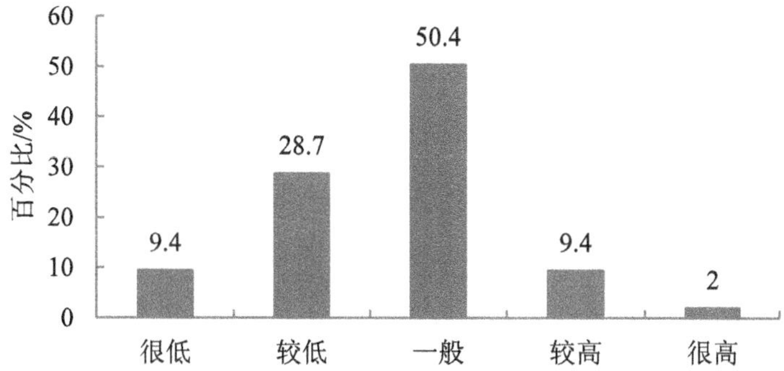

图 3-2　保险待遇水平评价

表 3-23　目前所得保险待遇水平

项目	频数	百分比/%	有效百分比/%	累计百分比/%
0~300 元	352	58.6	58.6	58.6
301~600 元	38	6.6	6.6	65.2
601~900 元	26	4.6	4.6	69.8
901~1200 元	38	6.6	6.6	76.4
1201~1500 元	6	1.2	1.2	77.6
1501~3000 元	15	2.7	2.7	78.2
3000 元以上	3	0.6	0.6	78.8
不知道	127	21	21	100
总计	605	100	100	

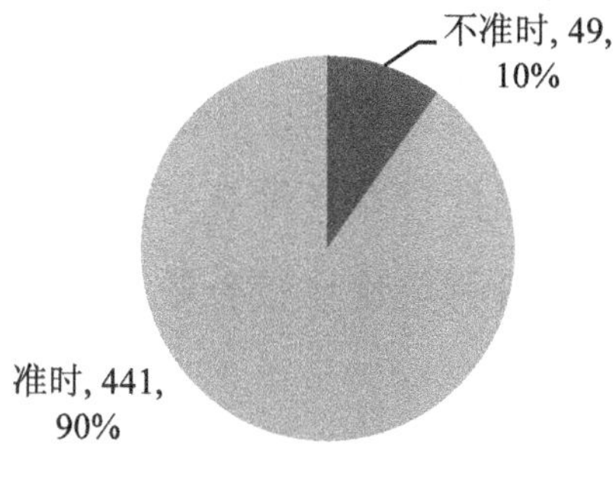

图 3-3　养老金准时发放情况

当问到“您的所有子女是否都必须参保缴费您才能享受”时，大多数老人选择了不是，但仍然有 40%左右的人选择了是，这说明目前的城乡居民社会养老保险存在一定程度的捆绑性，这种捆绑原则可能有利于保险的初步拓展，但是这种带有一定强制性的制度也会带来一些弊端，比如会造成家庭纠纷的增多，当孩子因为各种原因没有缴费，父母不能领取社会养老保险金，这就要被村里人说不孝，没有替老人考虑。同时，老人普遍认为养老金对生活的改善程度处于中等水平，45.1%的人觉得养老金对生活的改善一般，认为改善程度较大和较小的都在 20%左右，而觉得改善程度很大和很小的只有 4.3%和 8%，这说明虽然目前养老金的标准比较低，但是其在老年人养老生活中的作用还是有的(表 3-24)。

表 3-24　养老金对生活改善程度

项目	频数	百分比/%	有效百分比/%	累计百分比/%
1 很小	39	6.4	8.0	8.0
2 较小	109	18.0	22.4	30.5
3 一般	219	36.2	45.1	75.5
4 较大	98	16.2	20.2	95.7
5 很大	21	3.5	4.3	100.0
合计	486	80.3	100.0	

在所有调查的老人中，除了参加城乡居民社会养老保险外，只有 98 人享有其他保险的养老金，说明目前老人的养老选择比较单一，这也更加突出建立完善城乡居民社会养老保险的重要性；另外，在这 98 人中，享受的养老金待遇水平虽然稍高于城乡居民社会养老保险，但总体也是比较低的，处于 500 元以下的达到了半数，养老金种类也比较分散，最多的是老年补贴及低保补贴等(表 3-25)。

表 3-25　是否享有其他养老金

项目	频数	百分比/%	有效百分比/%	累计百分比/%
1 没有	507	83.8	83.8	83.8
2 有	98	16.2	16.2	100.0
合计	605	100.0	100.0	

2) 制度认知和评价

在解决养老经济问题采取的方式上，选择子女赡养的老人最多，其次是参加社会保险和自己储蓄，最后是政府补贴及依靠土地养老等(表 3-26)。同中青年人相比，目前老人的养老观念还是比较传统的，大多数老人认为子女有绝对的义务来赡养自己，特别是在农村，“养儿防老”的观念已深入人心，家庭在养老中所占的地位是不可动摇的，所以更多的老人还是会选择子女赡养；同时，老人的思想比较固化，接受新事物的动力和能力有所欠缺，假如没有子女赡养的话，还是有部分人选择自己储蓄或政府补贴，而少有人会选择商业保险等新事物。最后，选择社会保险的人群也比较多，但是和中青年人相比有一定差距，特别在农村地区。

表 3-26　解决养老经济问题采取的方式

项目	选择	频数	百分比/%	有效百分比/%	累计百分比/%
1 依靠土地收益	否	443	73.2	73.3	73.3
	是	161	26.6	26.7	100.0
2 子女赡养	否	231	38.2	38.2	38.2
	是	374	61.8	61.8	100.0
3 自己储蓄	否	311	51.4	51.5	51.5
	是	293	48.4	48.5	100.0
4 参加社会养老保险	否	281	46.4	46.4	46.4
	是	324	53.6	53.6	100.0
5 购买商业养老保险	否	584	96.5	96.7	96.7
	是	20	3.3	3.3	100.0
6 政府补贴	否	402	66.4	66.4	66.4
	是	203	33.6	33.6	100.0
7 其他	否	595	98.3	98.3	98.3
	是	6	1.0	1.0	99.3

在谈及目前城乡居民社会养老保险的制度运行情况时，老人选择的存在问题从多到少依次为：待遇水平偏低、政府补贴少、服务不到位、缴费方式不合理、制度衔接不到位和其他等(表3-27)。对城乡居保期望最大的是提高养老金待遇(表 3-28)。35%的被访对象对城乡居民社会养老保险制度很满意或比较满意的，所占比例较大。50%的老人对这项制度的满意度一般，还有 13.5%的老人满意度较低或非常低。但总体说来，目前老人对城乡居民社会养老保险的评价整体向好(表 3-29)。

表 3-27　目前城乡居保存在的主要问题

项目	选择	频数	百分比/%	有效百分比/%	累计百分比/%
1 待遇水平偏低	否	137	22.6	22.9	22.9
	是	459	75.9	76.6	99.5
2 缴费方式不合理	否	551	91.1	91.8	91.8
	是	49	8.1	8.2	100.0
3 制度衔接不到位	否	555	91.7	92.7	92.7
	是	44	7.3	7.3	100.0
4 服务不到位	否	470	77.7	78.3	78.3
	是	129	21.3	21.5	99.8
5 政府补贴少	否	299	49.4	49.8	49.8
	是	299	49.4	49.8	99.7
6 其他	否	558	92.2	92.2	93.4
	是	12	2.0	2.0	95.4

表 3-28　对城乡居保的期望和建议

项目	选择	频数	百分比/%	有效百分比/%	累计百分比/%
1 适时提高养老金待遇	否	104	17.2	17.3	17.3
	是	497	82.1	82.7	100.0
2 提高养老保险服务水平	否	369	61.0	61.4	61.4
	是	232	38.3	38.6	100.0
3 政府增加补贴	否	263	43.5	43.8	43.8
	是	338	55.9	56.2	100.0

续表

项目	选择	频数	百分比/%	有效百分比/%	累计百分比/%
4 加强宣传	否	497	82.1	82.7	82.7
	是	104	17.2	17.3	100.0
5 其他	否	572	94.5	94.5	95.2
	是	8	1.3	1.3	96.5

表 3-29　对城乡居保的总体评价

项目	频数	百分比/%	有效百分比/%	累计百分比/%
1 很不满意	16	2.6	2.7	2.8
2 较不满意	64	10.6	10.7	13.5
3 一般	307	50.7	51.3	64.8
4 较满意	185	30.6	30.9	95.7
5 很满意	26	4.3	4.3	100.0
合计	599	99.0	100.0	

三、年度重点工作绩效和案例

2013 年以来，江苏城乡居民社会养老保险的重点工作主要包括完善城乡居保统筹机制，在“全覆盖”的基础上提高居民缴费档次，提升社会保障经办机构的服务品质等方面。

1. 年度重点工作

1) 完善城乡居保统筹机制，在新农保、城居保整合的基础上完善保障机制

2013 年 12 月省政府下发《关于印发江苏省城乡居民社会养老保险办法的通知》，从 2014 年 1 月 1 日起，江苏全面整合新农保和城镇居民养老险两项制度，实行全省统一的城乡居民社会养老保险制度。各地级市为完善城乡居民社会养老保险制度的统筹，进行了一系列创新性工作。以无锡为例，无

锡市居民养老保险制度，体现了“扩大范围、提高待遇、平稳过渡、易于衔接”等创新特点。一是打破身份差别，覆盖城乡居民。将参保范围覆盖到企业职工以外所有居民，对因失业而中断缴纳养老保险费的居民，允许先行参加居民养老保险，条件具备时通过衔接办法再转入基本养老保险。二是居民选档缴费，增加财政补贴。设定了每年 100~1300 元七个缴费档次，各档次差为 200 元，居民可自愿选择缴费档次，政府给予缴费补贴，最低补贴 50 元，每提高一个档次增补 20 元，最高补贴 170 元。对纳入低保范围和重度残疾的居民，由政府全额代缴保费。三是保障待遇统一，体现公平公正。居民养老金统一由基础养老金和个人账户养老金组成，对原享受被征地农民政府保养人员增发补偿性养老金。个人账户养老金取决于缴费多少，多缴多得。四是完善保障机制，确保无缝转接。按照职工基本养老保险优先的原则，明确了居民养老保险与职工养老保险互转机制，充分保障了城乡居民“老有所养”[①]。

2) 在“全覆盖”的基础上提高居民缴费档次，增强城乡居民多缴费、长缴费意识

整合后的城乡居民社会养老保险基金筹集主要由个人缴费、集体补助和政府补贴构成。参保人员按规定缴纳养老保险费。缴费标准设定为每年 100~1200 元 12 个档次，每提高 100 元设立一个缴费档次。一般情况下，市、县人民政府可根据经济发展水平适当增设缴费档次，多缴多得。政府对参保人员缴费给予补贴，多缴多补。选择 100~400 元标准缴费的，补贴标准不低于每人每年 30 元；选择 500~800 元标准缴费的，补贴标准不低于每人每年 40 元；选择 900~1200 元标准缴费的，补贴标准不低于每人每年 50 元，补贴标准限低不限高，有条件的地区可以提高补贴标准。江苏省还规定，有条件的村集体应对参保农民缴费给予补助。鼓励其他经济组织、社会公益组织、

---

① 江苏人力资源和社会保障网. 无锡市统筹城乡居保制度日臻完善，http://www.jshrss.gov.cn/xwzx/jsldbzxx09/xnbgzjb/201303/t20130321_121742.htm.

个人为城乡居民社会保险参保人缴费提供资助。对城乡重度残疾人等缴费困难群体，市、县政府为其代缴部分或全部最低标准的养老保险费。

从新农保和城居保制度试点以来，虽然待遇水平不断提高，但居民对缴费档次的选择大部分停留在低档次，续保率达不到理想水平。2013 年 3 月 20 日，江苏省养老保险工作会议在南京召开。会议指出要围绕“全覆盖”目标抓好扩面征缴，不断提高各类人员特别是低收入群体参保缴费率，探索建立全民参保登记制度，推动实现人群全覆盖。连云港市人社局印发了《连云港市城乡居保“提标扩面”创建实施方案》，在全市开展城乡居保“提标扩面”活动。各县区优先选择经济基础较好的乡镇、村，开展提档增效试点，着力突破难点，解决多数居民选择低档次缴费问题，努力实现人均不低于 300 元以上参保缴费水平，切实扩大基金规模，增强基金支撑能力。在确保政策宣传全覆盖和基础养老金按时足额发放的基础上，通过创建“四个不出村”达标率 100%。实现参保扩面与参保质量同步提升，确保城乡居保制度健康持续发展，促进城乡居保养老待遇水平稳步增长①。

3) 提升社会保障经办机构的服务品质

为了进一步提高经办服务能力，2013 年 9 月，江苏省新农保参保登记、个人缴费、待遇领取、权益查询“四个不出村”经办管理服务进入全面推进阶段。各地级市通过努力打造“城乡居保 e 卡通”服务品牌、倾情打造“四不出村”绿色通道等方式，不断提高社保平台服务品质。

盐城市大丰市高度重视城乡居保基层平台体系建设，制定了《城乡居保便民快捷服务工程实施方案》，努力创建“四个不出村”建设达标率全覆盖、省级经办管理服务示范县、“城乡居保 e 卡通”服务品牌“三项工程”。在全市 215 个村推进“四个不出村”建设，按照达标要求，全部建成便民服务

① 江苏人力资源和社会保障网. 连云港市开展城乡居保提档增效活动，http://www.jshrss.gov.cn/xwzx/jsldbzxx09/xnbgzjb/201303/t20130321_121742.htm.

点，并于 10 月份实现全覆盖。在全市建成 31 个经办管理服务示范村，将镇区人社中心建成示范镇，做到市镇村三级经办平台硬件到位，经费到位，省级大集中信息网络下延和金融服务下移。加强“城乡居保 e 卡通”服务品牌建设，统筹全市各镇区示范点、“四个不出村”便民服务和信息系统建设及社保卡推广应用等，进一步增强经办队伍服务意识，完善服务功能，形成服务品牌①。

南通市如皋市人社局与邮储银行密切配合，努力为城乡居民提供优质便捷服务。邮储银行制定了“四不出村”建设实施方案，由行长总负责，分管行长靠前组织，部门具体分工实施，成立了调研统计、参保开户、工作督导、营销宣传等四个工作小组，形成统一领导、分级负责、上下联动的工作机制。通过新增服务网点、增配服务人员、强化自助机投入等，增强参保居民对“四不出村”业务的认知度。邮储银行还印制了《新农保“四不出村”服务手册》、《小额支付实施细则》、《邮储银行助农服务方案(农保代收付流程)》、《银行卡助农取款服务公约》等，细化了操作流程、注意事项、服务公约、服务电话等内容。设置了 100 台电话转账机，并升级了小额支付、信息显示、凭证打印等功能，从客户刷卡、确认签字、获得现金，整个流程可在 2 分钟内完成，确保了小额支付高效办理。按照风险控制更严谨、操作流程更简捷、业务管理更细致的原则，为服务点配置了验钞机，建立健全服务台账，逐笔核准登记信息，每季度对服务点至少巡检一次，确保了规范操作②。

---

① 江苏人力资源和社会保障网. 大丰市提升便民快捷服务工程努力打造“城乡居保 e 卡通”服务品牌，http://www.jshrss.gov.cn/xwzx/jsldbzxx09/xnbgzjb/201303/t20130321_121742.htm.

② 江苏人力资源和社会保障网. 如皋市倾情打造“四不出村”绿色通道，http://www.jshrss.gov.cn/xwzx/jsldbzxx09/xnbgzjb/201303/t20130321121742.htm.

2. 年度重点工作绩效及案例

1) 多市提前完成缴费任务

截至2013年9月30日，常州溧阳市完成居民养老保险缴费人数120 551人，提前3个月全面完成该市全年参保缴费12万人的目标任务。在实现城乡居民社会养老保险参保率100%的基础上，2013年以来，溧阳市将续保缴费作为全年重点工作，为确保全年目标任务的完成，溧阳市主要采取了以下三项有效措施。

加强组织领导。溧阳市政府对居民养老保险工作高度重视，明确了各镇、相关部门的工作职责，年初以该市政府文件下发居民保险完成目标任务考核办法，做到工作早部署、任务早分解、责任早明确、措施早细化，全市上下思想统一，全力以赴推进。

加强经办服务。通过新闻媒体、网络、户外政策咨询活动等进行全方位的宣传，营造氛围。各镇各村全面实施“四个不出村、三个不出门”经办服务，同时实施“三个送到家”，将政策、服务和真诚送到每个参保居民家中，让他们感受到服务的便民快捷。

加强督查考核。溧阳市政府将这项工作作为民生工作指标列入该市政府对各镇(区)的年度目标考核内容，并切实加大督查力度，及时通报各镇居民社会养老保险完成情况，确保续保缴费工作协调有序进行①。无独有偶，2013年以来，扬州仪征市各镇(办事处)党委、政府高度重视城乡居民养老保险扩面续保工作，加强领导，早谋划，早发动，多措并举扎实推进，不断总结推广典型经验，宣传引路，全民动员，全面完成城乡居民养老保险扩面续保工作。截至8月底，全市共参保续缴6.19万人，收取缴费5757万元，提前完成了

① 常州市人力资源和社会保障局. 溧阳市提前完成全年居民养老保险缴费目标任务，http://www.czhrss.gov.cn/html/czhrss/2013/EOFLIOAD_1008/32586.html.

省、市下达的扩面、续保任务。其中，新增参保 3784 人，完成全年目标任务的 136%；续保 58 515 人，续保率达 95.1%，完成全年续保率达 95%的目标任务[①]。

2) 扩面征缴工作有序进行

为全面完成 2013 年城乡居保扩面征缴任务，实现“首季开门红”，盐城东台市城乡居保经办机构在全市范围内开展了春季城乡居保扩面征缴突击活动，效果明显。截至 2014 年 1 月底，全市新增参保人员 716 人，征收保费 949 万元。在扩面征缴工作中东台市体现了政府工作的有序性，主要体现在以下几个方面。

开展多种形式宣传活动。通过电视台、报纸、网络、镇级广播电台大力宣传城乡居保政策，发放《致广大城乡居民的一封信》，镇劳动保障所租用宣传车、设置咨询台开展专题宣传，村组具体经办人员登门到户面对面讲解城乡居保政策，动员广大适龄人员参保缴费。

落实分解各项目标任务。2013 年 1 月初，经办机构就制定下发了《东台市 2013 年城乡居民社会养老保险和被征地农民社会保障工作要点》，将全年城乡居保新增参保人数、续缴费人数、征收保费、被征地农民参保率、资格认证核查率等指标分解到各镇(区)，各镇(区)迅速召开专题工作会议，将目标任务再分解落实到每一个村(居)，做到责任到村、到组、到人。

面上督查与考核相结合。一方面经办机构成立突击活动领导小组，班子成员、工作人员对全市镇(区)进行分片包干，蹲点突击，工人员每周汇报所分工镇(区)目标任务的完成进度，经办机构每半个月汇总通报各镇(区)目标任务完成情况，造浓赶先进、超先进的氛围；另一方面严格考核，将专项考核经费与各镇(区)的目标任务完成实绩相挂钩，统一标准，量化考核，不打和牌，

① 江苏人力资源和社会保障网. 无锡市统筹城乡居保制度日臻完善，http://www.jshrss.gov.cn/xwzx/jsldbzxx09/xnbgzjb/201303/t20130321_121742.html.

充分调动镇(区)、村(居)提前、超额完成全年目标任务的积极性①。

3) 适当提高养老金待遇

提高养老保障待遇水平是保障和改善民生的重要举措，镇江市根据省人社厅、财政厅文件要求，结合镇江市的实际情况，经市政府同意，上调市区(京口区、润州区、镇江新区、南山管委会)居民养老保险参保人员、退休人员以及市区领取老年居民养老补贴人员的保障待遇标准。

其中居民养老保险退休人员基础养老金具体调整办法为：参加市区居民养老保险并在2012年12月31日前办理退休手续的人员，从2013年1月起，每人每月增加基础养老金(即财政补贴养老金) 20元；参加市区居民养老保险并在2013年1月1日以后办理退休手续的人员，居民养老保险基础养老金在原计发标准上每人每月增加20元，并从办理退休手续的次月起享受。

市区老年居民养老保险基础养老金(即市区老年居民养老补贴)标准具体调整办法为：从2013年1月起，每人每月增加10元，即：年满60岁而未满80岁的，每人每月补贴标准由70元提高到80元；年满80岁以上的，每人每月补贴标准由110元提高到120元②。

南通市自2013年1月1日起，市区城乡居民社会养老保险基础养老金上调，具体标准为：农村户籍居民基础养老金由原来的80元提高到100元，城镇户籍不满15年的居民基础养老金由原来的100元提高至120元，城镇户籍满15年的居民基础养老金由原来的150元提高至180元。市区提高基础养老金所需资金由市、区财政按规定承担③。

2013年初，苏州市人社局联合市财政局、市国土局等有关部门就出台相

① 江苏农保信息. 2013年第2期总第69期，东台市开展春季城乡居保扩面征缴突击活动，http://www.jshrss.gov.cn/xwzx/jsldbzxx09/xnbgzjb/201308/P020130808575079391109.pdf.

② 镇江人力资源和社会保障网. 我市上调居民养老保障待遇标准，http://hrss.zhenjiang.gov.cn/xwzx/ywdt/201304/t20130410_879960.htm.

③ 南通市人力资源和社会保障网. 市区城乡居民基础养老金上调，http://www.jsnt.lss.gov.cn/ecdomain/framework/ntbzj/mgkkhejbjkhpbboclfagmbgleghdoeaa.

关文件，表示从 2013 年 1 月 1 日起，对市区居民养老保险政策、被征地农民生活保障待遇和“三线人员”困难补贴待遇作适当调整。

市区居民社会养老保险政策方面。在 2012 年居民社会养老保险政策全面推进和有效实施的基础上，2013 年进一步提高市区居民基本养老保险的个人缴费、政府补贴、基础养老金和居民一次性丧葬补助金标准。居民基本养老保险个人缴费标准调整为每人每年 1000 元、1400 元、1800 元、2200 元四个档次。政府对参保人员个人缴纳居民基本养老保险费实行的补贴标准调整为：男不满 45 周岁，女不满 40 周岁的，每人每年补贴 200 元；男年满 45 周岁不满 55 周岁，女年满 40 周岁不满 50 周岁的，每人每年补贴 250 元；男年满 55 周岁，女年满 50 周岁的，每人每年补贴 300 元。居民基础养老金标准调整为：参保人员本市市区户籍满 20 年，或居民基本养老保险缴费年限满 15 年的，每人每月 300 元；本市市区户籍不满 20 年且居民基本养老保险缴费年限不足 15 年的，每人每月 170 元。居民养老保险一次性丧葬补助金标准调整为 3600 元。

“三线人员”生活困难补贴标准继续稳步提高。从 2008 年起实施“三线人员”生活困难补贴制度以来，补贴标准稳步提高。2013 年起将继续加以调整，由 200 元提高至 220 元。市区被征地农民丧葬补助费标准也有了较大提升。2013 年起市区按月领取征地保养金待遇的被征地农民丧葬补助费标准由 1500 元调整为 3600 元，费用从被征地农民基本生活保障社会统筹账户中列支[①]。

另外，2013 年 4 月，常州金坛市对城乡居民社会养老保险基础养老金标准进行上调，由原来每人每月 70 元提高至每人每月 80 元，参加城乡居民社会养老保险并缴费年限满 15 年的城乡居民，基础养老金标准由原来每人每月

---

① 苏州人力资源和社会保障网. 2013 年起市区居民社会养老保险政策及部分养老待遇给付标准有所调整，http://www.jsszhrss.gov.cn/szwzweb/html/zxzx/zxdt/19294.shtml.

100 元提高至每人每月 110 元。这是自 2008 年该市实行城乡居民基本养老保险制度以来，第三次上调基础养老金[①]。

扬州市自 2013 年 1 月 1 日起，将全市城乡居民社会养老保险基础养老金最低标准由原来的每人每月 70 元提高至每人每月 80 元。该项政策惠及全市 62 万符合领取基础养老金待遇的城乡居民。2013 年，各级政府预算投入 5.95 亿元用于基础养老金的发放[②]。

4) 政府职能全面优化

2012 年，南通市海安县被省人社厅列为“15 分钟就业社保服务圈”首批试点县。2013 年来，海安县人社局坚持“民生为本，服务优先”工作理念，积极创新服务思路，不断优化经办管理，着力提升服务效能，致力保障改善民生，取得了显著成效。

一是窗口服务更优。对社保经办大厅服务环境进行了优化，设置了咨询导服台、接待洽谈室、自动排队叫号系统、自助服务和宣传发布系统，引入参保查询、打印自助服务模式，参保人员可随时在社保大厅查询、打印个人参保相关信息。

二是群众办事更近。推行城乡居民养老保险持证缴费方式，广大参保人员在全县任一农商行网点都可以续保缴费。推进“社保业务下基层行动”，在全县建立了十大便民服务点，方便参保企业和个人。开通社会保险网上申报系统，用人单位通过互联网可以进行缴费申报。推进城乡居民养老保险经办管理服务“四个不出村”试点，初步做到参保登记、个人缴费、领取待遇、权益查询“四个不出村”。企业退休人员社会化管理全面覆盖城乡，社区管理服务率达 100%。

---

① 常州市人力资源和社会保障网. 金坛市上调城乡居民养老保险基础养老金，http://www.czhrss.gov.cn/html/czhrss/2013/EOFLIOAD_0419/31100.html.

② 扬州市人力资源和社会保障网. 我市提高城乡居民社会养老保险基础养老金最低标准，http://hrss.yangzhou.gov.cn/rsj/gzdt/201303/15a9b6117ae8400ea7cf96c3a6d445ab.shtml.

三是信息联通更畅。金保工程建设不断加强，建立了覆盖城乡、以就业社保为主的一体化应用系统，为城乡居民公共服务提供信息和技术支撑。启动了以社会保障为主要功能的“市民卡”项目，力争 2015 年全面到位。

四是服务体系更全。在全市较早启动村级劳动保障服务平台建设，实现村村有专职劳动保障协理员目标，建立了县、镇、村三级就业社保公共服务体系，两次被市委、市政府表彰为“村级劳动就业社会保障平台建设先进单位”。依托基层平台和专职劳动保障协理员，及时、就近、平等地为城乡居民提供就业创业、社会保障、退休人员社会化管理等方面的服务[①]。在 2013 年 1 月召开的泰州市区城乡居民养老保险工作会议上，泰州市局叶跃华副局长对 2013 年的主要工作提出四点要求。其中重点提出优化经办服务：加强业务培训，不断提高经办队伍整体素质，建立一支管理能力强、专业水平高、服务意识好的经办机构队伍；进一步整合城乡管理服务资源，强化村级和社区劳动保障平台建设，推行城乡居民养老保险“四个不出村”经办服务模式，着力完善“15 分钟社会保障服务圈”功能；强化经办服务信息系统建设，实现城乡居民养老保险个人账户等参保信息的网上查询，为城乡居民提供更加便捷优质的服务；进一步加大基金监管的力度，2013 年努力实现将城乡居民养老保险运用社会保险基金监督系统开展社会保险基金非现场监督[②]。

5) *创新试点服务方式*

2013 年来，常州溧阳市人社部门持续优化城乡居民养老保险经办服务。成立城乡居民养老保险便民快捷服务示范点创建活动领导小组，明确职责、分工、部门、人员。通过“一点、两面、三三制”的建立，为城乡居民提供了更加优质、便捷的社会保障服务：“一点”，以城乡居保便民快捷服务示

① 南通市人力资源和社会保障网. 海安人社局：优化经办管理 提升服务效能，http://www.jsnt.lss.gov.cn/ecdomain/framework/ntbzj/mgkkhejbjkhpbboclfagmbgleghdoeaa.

② 泰州市人力资源和社会保障网. 市局部署今年市区城乡居民养老保险工作，http://www.jsnt.lss.gov.cn/ecdomain/framework/ntbzj/mgkkhejbjkhpbboclfagmbgleghdoeaa .

范点建设为契机；“两面”，以城乡居民参保和养老金领取两个覆盖面实现全覆盖为基础；“三三制”，完善市镇村三级平台功能，制定市、镇、村三级经办服务规范标准，理顺市、镇、村三级管理关系为目标，确保市、镇、村三级平台优质运行。在深化城乡居民养老保险“四个不出村、三个不出门”(参保登记、个人缴费、待遇领取、权益查阅和资格认证不出村，参保登记、银行代缴、权益查询不出门)经办服务的基础上，进一步加强经办队伍建设，努力提升经办管理水平，实行规范化、精细化管理，大力建设城乡居保便民快捷服务一体化系统工程，做到“三个送到家”。一是政策送到家：城乡居民保障政策是一个惠民政策，要求工作人员学习政策、吃透政策，将政策送到老百姓家中，将书面政策转化为老百姓听得懂、能理解的话语，把大道理讲得深入浅出，把小细节讲得明明白白。二是服务送到家：把服务视为与老百姓沟通的桥梁，变被动服务为主动作为，变等老百姓办事为上门为老百姓办事。三是将真诚送到家：老百姓的需求就是社会保障事业发展的需求，要求全体工作人员与老百姓多沟通、多联系，了解老百姓的心声、想法，用满腔的真诚去面对老百姓，为老百姓做好事、做实事[①]。

徐州市市居保中心2013年12月17日举办了城乡居保经办人员业务信息系统培训班，61名县区及部分镇级经办业务人员参加了培训。该次培训特邀省厅信息中心袁瑞红科长、城乡居保信息系统开发公司工程师讲解信息系统新增功能及新老农保如何衔接，并现场解答经办工作中存在的问题。通过该次培训，提高了徐州市城乡居保经办人员的业务能力和经办水平，更好地为广大参保人员服务[②]。

连云港市为促进经办管理服务规范化、标准化和精确化，将《连云港市

① 常州市人力资源和社会保障网. 溧阳市积极推进城乡居民养老保险便民快捷服务，http://www.czhrss.gov.cn/html/czhrss/2013/EOFLIOAD_1227/33522.html.

② 徐州市人力资源和社会保障网. 市居保中心举办全市城乡居保经办人员信息系统培训，http://www.jsxz.lss.gov.cn/news.do?newsid=19037.

城乡居民社会养老保险经办管理服务示范点建设工作方案(试行)》印发给各区，并要求区城乡居民养老保险服务机构结合本地实际认真组织实施，充分发挥城乡居民社会养老保险经办管理服务示范点的导向和激励作用①。

四、城乡居民社会养老保险财政支持可持续性分析

政府的财政补贴机制是城乡居保的最大特色，也是城乡居保的生命力所在。所以，财政支持能力能否可持续是城乡居民养老保险制度可持续发展的关键。本节在预测城乡居保覆盖人口、财政收入及最低标准基础养老金等数据的基础上，通过计算 2015~2050 年省级和地方城乡居保的年补助数额占财政收入的比重，来测算和分析 2015~2050 年江苏城乡居保的财政支持能力。

1. 相关基础数据预测

1) 农村、城镇人口预测

一个地区的人口变动主要受出生、死亡和迁移等因素的影响，在已知期初人口的基础上可以利用人口预测软件进行相应的人口预测。人口预测的假设前提是：①将农村人口作为一个整体来考虑，不针对某一个具体的社会成员；②将时间的流逝、人口的出生、死亡和居民的迁移看成是决定人口变动的全部因素，不考虑其他因素对人口变动的影响；③不考虑跨省跨境人口迁移因素的影响，且假定在预测期内国家的人口政策不会发生大的变化；④假定预测期内社会经济稳定发展，没有发生自然灾害、战争等对人口数量及分布产生重大影响的事件；⑤假定人口迁移中只存在“农村→城镇”的迁移，而不存在“城镇→农村”的逆向人口流动；⑥假定江苏城镇化的进程决定“农村→城镇”人口迁移的速度，即城镇化率的增长能反映“农村→城镇”人口

① 连云港市市人力资源和社会保障网. 关于印发《连云港市城乡居民社会养老保险经办管理服务示范点建设工作方案（试行）》的通知，http://www.lyghrss.gov.cn/html/201307/LJDG20130719155616202l2.html.

迁移的速度。

人口宏观管理与决策信息系统(简称 PADIS)，是国家人口和计划生育委员会目前最大的信息化建设项目，是“国家十五重点建设电子政务项目”。运用该软件，基于起始人口、死亡水平、死亡模式、生育水平、生育模式、出生性别比、迁移水平及迁移模式这些数据，可以对未来时间段的人口状况进行预测。

(1) 农村期初人口数据。

江苏农村期初人口数据来自《2013 年江苏统计年鉴》，根据 2012 年人口变动情况抽样调查样本数据计算得到(表 3-30)。

表 3-30　2012 年江苏农村分性别人口数量　(单位：人)

年龄	男性	女性
0~4	623 345	511 464
5~9	607 570	495 046
10~14	482 686	396 992
15~19	600 416	539 825
20~24	830 720	846 142
25~29	650 564	699 336
30~34	591 251	614 383
35~39	660 984	672 215
40~44	1 037 917	1 085 625
45~49	1 118 626	1 156 827
50~54	719 111	722 136
55~59	1 021 557	1 009 429
60~64	819 819	835 312
65~69	593 011	584 454
70~74	444 330	446 616
75~79	320 344	355 913
80~84	172 828	240 653
85~89	69 267	116 648
90+	22 743	52 709

(2) 死亡水平。

死亡水平即指预期寿命，第六次人口普查编制的全省人口生命表的数据显示：江苏人均预期寿命为 76.63 岁，2010 年全省男性平均预期寿命 74.6 岁，女性 78.81 岁。与 2000 年第五次人口普查时的 74.13 岁相比，近 10 年江苏人口平均预期寿命提高了 2.5 岁。另外，按照江苏“十二五”人口发展规划制定的目标是，到 2015 年，全省居民平均预期寿命要提高到 77 岁。本书对江苏人口预期寿命的预测为：2010~2020 年，每 5 年增加 1.25 岁，2025~2050 年每 5 年增加 0.8 岁。预测如下(表 3-31)。

表 3-31　各年男性、女性预期寿命　(单位：岁)

年份	男性	女性
2015	75.85	80.06
2020	77.1	81.31
2025	78.35	82.56
2030	79.6	83.81
2035	80.4	84.61
2040	81.2	85.41
2045	82	86.21
2050	82.8	87.01

(3) 生育水平。

该部分用育龄妇女总和生育率(TFR)反映生育水平，是指假设妇女按照某一年的年龄区别生育率度过育龄期，平均每个妇女一生所生育的孩子数。育龄妇女总和生育率等于分年龄育龄妇女生育率之和。根据“六普”数据显示，江苏农村地区的总和生育率为 1.27，十一五规划期间，江苏妇女总和生育率保持在 1.3 左右，“十二五”人口发展规划的目标是，育龄妇女的总和生育率保持在 1.5 左右。本书假设“十二五”后，每十年总和生育率上升 0.1。2015~2050 年的生育率预测如表 3-32 所示。

表 3-32　各年总和生育率

年份	TFR
2015	1.5
2020	1.5
2025	1.6
2030	1.6
2035	1.7
2040	1.7
2045	1.8
2050	1.8

(4) 生育模式。

生育模式这里使用“六普”江苏农村地区的分年龄的妇女生育率来表示(表 3-33)。

表 3-33　江苏农村分年龄妇女生育率　(单位：‰)

年龄	生育率	年龄	生育率	年龄	生育率
15	0.17	27	89.09	39	12.84
16	1.51	28	91	40	11.82
17	5.45	29	78.31	41	8.37
18	13.88	30	68.08	42	8.11
19	22.98	31	61.56	43	6.07
20	54.33	32	56.25	44	5.37
21	86.43	33	41.48	45	4.96
22	101.13	34	37.22	46	4.48
23	123.20	35	29.7	47	4.88
24	125.05	36	25.26	48	5.49
25	112.47	37	20.79	49	3.75
26	105.84	38	17.14		

(5) 出生性别比。

出生性别比，是指一个国家(或地区)在某一时期出生人口中男婴与女婴的比例，即每出生 100 个女婴相对应的出生男婴人数。国内外的有关研究认为，在没有人为因素干扰的情况下，出生人口性别比的正常值域是 103~107。2010 年“六普”数据显示，江苏农村出生婴儿性别比为 122.70，与“五普”相比，下降了 0.46。出生婴儿性别比长期偏离正常范围，与地区经济发展水平、政策执行和重男轻女的传统观念有关。本书设定在 2012~2020 年江苏农村出生婴儿性别比为 120，2021~2050 年逐渐回归正常水平，出生性别比设定为 110。

(6) 净迁移率。

净迁移率是指某个地区在一段时间内每一千个居民(时间中段的人数)中移民入境的人数和移民出境人数的差值。正值表示迁入的人多于迁出的人。由于本书人口预测的前提中提到：人口迁移中只存在“农村→城镇”的迁移，而不存在“城镇→农村”的逆向人口流动；并且，假定中国城镇化的进程决定“农村→城镇”人口迁移的速度，所以本书的净迁移率可通过城镇化率计算得到。

美国城市学者诺瑟姆(Ray.M.Northam)1979 年提出了“城市化过程曲线”。经过实证研究，可以把一个国家和地区的城镇人口占总人口比重的变化过程概括为一条稍被拉平的 S 形曲线，即呈现出一条“逻辑斯蒂”曲线。该曲线显示，城镇化发展是一个缓慢、加速、再缓慢的过程。对照江苏城镇化率的变化数据，可以判定江苏目前正处于城镇化的加速阶段。因此，城镇化率与时间之间的关系可用下式表示：

$$y = 1/(1 + ce{-}kt) \tag{1}$$

其中，y 为城镇化率；t 为时间，设 1990 年为 0；c、k 为参数。对(1)式变换后两边取自然对数，可得到

$$\ln(1/y - 1) = \ln c - kt \tag{2}$$

令 $\ln c = a$，$-k = b$，$\ln(1/y - 1) = z$，则(2)式可以转化为

$$z = a + bt$$

选取1990~2012年的城镇化率作为模型拟合的样本数据，利用SPSS17.0软件计算结果为

$$Z = 1.374 - 0.089t$$

$$R_2 = 0.982，F = 1174.143$$

从回归结果可以看出，Z与t之间存在显著的线性关系，该一元线性回归方程拟合程度较好。

城镇化率的时间序列方程式为

$$y = 1/(1+3.95e-0.089t)$$

通过城镇化率计算得到2015~2050年江苏农村人口的净迁出率(表3-34)。

表3-34　各年净迁出率　(单位：%)

年份	净迁出率	年份	净迁出率	年份	净迁出率	年份	净迁出率
2015	1.90	2024	1.24	2033	0.67	2042	0.33
2016	1.83	2025	1.17	2034	0.63	2043	0.31
2017	1.76	2026	1.09	2035	0.58	2044	0.28
2018	1.69	2027	1.03	2036	0.54	2045	0.26
2019	1.61	2028	0.96	2037	0.50	2046	0.24
2020	1.54	2029	0.90	2038	0.46	2047	0.22

(7) 迁移模式。

该处主要指分年龄的净迁出率，本书利用“六普”数据和2012年人口变动情况抽样调查样本数据，估算出分年龄段的净迁移率(表3-35)。

表3-35　年龄段净迁出率　(单位：%)

年龄段	净迁移率
0~14	19.7
15~59	6.6
60+	5.9

(8) 江苏农村人口预测结果。

将以上设定的数据代入到人口宏观管理与决策信息系统软件中，即可预测出 2015~2050 年江苏分年龄的农村人口预测数据(表 3-36)。

表 3-36　江苏农村人口预测结果　(单位：人)

年份	农村总人口	16~59 岁	60 岁以上
2015	22 670 025	13 613 616	5 714 989
2020	22 588 327	12 859 462	6 343 765
2025	22 236 296	12 032 527	7 108 100
2030	21 735 128	10 816 485	8 105 252
2035	21 134 453	10 226 465	8 320 892
2040	20 386 602	9 879 596	7 989 512
2045	19 465 703	9 400 653	7 559 094
2050	18 593 545	8 594 713	7 529 546

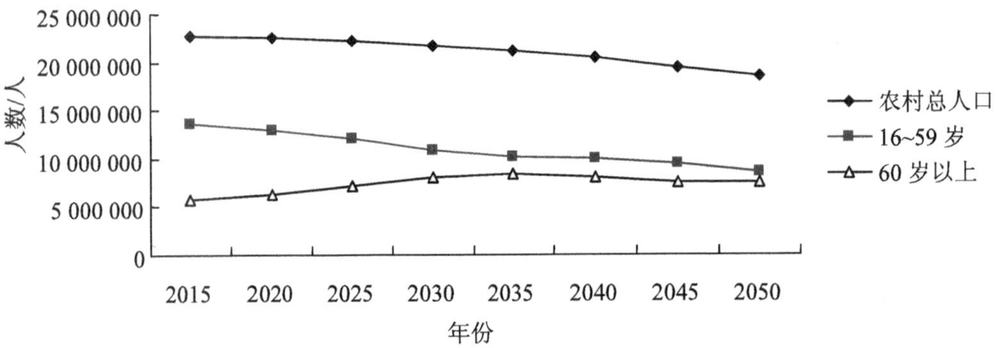

图 3-4　2015~2050 年江苏农村人口年龄结构

从图 3-4 中可以看到，受城镇化、计划生育政策的影响，在未来的几十年中，江苏的农村人口数呈现递减的趋势。从人口的年龄结构来看，16~59 岁的农村人口也呈现出逐年递减的趋势。这意味着，在新农保实现人群全覆盖之后，地方财政的新农保“入口补”(按最低标准 30 元/(人 · 年)计算)将会逐渐减少，地方政府的“人口补”负担将会减轻；但是2015~2035年江苏60岁及以上的农村人口数呈现上升趋势，这表明财政的“出口补”在2015~2035年较多，2035年之后由于老年人口的减少，该负担开始减轻。

(9) 江苏城镇人口预测结果。

城镇人口预测和农村人口预测方法相同，但期初人口和生育模式数据不同，期初城镇人口和生育率见表3-37和表3-38。

表3-37　2012年江苏城镇分性别人口数量　(单位：人)

年龄	男性	女性
0~4	1 359 754	1 115 699
5~9	1 424 020	1 160 286
10~14	1 229 789	1 011 458
15~19	1 686 505	1 516 312
20~24	2 420 789	2 465 730
25~29	2 137 968	2 298 250
30~34	2 324 645	2 415 597
35~39	2 311 450	2 350 723
40~44	2 866 711	2 998 480
45~49	2 587 410	2 675 769
50~54	1 624 752	1 631 586
55~59	1 944 439	1 921 356
60~64	1 501 107	1 529 476
65~69	1 038 579	1 023 594
70~74	768 145	772 097
75~79	547 664	608 473
80~84	295 784	411 862
85~89	116 045	195 424
90+	36 814	85 319

表 3-38　江苏城镇分年龄妇女生育率　　(单位：‰)

年龄	生育率	年龄	生育率	年龄	生育率
15	0.04	27	74.185	39	11.065
16	0.29	28	82.09	40	9.89
17	1.4	29	68.46	41	6.93
18	4.275	30	53.44	42	7.565
19	8.76	31	48.225	43	5.33
20	22.565	32	43.075	44	4.785
21	39.96	33	32.62	45	4.605
22	53.21	34	28.4	46	3.97
23	74.015	35	23.99	47	4.895
24	84.075	36	20.79	48	5.56
25	79.725	37	16.89	49	3.67
26	81.44	38	14.005		

《江苏省城乡居民社会养老保险办法》中对参保对象的规定是：具有本省户籍，年满 16 周岁(不含在校学生)以上、60 周岁以下，未参加企业职工基本养老保险的农村居民和城镇非从业居民。所以，本书依据城镇 16~59 岁人口数及城镇登记失业率来估算符合参保条件的城镇非从业人口。预测结果如表 3-39 所示。

表 3-39　江苏城镇人口预测结果　　(单位：人)

年份	城镇总人口	16~59 岁	非从业人口
2015	57 062 820	38 613 479	1 224 047
2020	58 208 416	37 307 783	1 182 657
2025	58 432 740	35 376 160	1 121 424
2030	58 036 922	32 224 137	1 021 505
2035	57 223 192	30 336 819	961 677
2040	56 076 104	28 282 937	896 569
2045	54 605 720	25 940 712	822 320
2050	52 945 555	23 116 772	732 801

注：城镇登记失业率根据《江苏统计年鉴 2013》中 2010~2012 年的城镇登记失业率数据求得均值，约为 3.17%。

2) 财政收入预测

一般来说，经济发展水平决定财政收入水平，当经济总量增大时，财政收入也会随之增长。由于 GDP 是经济发展的代表性指标，因此，财政收入水平主要由 GDP 来决定。根据 2000~2010 年江苏 GDP 和财政收入数据绘制出 GDP 和财政收入的散点图。通过观察图 3-5 可以发现，江苏 GDP 和财政收入之间基本上存在着线性相关关系。

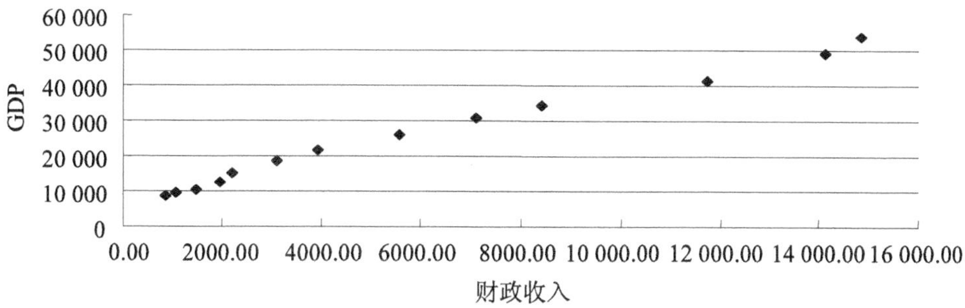

图 3-5　2000~2010 年江苏财政收入与 GDP 的关系(单位：亿元)

对 2000 年以来的 GDP 总量和财政收入水平进行回归，运用 SPSS17.0 软件对二者做一元线性回归分析(财政收入为因变量，用 FISC 表示；GDP 为自变量)。可得到如下结果:

$$\text{FISC} = -2361.686 + 0.322\text{GDP}$$

$$\text{S.E.} = (292.967) \quad (0.010)$$

$$t = (-8.061) \quad (32.504)$$

$$R^2 = 0.989 \quad F = 1056.511$$

据《江苏统计年鉴 2013》中数据显示，2008~2012 年江苏地区生产总值年均增长 11.8%，由此预测出 2015~2050 年 GDP 的数据，经由上述回归方程，得到 2015~2050 年财政收入的数据(表 3-40)。

表 3-40 2015~2050 年财政收入预测 (单位：亿元)

年份	财政收入	年份	财政收入	年份	财政收入	年份	财政收入
2015	21 926.57	2024	63 916.79	2033	178 500.9	2042	491 181.3
2016	24 792.58	2025	71 737.66	2034	199 842.7	2043	549 419.4
2017	27 996.79	2026	80 481.38	2035	223 702.8	2044	614 529.6
2018	31 579.09	2027	90 256.86	2036	250 378.4	2045	687 322.7
2019	35 584.1	2028	101 185.9	2037	280 201.8	2046	768 705.5
2020	40 061.7	2029	113 404.5	2038	313 544.3	2047	859 691.4
2021	45 067.66	2030	127 064.9	2039	350 821.2	2048	961 413.7
2022	50 664.32	2031	142 337.2	2040	392 496.7	2049	1 075 139
2023	56 921.39	2032	159 411.7	2041	439 090	2050	1 202 284

3) 最低基础养老金标准的预测

2009 年底出台的《江苏省新型农村社会养老保险制度实施办法》中规定，基础养老金标准每人每月最低为 60 元。到 2011 年江苏基础养老金标准依然是每人每月最低 60 元，2012 年调整到每人每月 70 元，2013 年《江苏省城乡居民社会养老保险办法》规定，基础养老金标准为每人每月最低 80 元，2014 年基础养老金最低标准调整到每人每月 90 元。从以上趋势可以看出，新农保最低标准基础养老金的调整多是政策性调整，自 2011 年后，每年以 10 元的标准逐步提高(表 3-41)。所以本书对 2015~2050 年新农保最低标准基础养老金的预测按照此规律进行。

表 3-41 各年最低标准基础养老金 (单位：元)

年份	最低标准基础养老金	年份	最低标准基础养老金	年份	最低标准基础养老金	年份	最低标准基础养老金	年份	最低标准基础养老金
2012	70	2021	160	2030	250	2039	340	2048	430
2013	80	2022	170	2031	260	2040	350	2049	440
2014	90	2023	180	2032	270	2041	360	2050	450
2015	100	2024	190	2033	280	2042	370		
2016	110	2025	200	2034	290	2043	380		
2017	120	2026	210	2035	300	2044	390		
2018	130	2027	220	2036	310	2045	400		
2019	140	2028	230	2037	320	2046	410		
2020	150	2029	240	2038	330	2047	420		

2. 江苏省级财政支持能力可持续性分析

城乡居保财政补助预测

社会保障具有公平性的基本原则，建立覆盖全民的社会保障体系，让全体国民普遍享受社会保障是国家发展的目标。本书假定所有年满 16~59 岁符合城乡居保参保条件的城乡居民都参保，并且所有满 60 周岁的城乡居民都领取了最低标准基础养老金。

(1) "进口补"财政补助额(表 3-42)。

表 3-42　各年"进口补"补助额　(单位：亿元)

年份	人均年补助/元	16~59 岁人数/人	年补助额
2015	30	14 837 663	4.45
2020	30	14 042 119	4.21
2025	30	13 153 951	3.95
2030	30	11 837 990	3.55
2035	30	11 188 142	3.36
2040	30	10 776 165	3.23
2045	30	10 222 973	3.07
2050	30	9 327 514	2.8

注：《江苏省城乡居民社会养老保险办法》中规定，"进口补"的人均年补助额是限低不限高的，本文按照最低补助额进行测算。

(2) "出口补"财政补助额(表 3-43)。

表 3-43　各年"出口补"补助额　(单位：亿元)

年份	月补助/元	60 岁以上人数/人	年补助额
2015	100	5 714 989	68.58
2020	150	6 343 765	114.19
2025	200	7 108 100	170.59
2030	250	8 105 252	243.16
2035	300	8 320 892	299.55

续表

年份	月补助/元	60 岁以上人数/人	年补助额
2040	350	7 989 512	335.56
2045	400	7 559 094	362.84
2050	450	7 529 546	406.6

(3) 财政补助总额(表 3-44)。

表 3-44　各年补助额占财政比重

年份	年补助总额/亿元	财政收入/亿元	比重/%
2015	73.03	21 926.57	0.33
2020	118.4	40 061.7	0.30
2025	174.54	71 737.66	0.24
2030	246.71	127 064.86	0.19
2035	302.91	223 702.82	0.14
2040	338.79	392 496.7347	0.09
2045	365.91	687 322.74	0.05
2050	409.4	1 202 284.305	0.03

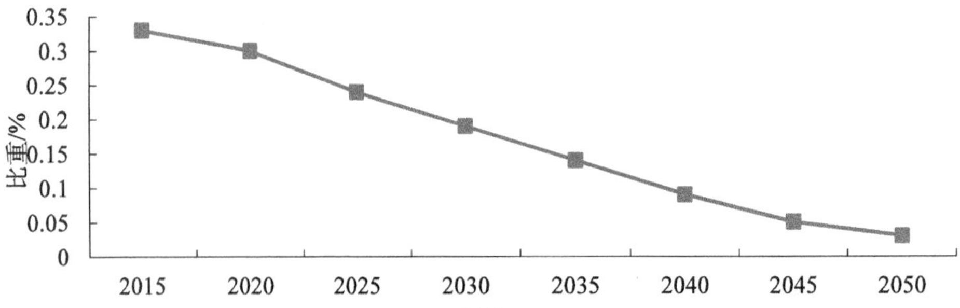

图 3-6　江苏省级城乡居保财政补助额占财政收入比重

从图 3-6 来看，2015~2050 年，江苏省级城乡居保财政补助在财政承受范围之内，并且其占财政收入的比重呈现逐年下降的趋势，财政完全有能力支持城乡居保，进行财政补助。

3. 江苏分区域财政支持可持续性分析

1) 区域人口预测

根据省级城镇、农村人口年龄结构预测数据以及2012年苏南、苏中、苏北占全省的人口比重，对三个区域的人口结构做出测算(表3-45)。

表3-45　区域人口预测结果　(单位：人)

年份	城乡16~59岁人数			城乡60岁以上人数		
	苏南	苏中	苏北	苏南	苏中	苏北
2015	6 185 598	3 071 395	5 580 680	2 382 493	1 183 002	2 149 498
2020	5 853 947	2 906 717	5 281 464	2 644 620	1 313 159	2 385 991
2025	5 483 683	2 722 866	4 947 409	2 963 259	1 471 376	2 673 469
2030	4 935 079	2 450 463	4 452 456	3 378 957	1 677 786	3 048 514
2035	4 664 167	2 315 944	4 208 038	3 468 854	1 722 424	3 129 619
2040	4 492 420	2 230 665	4 053 086	3 330 707	1 653 828	3 004 982
2045	4 261 830	2 116 154	3 845 022	3 151 272	1 564 732	2 843 095
2050	3 888 500	1 930 794	3 508 226	3 138 954	1 558 615	2 831 982

2) 区域城乡居保财政补助额测算

依据《江苏省城乡居民社会养老保险办法》规定，区域财政补助额=区域城乡居保覆盖的16~59岁人数×区域补贴标准+区域城乡居保覆盖的60岁及以上人数×区域基础养老金补贴标准。由于经济发展水平的差异，区域间缴费档次选择也存在差异，苏南地区居民往往选择的缴费档次较高，而苏北地区则较低。《江苏省城乡居民社会养老保险办法》规定“进口补”标准为30~50元/年，缴费档次高的补助标准也相应较高，所以，本书设定苏南、苏中、苏北的“进口补”标准为每人每年 50 元、40 元、30 元。另外，按照《江苏省城乡居民养老保险省财政补助资金管理办法》的规定，省级财政主要补助基础养老金部分，补助标准大致为苏南地区 10 元，苏中地区 20 元，苏北地区 30 元。结合上文对最低标准基础养老金的预测，可以计算出区域“出口补”的标准。

(1) 区域“出口补”标准(表 3-46)。

表 3-46　区域“出口补”标准　(单位：元)

年份	苏南	苏中	苏北
2015	90	80	70
2020	140	130	120
2025	190	180	170
2030	240	230	220
2035	290	280	270
2040	340	330	320
2045	390	380	370
2050	440	430	420

(2) 区域财政补助额(表 3-47)。

表 3-47　区域财政补助额　(单位：亿元)

年份	苏南	苏中	苏北
2015	28.82	12.59	19.73
2020	47.36	21.65	35.94
2025	70.3	32.87	56.02
2030	99.78	47.29	81.82
2035	123.05	58.8	102.66
2040	138.14	66.38	116.61
2045	149.61	72.2	127.39
2050	167.68	81.2	143.78

3) 区域财政支持可持续性测算

(1) 区域财政收入预测(表 3-48)。

表 3-48　区域财政收入　(单位：亿元)

年份	苏南	苏中	苏北
2015	13 835.59	3366.718	4724.257 765
2020	25 278.8	6151.28	8631.619 415
2025	45 266.23	11 014.97	15 456.461 82
2030	80 177.51	19 510.19	27 377.158 71
2035	141 155.7	34 348.48	48 198.593 97
2040	247 664.2	60 265.97	84 566.615 93
2045	433 698.4	105 535.1	148 089.2792
2050	758 637.4	184 604.9	259 041.9386

(2) 区域城乡居保财政补助额占区域财政收入的比重(表 3-49)。

表 3-49　区域财政补助额占区域财政收入比重

年份	苏南/%	苏中/%	苏北/%
2015	0.21	0.37	0.42
2020	0.19	0.35	0.41
2025	0.16	0.3	0.36
2030	0.12	0.24	0.3
2035	0.09	0.17	0.21
2040	0.06	0.11	0.14
2045	0.03	0.07	0.09
2050	0.02	0.04	0.06

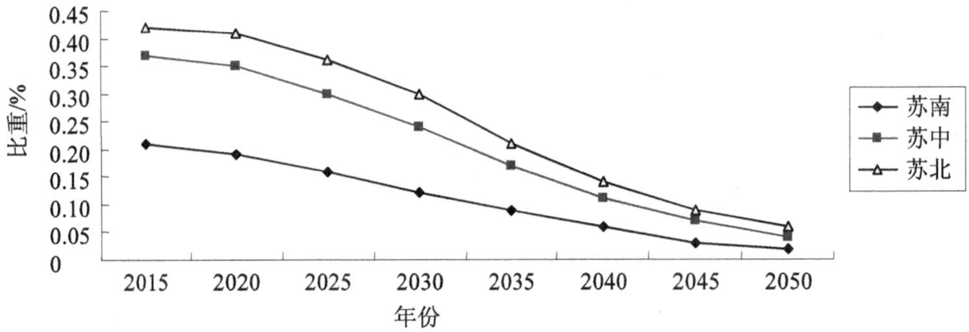

图 3-7　区域城乡居保财政补助额占财政收入的比重

观察图 3-7 可以发现：总体上，2015~2050 年，三个区域城乡居保财政负担都呈递减趋势，而且财政补助占财政收入比重最高时仅为 0.42%，都处于区域的财政负担能力范围之内。从区域比较来看，2015~2050 年，苏北地区的城乡居保财政负担高于苏中及苏南地区，苏南地区财政负担最轻。这主要是因为苏南地区的经济发展水平明显高于苏中、苏北，所以区域财政收入差距较大，财政补助占比相对来看就显得较低。

4. 结论

(1) 总体来看，在未来几十年中，只要江苏经济能够实现持续稳定增长，省级财政和区域财政完全可以负担得起城乡居民社会养老保险的财政补助，江苏省城乡居保的财政支持能力具有可持续性。

(2) 从区域视角来看，苏南地区的城乡居保财政负担明显比苏中、苏北地区轻，苏北地区的城乡居保财政负担最重。虽然省级政府已经考虑到经济发展较为滞后地区的城乡居保财政负担问题，实行了财政转移支付，但是苏北地区的负担差距与苏南相比还是较大，2015~2050 年，苏北地区的财政负担是苏南地区的 2~3 倍，而且呈逐渐扩大的趋势。

五、对 策 建 议

1. 完善基础养老金调整机制，逐年提高养老金待遇

微观调查数据显示，多数人(74%)感觉养老金待遇水平偏低，低保障水平严重影响了中青年人参保积极性，居民“老有所养”的愿望不能实现。《江苏城乡居民社会养老保险办法》中规定：根据国家新农保和城居保基础养老金调整政策和全省经济社会发展以及物价变动等情况，适时调整基础养老金的最低标准。但是在当前实际调整过程中，实行的是政策性调整，基础养老金的提高速度往往滞后于物价的增长速度。

所以城乡居保基础养老金调整系数应充分考虑到经济社会发展情况及物价水平，而不是采用政策性的调整，可以通过考虑农村及城市通货膨胀率、经济增长率的一定比例来确定城乡居保基础养老金的调整系数，每年调整一次，让广大城乡居民共享经济发展成果。

2. 加强养老保险基金监督管理，提高养老保险服务水平

对于城乡居民社会养老保险制度运行而言，机构建设是载体也是平台，通过机构建设，可以让城乡居民社会养老保险制度更好地运行，也可以让城乡参保居民得到更好的养老保险服务。

城乡居民社会养老保险作为社会保障体系重要的一部分，其保障效果应不仅仅停留于制度、政策设计等决策层面，对居民的服务、办公辅助系统的设计、基金的监管等机构建设方面更能实现人文化、透明化的保障效果，从而达到促进政策落实实施、提高养老保险服务水平的目的。

3. 加强对经济发展较为落后区域的财政支持力度

从财政预测的区域视角来看，苏南地区的城乡居保财政负担相比于苏中、苏北，由于较高的经济发展水平而显得很轻，苏北地区的城乡居保财政负担

最重。苏中、苏北的城乡居保财政压力虽然在可承受范围之内，但是毕竟会占用部分财政收入，影响到区域的经济发展速度。

因此江苏省省级财政在进行财政转移支付时，应该继续向苏中、尤其是经济发展较为滞后的苏北地区倾斜，在一定程度上减轻地方财政负担，加快地方经济发展步伐。

4. 落实好激励性的财政补助政策

对 2015~2050 年江苏农村人口年龄结构预测发现，未来几十年中，江苏农村人口数呈现递减的趋势，16~59 岁的农村人口也呈现出逐年递减的趋势，地方财政的城乡居保“入口补”也将会随之逐渐减少，地方政府的“入口补”负担将会减轻。

《江苏城乡居民社会养老保险办法》提出对选择较高档次缴费标准人群要提高最低补助标准；另外，对于连续缴费超过 15 年的城乡居民，每超过 1 年，基础养老金可增发 1%。可见，今后几十年的时间内地方政府完全有财政能力落实好这些激励性的财政补助政策。同时“多缴多得”的补助标准不宜设定的过高，因为选择较高档次的缴费标准的大都是经济收入较高的群体，“多缴多得”补助政策会加大贫富差距。至于连续缴费超过 15 年的城乡居民，每超过一年可以增发基础养老金的“长缴多得”补助政策，鼓励了农民长期参保，不会产生不公平的问题，所以，该激励政策可以着重实施。

第四章　江苏失地农民社会保障发展报告

江苏作为我国最为经济发达的东部省份之一，在工业化和城市化的进程中不可避免的产生了数量众多的失地农民。近年来，省委、省政府以及各地市政府高度重视失地农民的社会保障问题，尤其是2013年9月江苏省政府发布了《江苏省征地补偿与被征地农民社会保障办法》(省政府第93号令)，标志着我省失地农民社会保障事业进入了一个新的阶段。

基于实地调查，本报告分别考察了中青年失地农民和老年失地农民的社会保障现状，并与以往年份进行比较；分析其中存在的问题，介绍典型案例，最后提出相关的政策建议。

一、中青年失地农民社会保障现状

为了准确了解江苏省失地农民社会保障的现状，课题组于2014年7~8月组织了“江苏省失地农民社会保障状况调查”。考虑到省内各地区之间经济发展水平的差异，本次调查在南京、苏州、镇江、南通、扬州、泰州、徐州和盐城八个市进行，分别涵盖了苏南、苏中、苏北地区，样本基本上可以反映全省的情况。

由于中青年失地农民和老年失地农民面临的社会保障问题存在明显的差异，以往各级政府出台的社会保障政策也大都对其分类施保，课题组的调查和研究也将失地农民分为中青年和老年两个群体。中青年是指处于劳动力年龄段的失地农民，即女性16周岁以上至54周岁、男性16周岁以上至59周岁；老年是指达到养老(退休)年龄段的失地农民，即女性55周岁及以上，男性60周岁及以上。其中中青年失地农民养老保障状况调查问卷共发放150份，回收有效问卷 133 份，有效回收率为 88.67%。老年失地农民调查问卷共发放 150 份，回收有效问卷 141 份，有效回收率为 94%。对录入数据的分析显示，调查数据具有较好的信度和效度。本报告对失地农民社会保障现状的分析主要以本次调查为数据来源，部分内容涉及与以往年份的比较分析，以往年份失地农民社会保障情况的数据资料来自《江苏农村社会保障发展报告 2013》[①]第四章。

1. 征地补偿款与生活水平的变化

我国目前的征地补偿以货币形式为主，本次调查的中青年失地农民全部都获得了征地补偿，平均每户获得 49 324 元，人均补偿 12 378 元，而 2013 年江苏城镇居民人均可支配收入和农村居民人均纯收入分别为 32 538 元、13 598 元，相比较而言，失地农民获得征地补偿款不仅大大低于城镇居民一年的可支配收入，甚至还略低于农村居民一年的纯收入，因此征地补偿款的总体水平还是偏低的。我们在调查中询问了失地农民对于征地补偿款的评价(表 4-1)，结果认为“非常低”和“比较低”的比例合计达到了 66%，认为“适中”的占 34%，而没有人认为补偿款高。从调查结果看，江苏省中青年失地农民对于征地补偿的给付水平并不十分满意。此外，与 2013 的调查数据相比，可以发现中青年失地农民对于征地补偿款的评价变化尽管略有提高，但总体变化幅度不大。

表 4-1 对征地补偿款的评价

年份	征地补偿款评价/%			
	非常低	比较低	适中	较高
2013	10.10	61.30	28.40	0.30
2014	13	53	34	0

① 无锡市人力资源和社会保障局：市政府关于印发《无锡市城镇职工基本医疗保险暂行规定》通知，http://lss.wuxi.gov.cn/web101/ggfwdt/cjfw/wyxsshbx/xsylbx/616321.shtml.

由于土地被征用，农民的就业、生活可能都会受到比较大的影响。在调查中，我们请受访者比较了自己在土地被征用前后生活水平的变化，结果显示：8%的中青年失地农民表示“明显下降”，回答“有所下降”的占15%，并且有58%的受访者表示基本不变，占总数的一半以上，而20%的人表示有所提高，没有人表示明显提高。

总体来看，征地对于中青年失地农民的生活水平的影响较小，其中表示生活水平下降(包括“明显下降”和“有所下降”)的比例与“有所提高”的比例大体相当，并且大多数受访者认为征地前后生活水平保持不变。尽管如此，我们也不能忽视在征地后仍有生活水平下降的部分群体，因为在失去土地保障后生活水平的下降不仅影响现在的生活，对未来的养老也是一个不小的挑战(图4-1)。

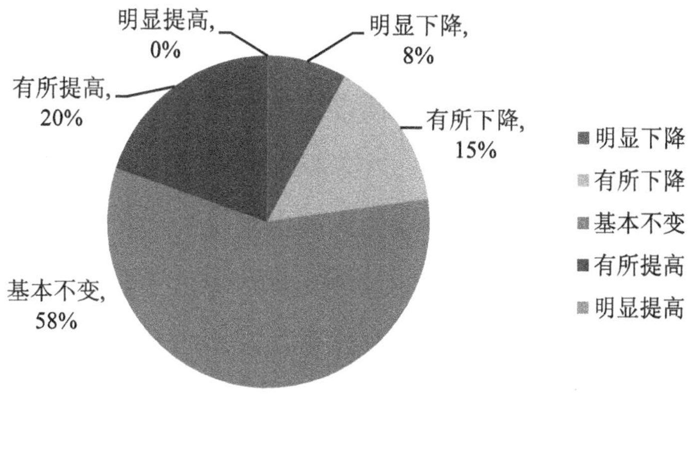

图4-1　征地前后中青年失地农民生活水平的变化

此外，征地补偿款的发放方式对失地农民生活水平的变化也存在着重要影响。现阶段主要有两种发放形式：一种是一次性发放全部征地补偿款；另一种是征地时发放部分补偿款，其余部分由相关机构(例如村集体或社保机构)进行提留分期发放。在多数情况下，征地补偿金是一次性支付的，农民失去土地的同时得到大笔的经济补偿，使生活水平在短期内得到大幅度的提高，但是由于农民理财能力和观念上存在的问题，失地农民在“暴富”后很短时间内就将补偿金挥霍一空使自己陷入贫困的事件屡见不鲜。因此，想要切实保障失地农民征地后生活水平，一方面要提高失地农民的理财意识，更重要的是制定更加完善合理的补偿金发放机制。通过部分补偿、部分提留作为社会保险金分期发放的做法能在一定程度上降低失地农民陷入“贫困”的风险，但是目前这一方式遭遇的阻力也很大，如何进行制度设计需要更深入的探讨和研究。

2. 征地安置方式及其满意度

在成功回收的中青年农民问卷中，获得征地补偿安置的仅占总人数的32%左右。在获得征地补偿安置的中青年农民中，享受就业安置的占 21%，基本生活保障安置的占 37%，平均每月领取保障金 177.9 元，领取金额与去年相比有所增加，折算参加社会养老保险的占 19%。

总体说来，由于目前的征地补偿以货币补偿为主，因此获得保障性安置的中青年失地农民比例过小。而在少数享受保障性安置的中青年失地农民中，享受就业安置和折算参加养老保险的比例也未过半，无疑给其未来的养老问题带来一定的隐患。此外，享受保障性安置的中青年失地农民对于征地补偿安置的总体评价并不高，具体表现为很不满意的占 11%，不满意的占 31%，一般的占 53%，满意的仅占 5%。

就我国目前的情况来看，对于失地农民的征地补偿安置方式有货币安置、留地安置、入股安置、就业安置等等，表 4-2 列举了其中的主要方式及其优缺点。但是通过江苏的调查发现，除了货币安置以外，失地农民获得其他安置的比例并不高，满意度也不尽如人意。而且，在本次调查的苏北的一些地区，征地补偿仅限于货币补偿，并不提供其他形式的保障性措施，这无疑损害了农民的利益。尤其对于在家务农，对土地依赖程度较高的农民来说，土地是其收入的主要来源，征地后仅给予货币补偿，一方面是在考验农民自身的理财能力，另一方面剥夺了其家庭持续获得收入的途径。对于人力资本较低的中青年农民，不给予充分的就业保障就将其置于竞争的市场之中，是十分不科学的，严重影响到了失地农民的生存。

表 4-2　征地补偿的主要方式及其比较

安置方式	内容	优点	缺点
货币安置	一次性付清征地补偿费用，包括土地补偿费、安置补助费以及地方附着物和青苗补助费	操作简单易行	难以解决失地农民长远生活之计
留地安置	留出一定面积土地给失地农民，帮助其生活发展	能够长久享受土地增值收益	只有人均耕地比较多的地方才能实行
入股安置	以补偿安置费为股本金投资发展，并参与利润分配	收益比较高	风险比较大
就业安置	推荐失地农民当地就业	获得工资保障	失业风险仍然存在
住房安置	统一规划，为失地农民提供住宅	解决失地农民的居住问题	其他方面难以保障
移民安置	当地确实无法安置的情况下，由政府统一组织安排迁移到环境容量许可的地区	缓解原住地的生产生活条件，也为移民找到更适合的生存空间	迁移后生产资源往往比较缺乏
社保安置	进入社会保障体系，按月领取保障金	长久解决失地农民生活保障	一般仅限于养老保险，全面推行需要资金量大

3. 养老意识和养老意愿

在本次调查的中青年失地农民中，参加不同形式的社会养老保险的占总数的约 57.89%，仍有接近四成的中青年失地农民没有任何养老保险。这说明中青年失地农民参与社会养老保险的意识依然非常淡薄。在失去土地保障的前提下，这无疑对中青年失地农民未来的养老问题造成了明显的隐患。与此形成鲜明对照的是，有约 66%的受访者表示失地农民在未来最需要养老保险。因此，各级地方政府显然应该为更多的失地农民参加养老保险创造更好的条件。

在被问及失去土地后对未来养老问题的担心程度时，有 10%的中青年失地农民表示“非常担心”，另有 31%的受访者表示“有些担心”，而回答表示“不太担心”和“完全不担心”的比例分别为 45%和 8%。这表明在失去土地的情况下，有相当比例的中青年失地农民(41%)对于未来的养老问题还是缺乏足够信心的，所以无论是政府层面还是失地农民自身对此问题都应该做到未雨绸缪。

在《江苏农村社会保障发展报告 2013》中，课题组也调查了同样的问题。与去年的数据相比：今年的调查中表示“非常担心”和“有点担心”的青年失地农民比例减少，“不太担心”的青年失地农民比例增加，说明随着江苏省的经济发展和失地农民社会保障工作的推进，中青年失地农民对于未来养老的担心程度有所降低(图 4-2)。

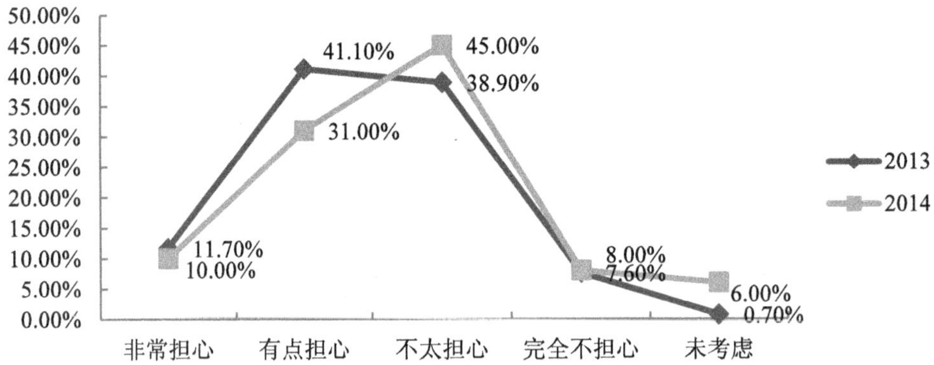

图 4-2 中青年失地农民对养老问题的担心程度

在对于未来养老安排的问题，40%的中青年失地农民表示依靠个人储蓄，35%的受访者表示依靠社会保险，表示依靠子女赡养的比例达到 24%，而仅有 1%的受访者希望依靠商业保险。从数据上来看，对于中青年失地农民而言，自我储蓄和参加社会保险是未来养老的主要支柱。“养儿防老”的比例仅占 24%，这说明随着经济社会的发展，传统的养老观念正在逐步转变。

在中青年失地农民最担心的问题中，物价上涨成为中青年失地农民最关心的问题，其次是就业与养老。结合以上数据，我们发现在中青年失地农民普遍以自我储蓄和社会保险作为未来养老的主要方式的情况下，现实中物价水平的不断攀升以及就业难度的越来越大，也给中青年失地农民未来的养老造成了很大的负担和隐患。

4. 就业保障

中青年失地农民与老年失地农民最主要的差异就是面临着就业问题。在本次调查中，处于失业状态的中青年农民比例并不高，仅为 5%，与去年的数据相比出现了明显的下降；65%的受访者正在从事各种非农就业，包括受雇于人(打工)和自我雇佣(做生意)；而在家务农和做家务的仅占 3%和 11%。在收入方面，被调查失地农民家庭的年人均收入为 20 933 元，约为当年江苏省城镇居民人均可支配收入的 64.33%。在个人层面，中青年失地农民每月平均收入约为 3166 元，主要以工资性收入为主，约占总收入的 81%。以上情况说明：在目前的情况下，非农就业，尤其是受雇于人(打工)已经成为中青年失地农民谋生的主要方式，工资性收入也相应成为其最主要的收入来源。因此，在失去土地的情况下，如何积极促进失地农民顺利转移到非农就业领域，是直接关系到中青年失地农民们生计的核心问题(图 4-3)。

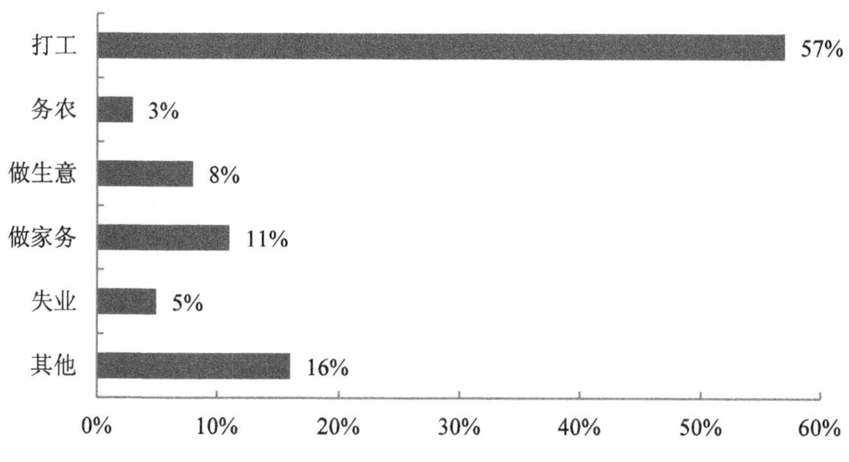

图 4-3　中青年失地农民的就业现状

为了进一步分析中青年失地农民就业的影响因素，我们将其就业现状分为两类：一类是从事非农就业(包括打工和做生意)，并赋值为 1；另一类归为其他(包括失业、务农、做家务和其他)，则赋值为 0。以上因变量是一个二分选择变量，在计量经济学中一般使用概率单位模型(Probit)对这种情况进行处理。在此也使用 Probit 模型对影响失地农民从事非农就业的主要因素进行计量检验。

根据劳动经济学的基本理论，劳动者的就业状况主要取决于自身的劳动能力和劳动供给意愿。前者主要由个人的人口学特征和人力资本状况所决定；后者主要受到非劳动收入等因素的影响，而具体到失地农民这一特殊群体，非劳动收入主要表现为征地补偿金以及相关的政府补贴。本书主要从以下四个方面选择影响失地农民从事非农就业的主要因素。

第一，人口学特征，包括性别和年龄。一般认为男性在劳动力市场中处于优势地位，因此失地后较为容易找到工作。而失地农民一般属于简单劳动力，因此劳动能力将随着年龄的增长而下降，顺利转移到非农就业领域的可能性相应下降，而再从事家务劳动、务农的可能性较大。

第二，人力资本状况，包括受教育程度和职业技能水平。经济理论认为，人力资本是劳动者市场竞争力的决定性因素，在人力资本方面具有优势的失地农民，土地被征用以后从事各种非农就业的可能性相对较大，务农、失业和从事家务劳动的可能性较小。

第三，非劳动收入，主要是指征地补偿金。根据劳动供给理论，非劳动收入的获得将降低劳动者搜寻工作的努力，从而增加失业的可能性并延长失业时间。结合失地农民的具体情况，他们所获得的非劳动收入主要是征地补偿金，因此我们将征地补偿金的数额纳入 Probit 模型。

第四，家庭因素，包括60岁以上老人、小孩数量。在我国普遍存在的家庭结构中，成年子女往往负担着抚养小孩和赡养父母的重任。因此家庭中的孩子和老人数量在一定程度上也可能会影响失地农民的就业选择。

表 4-3　中青年失地农民就业选择影响因素的估计结果

项目	系数	标准误
性别(女)		
男	0.5916***	0.2266
年龄	0.0247***	0.0089
教育水平	−0.1279	0.0986
职业技能水平	0.3134**	0.1309
征地补偿金的对数	−0.3193**	0.0765
孩子数	−0.2948*	0.1761
60 岁以上老人数	−0.0341	0.1312
家庭人口数	−0.1731	0.1002
log likelihood	−72.56	
Prob > chi2	0.0004	
Pseudo R2	0.1363	

注：括号内为参照组，***、**和*分别表示在 1%、5%和 10%水平上统计显著。

以上 Probit 模型的估计结果详见表 4-3。从中可以发现，性别、年龄、职业技能水平、孩子数和家庭总收入对中青年失地农民的就业状况具有较为显著的影响。

首先，人口学特征对中青年失地农民就业类型的选择有显著的影响。相对于女性来说，男性更有可能从事非农就业，正如上文因素选择时所说，男性在劳动力市场上具有优势地位，失地农民得到的多为劳动强度较大的体力劳动，女性在这类工作上并没有优势。另一方面，由于“男主外女主内”的传统思想的影响，农村中青年女性失地之后大多从事家务劳动。从年龄上来看，年龄越大越偏向于选择非农就业，这似乎与常识不符，但是考虑到本次调查的人群为中青年失地农民，大多处于所谓的劳动力的“黄金年龄”。年纪较大意味着更加丰富的工作经验，因此更有可能从事非农就业。

其次，人力资本水平对中青年失地农民选择非农就业有着积极的影响。表 4-3 显示，职业技能水平越高，中青年失地农民有可能选择非农就业。技能水平越高意味着在非农劳动力市场中具有较强的竞争力，在土地被征用以后更容易找到工作，工资水平往往也相应越高。因此，职业技能水平较高的中青年失地农民更愿意，也更有能力从事非农就业。

最后，征地补偿金和家庭因素对中青年失地农民就业类型的选择也有一定的影响。表 4-3 显示，征地补偿金与失地农民实现非农就业之间存在着显著的负相关关系，这与经典的劳动供给理论是一致的，说明非劳动收入的提高降低了劳动者就业的激励。而家庭因素对中青年失地农民就业类型的影响具体表现为孩子的数量。家庭中孩子数越多，中青年失地农民越不倾向于选择非农就业，因为当家庭中有小孩需要抚养的时候，父母外出打工的意愿则会遭到削弱。

现阶段，中青年失地农民就业还存在着很多的问题，主要有就业渠道狭窄、质量不高；收入缺乏稳定性，部分失地农民在市场引导和政府扶持下实现了就业，但绝大多数也是从事脏、累、苦、险和低收入的产业以及拾遗补缺性质的生活服务业等城里人不愿干而退出的工作；以非正规就业为主，工资水平低且就业的稳定性差。另一方面，中青年失地农民在人力资本上存在着一定的缺陷，掌握的技能水平能否完成从农民到打工者的转变仍是一个值得研究的问题，在被迫从第一产业转移到二、三产业的过程中，离不开政府的帮扶和投入。

二、老年失地农民的社会保障现状

与中青年相比，老年失地农民不存在就业问题。但由于年龄的原因，他们对社会保障尤其是养老保障更为关心，也更为敏感。

1. 征地补偿款

在被调查的老年失地农民中，几乎全部(97%)都获得过征地补偿，平均每户获得了 44 320 元，略低于本次调查中的中青年失地农民样本。对补偿款的评价，13%认为非常低，41%认为比较低，44%认为适中，2%认为高。相比较而言，老年失地农民对于征地补偿款的评价明显高于中青年失地农民。分析其中的原因可能在于，老年农民本身的消费需求一般较低，而且不像中青年那样还面临着抚养子女、赡养老人等家庭负担。

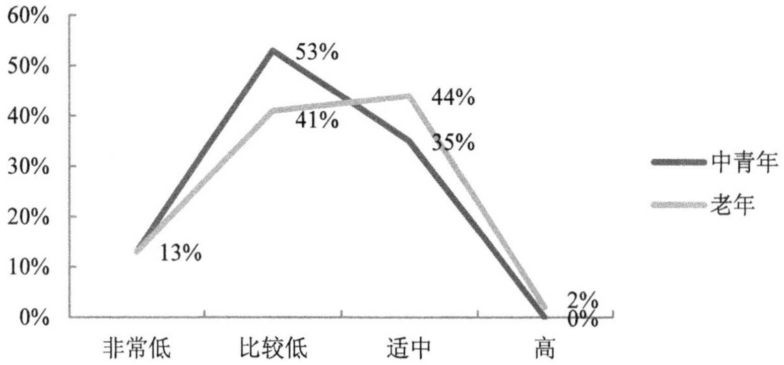

图 4-4　老年和中青年失地农民对征地补偿的评价

2. 征地安置

在参与调查的老年失地农民中，仅约 22%获得了征地后的保障性安置。其中获得基本生活保障的占 70%，平均领取基本生活保障 319.6 元，折算参加养老保险的有 20% (图 4-5)。

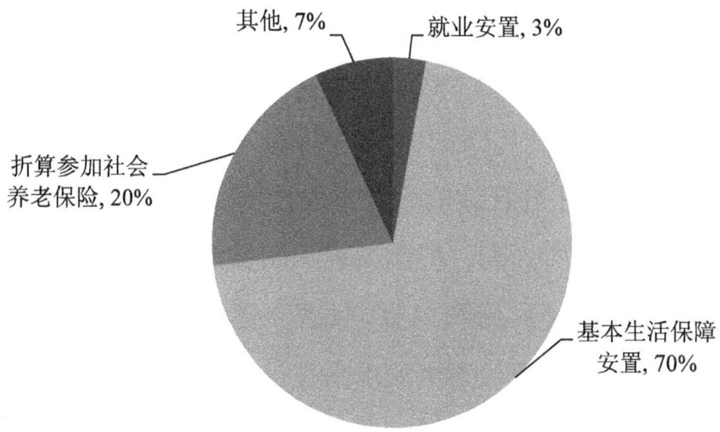

图 4-5　老年失地农民获得的主要征地安置

从对征地安置的满意度来看，7%的老年失地农民表示“很不满意”，回答“不满意”的受访者比例达到 32%，表示“一般”的老年失地农民占 52%，仅有 9%的受访者表示满意。仅从数据上来看，回答“很不满意”和“不满意”老年失地农民占 39%，总体上满意度还是偏低的(图 4-6)。

在 2013 年的调查中，回答“很不满意”、“不满意”、“一般”和“满意”的老年失地农民分别为 6.44%、33.91%、52.79%和 7%，比较 2014 年的数据可以发现老年失地农民对征地安置的满意度较为稳定。

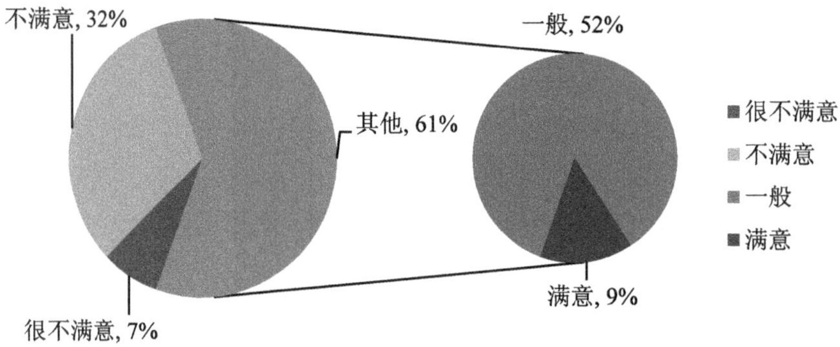

图 4-6　老年失地农民的征地安置满意度

3. 养老保障

与中青年不同，老年失地农民已经处于退休年龄，因此面临着现实的养老问题。图 4-7 显示了老年失地农民征地前后生活水平的变化。结果显示：10%的老年失地农民认为征地以后生活水平明显下降，13%表示有所下降，46%的受访者认为生活水平在征地前后基本保持不变。此外，还有 31%老年失地农民认为生活水平有所提高，但无人表示明显提高。与中青年失地农民相比，认为征地以后生活水平下降(包括“明显下降”和“有所下降”)的比例基本相等，但老年失地农民中认为生活水平在征地以后有所提高的比例比中青年高出 11 个百分点。因此可以认为，土地征用对老年失地农民生活水平的负面影响相对较小。

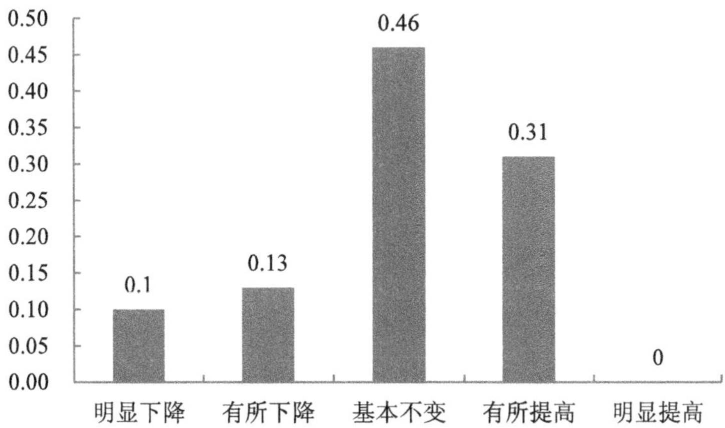

图 4-7　老年失地农民征地前后生活水平的变化

老年失地农民对征地以后生活水平的评价在很大程度上代表了这一群体的养老水平，以下对其中的影响因素进行更加细致的分析。

本次调查中，老年失地农民对生活水平变化的评价可以分为四类：明显下降、有所下降、基本不变、有所提高。在这四类状态之间有严格的排序关系，针对这种情况可以使用针对有序变量的 logit 回归(ordered logit)来估计各种因素如何影响老年失地农民对征地后生活水平的评价。

生活水平所涵盖的内容是多方面的，因此经济、物质，外界环境等因素都会对生活水平的评价产生重要影响。因此，选择了以下因变量进行分析：

第一，个人特征和人力资本水平，包括性别和受教育程度。人力资本在很大程度上影响了个人和家庭的收入，尤其是受教育程度方面具有优势的老年失地农民，与土地的关系往往不那么密切，更加容易适应土地被征用以后的非农生活，因此对征地后的生活评价可能更高。

第二，被征用土地的用途。在本次调查中 被征用土地的用途分为基础设施建设、经济开发区建设、房地产开发和其他等四类。我们认为不同的征地用途可能会导致周边的老年失地农民产生不同的生活水平变化的评价。

第三，非劳动收入及其评价。包括每亩征地补偿金、总征地补偿金以及对征地补偿金的评价。经济是生活的基础，对失地农民的经济补偿构成了其生活的很大一部分，考虑补偿金对老年失地农民生活水平变化的评价是很有必要的，另一方面，仅仅考虑绝对的经济补偿数额有时并不能完全解释变量的变化，对于经济补偿的满意度反映了在当时当地经济补偿的相对状况，也是相当重要的一个指标。

第四，家庭人口及其收入。包括家庭人口总数和 2013 年度的家庭总收入。基于我国现阶段家庭结构的考虑，家庭人口数在一定程度上反映了该家庭的生活和抚养负担，而收入作为家庭重要的经济变量对于生活水平有很大的影响。

表 4-4 老年失地农民养老现状评价的影响因素估计结果

项目	系数	标准误
性别(女)		
男	−0.1898	0.2946
文化程度	−0.1391	0.1887
征地数量	−0.0221	0.0252
征地用途(其他)		
基础设施建设	2.1021***	0.4872
经济开发区	1.6312***	0.4910
房地产开发	2.0981***	0.6341
大学城	1.3572	1.0262
每亩补偿款的对数	−0.2058**	0.0880
征地补偿款的对数	−0.2389**	0.1056
家庭人口数	−0.1651*	0.0991
2013 年家庭总收入的对数	0.0600	0.1556
征地补偿评价(非常低)		
比较低	1.3921***	0.5080
适中	2.3962***	0.5211
比较高	2.7851**	1.4062
log likelihood	−163.004	
Prob > chi2	0.0012	
Pseudo R2	0.0311	

注：括号内为参照组，***、**和*分别表示在 1%、5%和 10%水平上统计显著。

以上模型的估计结果详见表4-4，从中可以发现，每亩征地补偿的价格、征地用途以及对于征地补偿款的评价显著影响了老年失地农民的生活水平。

首先，每亩征地补偿价格和征地补偿款的影响。每亩补偿款和总补偿款越高，老年失地农民对生活水平变化的评价越低。这看似与常识不符，但是结合江苏省的失地补偿政策来看，苏北地区的补偿单价较高，但是失地农民不再享受其他的征地补偿安置，因此，仅仅是单价较高并不能完全等同于生活水平的提高。这也为后续的征地补偿工作提出了警醒，仅仅是经济上的补偿并不能完全满足失地农民对未来生活的安排，对于失地农民应该进行全方位的保障，保障类型切忌单一。

其次，征地用途的影响。相对于其他用途的征地，问卷中所涵盖的征地用途类型都与老年失地农民对征地后生活水平变化呈正相关。综合看来，问卷中的征地用途大多方便了当地农民的生活，教育和经济的发展也为当地农民带来了效益，提供了就业的机会。比如经济开发区的建立，不仅可以为当地政府带来更多的税收，另一方面，也在一定程度上解决了失地农民的就业问题。基础设施的建设也提高了当地居民生活的便利性，丰富了当地农民生活。

最后，征地补偿款评价的影响。从数据看来，征地补偿款评价越好，老年失地农民对于征地后生活水平变化的评价也就越好。也就是说，在失去土地保障的情况下，政府给予的保障越充分，失地农民对于征地补偿的满意度越高，老年失地农民对于征地后生活水平变化的评价也就越高。

每亩征地补偿款对于老年失地农民征地后生活水平变化超出预期结果的现象更加说明了对于老年失地农民的保障类型不能仅限于经济上的补偿，要从宏观角度出发，切实考虑到老年失地农民生产生活的需要，制定完善的征地补偿机制，全方位地保障老年失地农民的利益。

此外，我们在问卷中设置了“您的月收入能否维持您基本的老年生活”的题目。从回答的情况来看，85%的老年失地农民表示目前的收入基本上或者完全可以维持基本的老年生活，但仍有 15%左右的受访者表示目前基本生活难以为继。对于“目前主要收入来源”的问题，仅有 28%的人表示养老保险是其主要收入来源之一，说明老年失地农民享受养老保险待遇的比例和享受的待遇水平依然很低。

由此我们认为，在失去土地保障的同时，社会养老保险并未及时进行补充，这给老年失地农民的未来生活造成了极大的隐患，使老年失地农民的养老问题变得更加严重。

在老年失地农民最关心的问题上，养老问题成为其最关心的问题，其次是物价和医疗。不难看出，对于老年失地农民来说，养老和医疗已经成为他们生活的重要部分，在物价不断上涨的环境下，老年失地农民与中青年失地农民相比，不仅失去了土地保障，大多也失去了获得劳动报酬的能力，因此他们的养老问题更加突出和严峻。

4. 医疗保障

医疗保障是社会保障的重要组成部分，尤其对于老年失地农民而言。前一部分的研究已经显示，医疗问题是老年失地农民最关心的三个问题之一。因此本课题组调查了老年失地农民参加医疗保险的情况及其对医疗保障的满意情况。

表 4-5 显示，老年失地农民参加医疗保险的情况总体较好，仅有 7.09%的受访者没有参加任何形式的医疗保险，上述情况得益于以往江苏省新型农村合作医疗制度的顺利实施与良好覆盖，有 82.98%的老年失地农民均参加了新型农村合作医疗，而参加城镇职工医疗保险、城镇居民医疗保险等其他形式医疗保险的比例相对较低。尽管老年失地农民参加医疗保险的比例相对较高，但表 4-5 同样显示，老年失地农民对医疗保障的满意度并不高，大部分老年失地农民认为目前的医疗保障情况“一般”，有 17.73%的受访者表示满意，而回答“很不满意”和“不满意”的比例接近四分之一，这意味着老年

失地农民的医疗保障工作仍然存在着比较大的提升空间。

表 4-5　老年失地农民参加医疗保险的情况以及医疗保障满意度

参加的医疗保险	比例/%	医疗保障满意度	比例/%
新型农村合作医疗	82.98	很不满意	1.42
城镇职工医疗保险	3.55	不满意	22.70
城镇居民医疗保险	11.35	一般	58.16
商业医疗保险	2.84	满意	17.73
其他	1.42	很满意	0
没有参加任何医疗保险	7.09		

注：部分失地农民参加了一种以上医疗保险，因此表中参加医疗保险的累计比例超过 100%。

三、失地农民社会保障的典型案例

1. 失地农民养老保险的“句容模式”

句容市是一个农业大县。随着“同城同建，打造南京副城”战略的提出和融入南京五大经济板块的推进，句容市城镇化建设步入快车道，大量的农村劳动力从务农中解放出来。据不完全统计，句容市现有人口 60 万人，被征地农民就达 10 万人。随着城镇化进程推进，这个群体还将继续扩大。经过近年来不断探索和创新，形成了一套具有句容特色的失地农民就业和社会保障和谐之路。其中失地农民养老保险工作还走在了全省前列，被省人社厅确定为被征地农民社会保障示范市。

句容市实施被征地农民参加社会养老保险工作谋划较早。2011 年 6 月，句容市第十一次党代会郑重承诺实施被征地农民参加社会养老保险工作。2012 年 3 月的句容市第十五届人代会上，市政府把被征地农民参加社会养老保险作为首件为民实事工程，下定决心，从根本上解决被征地农民的养老保障问题。在 2011 年下蜀镇试点成功的基础上，2012 年举全市财力，投入 20 亿元，全面实施 2004~2011 年度被征地农民参加社会养老保险，2013 年又投入 4 个亿，将 2004 年以前被征地农民纳入社会养老保险。市委、市政府在研判形势的基础上，先后专门制定《句容市被征地农民参加社会养老保险的意见》及相关配套政策和《关于实施 2004 年前被征地农民参加社会养老保险工作的通知》。目前，各项工作已经全面完成，彻底解决了被征地农民社会保障的历史遗留问题，被征地农民参加社会养老保险工作进入“即征即保”阶段。总的来看，句容市的经验主要有以下三点。

第一，成立专业化工作队伍，强化组织领导。句容市在全国开创性的设立了“被征地农民参加社会养老保险工作领导办公室”(简称“征保办”)，征保办的成员不仅来自人社局，还包括了国土局、财政局、公安局、宣传部、信访局、纪委等部门。市委书记统筹领导，多部门共同参与，征保办的地位和办事效率大大提高。此外，句容市、镇、村三级组建了 200 多个工作组，1500 余人参加该项工作。建立了周工作例会制、进度汇总日通报制、政策指导小组长审核把关制、分片包干制、政策发言人制、进度日报表制、工作日跟踪制等许多工作制度，全市各地在实际工作中创新出了早中晚各 3 个小时上门入户的“三三三”工作法，请老干部、老党员、老教师出山的“三老”工作法等一大批创造性的工作方法。

第二，提供政策优惠，加大财政补贴。被征地农民参加社会养老保险的标准，句容坚持与苏南其他地区同等，不打一点折扣。据调查统计，2004~2013 年年底，句容全市被征地农民涉及近 10 万人。句容市委、市政府专门制定了被征地农民参加社会养老保险的意见及相关配套政策，决定在已经给予征地补偿的前提下，政府按缴费总额的 40%给予补贴，个人按缴费总额的 60%进行补缴。根据《社会保险法》等有关规定，对 16 周岁以下未成年年龄段人员发给一次性生活补助费，对男年满 16 周岁不满 60 周岁、女年满 16 周岁不满 55 周岁的劳动年龄段人员纳入企业职工基本养老保险，对男年满 60 周岁、女年满 55 周岁的养老年龄段人员纳入城乡居民社会养老保险，达到 60 周岁时直接发放养老金，政府共需投入保障资金约 20 亿元。

第三，分期实施，涵盖所有征地时期。从试点到结束，历时一年，圆满完成了句容市列为第一阶段的2004~2011年期间5万余被征地农民参加企业职工养老保险和城乡居民养老保险。2013年开始，句容市继续实施第二阶段即2004年之前的被征地农民参加社会养老保险工作，市财政投入4亿元，按照第一阶段的同等标准，对符合条件的对象给予财政补贴。

2013年12月10日，国家人社部派员专程赶赴句容，对该市被征地农民社会保障试点项目情况进行评估调研。国家人社部农保司认为，“句容模式”平稳地处理了征地拆迁的历史遗留问题，最大特点在于“可复制性”，为规范全国被征地农民社会保障工作提供了宝贵经验。

2. 苏州吴中区失地农民置换城镇养老保险的探索①

被征地农民置换“城镇养老保险”，是提高被征地农民养老保障待遇，完善城乡一体社会保障体系的重要举措。苏州市吴中区的被征地农民置换城保工作自2004年10月起步，至今已跨过了十年。近年来出台了《苏州市吴中区进一步完善已被征地农民社会保障试行办法》及《苏州市吴中区征地补偿和被征地农民基本生活保障实施细则》，将被征地农民全部纳入“城镇养老保险”的范围。

第一，政策制度优。先后出台了吴委发[2004]81号、吴政发[2005]48号、吴委发[2009]39 号等文件，实行征地补偿账户换算、缴费补贴等措施，制定完善了被征地农民置换城保制度。在出台农置城政策时，充分向大龄人员等特殊困难群体倾斜。全部被征地人员置换城保时，剩余劳动力个人承担50%，保养人员个人只需承担29%。对丧失或基本丧失劳动能力的残疾人，在置换城保时个人缴费部分自己只承担20%，其余由区镇两级财政负担。此外，被征地农民、部分被征地农民(含纯渔民等)、权证换保障人员置换城保后，其一

① 根据吴中区人社局网站材料改编。

次性置换城保的缴费年限可视同城镇职工基本医疗保险的缴费年限。达到退休年龄办理城镇职工养老保险退休手续时，医疗保险缴费年限达不到最低缴费年限的，通过补缴后，也可享受城镇退休人员医疗保险待遇。

第二，覆盖范围广。吴中区实施土地换保障的对象是第二轮土地承包获得承包责任权的农民，在此以后被征(使用)土地的农村劳动力，全部纳入“失地农民置换城镇养老保险”范围内。全区符合置换人员 11.57 万人，已置换 10.53 万人，置换面为 91.18%，其中保养人员置换面为 96.56%。针对失地农民不同人群结构，对就业有难度的保养人员，吴中区采取一次性置换城镇养老保险 15 年，以保证这部分失地农民达到法定退休年龄时，能够按月领取城保待遇，对有就业机会的农村剩余劳动力，一次性置换城镇养老保险 9 年，并鼓励和支持农村剩余劳动力向城镇转移就业。对于农保置换城保对象除被征地农民外，还分别对部分被征地农民、纯渔民、两头落空人员、权证换保障人员和农转非人员进行了明确。特别是在苏州市范围内率先出台政策，将取得一轮土地承包经营权，但在二轮承包前已失地的原知青家属、知识分子家属农转非人员，以及小城镇建设中的各类农转非人员，也纳入了农置城的范围，为苏州市乃至江苏省范围内妥善解决农转非人员的社会保障问题提供了有益借鉴。

第三，保障待遇高。在实施土地换保障过程中，吴中区采取区、镇两级财政补贴和个人缴费相结合，到目前为止，区、镇两级负担 59.10%，个人负担 40.90%。对个人缴费原则上要求一次性缴纳，但对确有困难的失地农民，由本人提出申请，在失地补偿金中按月扣除个人费用，时间最长不得超过 9 年。截至 2014 年 10 月，全区共有 21.3 万名农民通过置换纳入了城镇职工养老保障体系，已有 5.2 万名被征地农民享受城保退休待遇，平均每月 1118.3 元。郭巷国泰社区 70 岁的沈小乱，是吴中区第一批置换城保的被征地农民，现在每月能拿到 1214 元；而他的老伴沈林英没有置换城保，拿着每月 750 元的保养金。细细一算账，当时置换城保缴纳的 7776 元，已经“赚”回来了，今后“盈利”会更多。

3. 连云港市做好失地农民再就业工作的经验①

近年来，连云港市各级党委政府都将做好失地农民(包括失海渔民)就业安置和社会保障工作作为一项重要工作来抓，市县(区)两级政府先后出台了一系列政策办法，完善有关配套措施，健全培训、就业、保障“三位一体”工作体系，为解决失地农民就业做了大量的工作，并取得了一定的成效。2010年以来，全市征地约65 248亩，其中农用地38 747亩(耕地29 917亩)，建设用地25 253亩，未用地1248亩。征地补偿用约167 676万元，其中用于安置费用61 330万元，安置人员43 402人。65 248亩土地中用于住宅、商业开发用地28 569亩，工业用地26 332亩，其他用途用地10 347亩。

连云港市各级政府部门将失地农民作为就业援助的重点群体，通过政策扶持、岗位援助、技能培训等多种措施，推进他们就业创业。

一是落实就业安置扶持政策。通过基层人力资源和社会保障平台张贴发放宣传材料和相关政策信息等形式，扩大政策宣传，提高政策的知晓度和透明度。按照就业再就业扶持政策，失地农民、失海渔民中，男16～45岁、女16～40岁视同城镇登记失业人员，办理《就业失业登记证》，凭证享受城镇登记失业人员相应就业扶持政策。目前，市区范围享受城镇登记失业人员相应就业扶持政策的失地、失海人员共8278人。

二是开展就业岗位援助活动。依托市人力资源市场和基层人力资源和社会保障平台定期开展岗位信息采集，通过基层平台的信息栏向失地农民、失海渔民有针对性发布最新的就业岗位信息，开展面对面职业指导，接受就近求职登记，推荐匹配就业岗位，并进行跟踪反馈，提高就业成功率。近年来，共累计开发发布就业岗位8万多个，帮助1万多名失地农民、失海渔民实现

① 根据连云港市劳动就业管理处材料改编。

就业。

三是组织免费职业技能培训。针对失地农民、失海渔民文化素质和劳动技能普遍较低、岗位竞争力不强的特点，整合培训资源，把两失人员培训纳入城镇失业人员培训范围，根据就近就业原则，重点引导校企订单培训、定向培训、岗前技能培训，开展社会服务业、加工制造等密集型产业的技能培训。2008 年以来，市区范围开展失地农民、失地渔民免费职业技能培训 6530 人，市、区财政投入培训补助资金 500 万元，通过培训有 4850 人实现了就业。

四是鼓励扶持失地农民创业。进一步放宽失地农民创业孵化基地准入条件，落实公益性岗位补贴、创业培训补贴等政策，加大失地农民、失海渔民创业就业指导服务机构的建设力度，采取政府主导、社会共建、市场运作等各种手段建设各类创业孵化基地，真正做到以创业带动就业。通过创业孵化基地建设，已先后帮助 1500 多人实现创业，带动就业人数近 6000 多人。

四、存在的问题

江苏近年失地农民社会保障工作取得了长足的进展，但也存在以下问题。

1. 征地补偿模式较为单一，货币补偿的缺陷逐渐凸显

在 20 世纪 90 年代之前，我国对失地农民的征地补偿以就业安置为主。但随着市场化改革深入，特别是随着劳动用工的市场化，传统的“以土地换就业”模式已不能适应新形势的需要，从而导致征地补偿形式由就业安置向货币补偿转变。在本次调查中，几乎所有的失地农户都获得过数额不等的征地补偿金，其他的补偿形式相对较少。土地不仅是农民的生产资料，同时还有着重要的社会保障功能，单一的货币安置很难起到全面保障失地农民生活的作用。另外，失地农民对于征地安置的总体满意度并不高，仅有 5%的中青年和 9%的老年失地农民表示满意。

从目前的情况来看，货币补偿的缺陷正逐渐凸显。首先是长期存在的补

偿水平偏低的问题。本次调查显示，被调查失地农民获得的人均补偿款为12 378元，甚至还略低于江苏农村居民一年的纯收入。但是提高征地补偿款可能又会引发一系列新问题：一方面，由于征地补偿金属于非劳动收入，因此征地补偿金的提高将对失地农民再就业产生显著的负面影响；另一方面，失地农民普遍文化程度不高、对未来缺乏长远规划，如果一次性获得数额较高的征地补偿金，那么可能会导致挥霍、浪费，甚至赌博、吸毒等违法现象，以往媒体上也经常出现这方面的报道。

2. 中青年失地农民养老保险参与率较低

如上文所示，江苏中青年失地农民的医疗保险参与率较高，81.95%的受访者参加了各种类型的医疗保险，但有42.11%的中青年失地农民没有参加任何养老保险。并且调查显示，仍有40%和24%的中青年失地农民表示未来依靠个人储蓄和子女养老，这将带来失地农民未来的养老风险。

《江苏省征地补偿与被征地农民社会保障办法》明确指出：劳动年龄段的被征地农民在企业就业的，应当参加企业职工基本养老保险；从事非全日制工作或者自由择业(灵活就业)的，可以按照灵活就业人员的规定参加企业职工基本养老保险；劳动年龄段的被征地农民未参加企业职工基本养老保险的，可以选择参加城镇居民养老保险或者新型农村社会养老保险。但从课题组调研的情况来看，以上工作仍然任重而道远。

3. 失地农民的再就业工作仍然需要加强

本次调查发现，失地农民的失业率与往年相比出现了明显的下降，但也仅有68%的中青年失地农民实现各种形式的就业，包括受雇于人(打工)、自我雇佣(做生意)以及务农，失业和退出劳动力市场的比例高达32%，总体就业水平仍然有待进一步提高。对于已经实现再就业的失地农民而言，就业质量普遍不高，收入水平总体偏低。被调查失地农民家庭的年人均收入为20 933

元，约占当年江苏城镇居民人均可支配收入的 64.33%，并且有 23%的受访者表示生活水平在土地被征用以后出现了不同程度的下降。上述情况的出现不仅直接制约了失地农民福利水平的改善，也阻碍了他们顺利地融入城市社会。

4. 老年失地农民的社会保障水平有待进一步提高

在各级政府的高度重视下，近年来老年失地农民养老保障和医疗保障的覆盖率出现了明显的上升。调查也发现，70%老年失地农民获得了基本生活保障，折算参加养老保险的老年失地农民有 20%；而参加各种医疗保险的老年失地农民比例达到了 92.91%。但与此同时，调查也发现，仍有 23%的老年失地农民认为征地以后生活水平出现了下降，也仅有 17.73%的受访者对目前的医疗保险情况表示满意。这意味着，江苏省老年失地农民的社会保障水平仍然有待进一步提高。

五、对 策 建 议

坚持走中国特色新型城镇化道路，推进以人为核心的城镇化，需要切实保障失地农民的社会保障权利，着力提高失地农民的社会保障水平。针对江苏失地农民社会保障现状及存在的问题，为进一步完善江苏失地农民社会保障工作提出下列对策建议。

1. 合理确定征地补偿水平，创新补偿形式

农业用地非农化是工业化、城镇化推进过程中的客观趋势，因此失地农民的出现也是这一过程所导致的必然结果，但不应该以牺牲农民利益为代价。要按照十八大报告提出的“改革征地制度，提高农民土地收益分配”的总体构架，认真落实十八届三中全会有关“完善对被征地农民合理、规范、多元保障机制，建立兼顾国家、集体、个人的土地增值收益分配机制，合理提高个人收益”的精神，充分尊重并切实维护失地农民的土地权益。要根据各地

城市化和收入水平，合理确定被征地农民的保障水平，在征地过程中要充分发挥农民的知情权、参与权、监督权和申述权，让被征地农民参与土地增值收益部分的分配。确立被征地农户的土地交易主体地位，让农民参与到土地巨额溢价的收入分配中来，做到无论是国家公益性用地还是工商企业经营性用地的征用，均以土地实际使用价值和土地市场价格为依据，给予失地农民相对公平合理的补偿。与此同时，要探索多种征地补偿安置形式，由目前的以货币安置为主，逐步转向以货币安置、就业安置、留地安置或以社保安置为主，多种安置方式相结合的安置方法，更强调最低生活保障安置。此外，为保农民生计的可持续性，要尽量减少土地补偿金的一次性发放，实行一次性发放和逐年发放相结合的方法。

2. 切实提高中青年失地农民的养老保险参与率

针对目前中青年失地农民养老保险参与率偏低的现实，以 2013 年《江苏省征地补偿与被征地农民社会保障办法》为目标，采取多种措施切实提高中青年失地农民参加企业职工基本养老保险、城镇居民养老保险或者新型农村社会养老保险的比例。应加强政策引导，大力宣传养老保险制度对于失地农民未来养老问题的重要意义，注重向失地农民介绍现行企业职工基本养老保险、城镇居民养老保险或者新型农村社会养老保险的特点，引导中青年失地农民分类参保。与此同时，由于中青年失地农民收入水平普遍偏低、缴费能力非常有限，各地在确定养老保险个人缴费比例的时候应充分考虑这一现实，建立多元化的社会保险费用筹集机制，使他们不会由于负担过高而无力参保，例如在设计失地农民缴费比例时可以尝试个人负担部分可从安置补助费支付。此外，由于参加社会保险本身带有一定的强制性，各地劳动部门应该加强劳动执法，重点检查中青年失地农民的社会保险，尤其是养老保险的参与情况，并依据相关的法律、法规对违规雇主进行处罚。

3. 加强失地农民的职业技能培训

尽管年龄、性别、职业技能、家庭孩子数量等多种因素均对中青年失地农民的再就业产生了重要影响，但其中仅有职业技能是可以、或在较短时间内可以改变的因素。因此从促进失地农民顺利向非农就业转移的视角出发，建议各级政府强化对失地农民的职业技能培训。政府相关部门既要加强引导，又要出台配套政策，鼓励职业培训机构积极参与对失地农民的职业培训，并由政府购买社会化培训成果。把培训点设到基层，把培训送到农民家门口。同时要充分尊重失地农民的意愿，通过就业市场分析、就业观念引导，让他们自愿参加培训、自主选择专业。考虑到当地就业是失地农民就业的首选，也是就业成本较低的一种选择。因此，开展对失地农民的职业技能培训，不能脱离当地的经济社会发展实际，而是要根据当地产业发展，有针对性地设定一批重点职业技能培训科目，以便于职业技能培训与就业相衔接，使经过职业技能培训的失地农民比较顺利地选择职业实现就业。一方面实行“菜单式”和“订单式”培训。通过了解企业人才需求状况，以市场需求和农民需要来制订培训方案，确定培训内容，切实提高培训劳动力就业率。另一方面开展多层次培训。根据失地农民的年龄、文化水平、求职意愿等不同类别，分层次开展培训，重点侧重于文化知识、经营知识、职业技能及创业技能等方面，促进失地农民向不同领域转移就业。

4. 着力提高老年失地农民的社会保障水平

研究显示，老年失地农民的社会保障，无论是养老保障和医疗保障的覆盖率均保持在相对较高的水平，但仍有相当比例的老年人认为征地以后生活水平出现了下降，并且对目前医疗保险情况的满意度也偏低，因此老年失地农民社会保障方面的工作重点要逐步向提高保障水平方面转移。按照本人自愿、缴费参保的原则，逐步将老年失地农民纳入征地基本生活保障制度体系；

对不选择进入基本生活保障制度体系的人员，完善提高补偿的基本标准，并根据经济发展水平、物价上涨因素适时调整补助标准，切实保障好老年失地农民的基本生活。由于年龄的原因，老年失地农民的医疗需求明显高于中青年，目前江苏老年失地农民参加的医疗保险以新型农村合作医疗为主，城镇居民医疗保险和城镇职工医疗保险为辅。考虑到土地征用对参加不同医疗保险制度的影响，首先要做好相关制度之间的衔接工作，尽量降低土地征用对老年失地农民享受医疗保险的影响。此外，考虑到老年失地农民在征地以前长年耕作，亚健康情况居多、慢性病居多，但经济收入又有限等多方面因素，对于已经参加了城镇居民和城镇职工医疗保险的老年失地农民，可以探索将这一群体作为特殊人员，提高门诊和慢性病报销范围和比例。

第五章　江苏农村扶贫发展报告

从2014年开始我国将每年的10月17日设为“扶贫日”，这一扶贫日的设立完全符合“消除贫困、改善民生、逐步实现全体人民共同富裕”的社会主义本质要求，对于弘扬中华民族扶贫济困的传统美德、动员社会各方面力量共同向贫困宣战、继续打好扶贫攻坚战也具有十分重要的意义。

江苏省委、省政府一直高度重视农村扶贫开发工作，随着全国首个“扶贫日”的设立，江苏扶贫开发工作也进入到了一个新的阶段。站在新的起点上，不仅要充分认识当前扶贫开发工作面临的新形势、新任务，还必须坚持区域开发和精准扶贫“双轮驱动”、整村推进和帮扶到户“两手齐抓”、全员参与和聚焦重点“两个结合”的思路，全面落实扶贫开发责任制，不断创新扶贫开发体制机制，更为有效地动员全社会参与，更大力度地推进扶贫开发，确保如期实现脱贫奔小康目标。

一、农村扶贫开发现状

多年以来，江苏逐步提高扶贫标准，持续加大投入力度，注重创新扶贫开发机制，动员各方力量广泛参与，探索出了“政府主导、社会参与、自力更生、开发扶贫”这样一条符合江苏实际的扶贫开发道路。2014年江苏扶贫工作主要有以下几个方面的变化：

1. 扶贫对象

在扶贫对象方面，针对党中央、国务院提出的“扶贫开发要到村到户，改‘大水漫灌’为‘滴灌’，防止出现‘穷人戴帽子、富人得实惠’现象”，江苏省委、省政府明确提出在推进新一轮扶贫开发、实施脱贫奔小康工程时，确定“十二五”期间扶贫开发的帮扶对象就是 147 万低收入农户、411 万低收入人口和 1533 个经济薄弱村，并实行了建档立卡。对苏北地区来说，新一轮发展的总定位是 2015 年全面建成更高水平的小康社会。以县为单位达到省定全面小康指标，人均地区生产总值接近东部沿海省份平均水平、人均年纯收入 4000 元以下的贫困人口全部脱贫。2014 年 100 万以上低收入人口脱贫、537 个经济薄弱村基本达到新“八有”的目标任务①。所谓新“八有”是指大力倡导经济薄弱村新“八有”建设，对贫困村贫困户进行帮扶，具体来说，新“八有”即要有双强班子，有科学规划，有高效农田，有特色产业，有配套设施，有保障机制，有整洁村容和有文明村风。关于经济薄弱村的新“八有”建设工作要结合具体实际，进一步优化工作思路和实施方案，确保效益最大化。应当突出工作重点、狠抓关键，多渠道帮助经济薄弱村发展生产、增收致富，保质保量完成新“八有”各项目标任务，努力推动经济薄弱村实现又好又快的发展②。

2. 扶贫方式

在扶贫方式方面，坚持实行省、市、县、乡、村“五级联动”，强化责任落实，坚持实行“五方挂钩”帮扶，将党政机关的政策优势、国有企业的产业优势、高校科研院所的人才技术优势、苏南市县的发展经济优势与苏北经济薄弱地区有机结合；坚持完善“五个一”工作机制，构建一个帮扶员驻村、一个科技特派员挂钩、一个工商企业帮扶、一个发达镇村结对、一个主导产业带动的帮扶机制；坚持落实“五位一体”帮扶举措。推进产业转移、财政转移支付、科技成果转移和共建开发区。

①《江苏扶贫简报》(江苏省扶贫工作领导小组办公室，2014 年 3 月 26 日第 3 期)。
②《江苏扶贫简报》(江苏省扶贫工作领导小组办公室，2014 年 4 月 18 日第 15 期)。

3. 重点环节

省委省政府进一步明确片区帮扶工作为重点环节，反复强调片区整体帮扶工作主要是因为重点片区是全面建成更高水平小康社会的重点和难点。具体工作中要坚持做到“四个结合”：一是坚持区域发展和扶贫开发相结合。强化底线思维，更多的关注经济薄弱地区和低收入人群的发展，通过开展帮扶工作，让改革发展的成果惠及全体百姓。二是坚持开发式扶贫和救助式扶贫相结合。今年对建档立卡的低收入农户，全面组织一次“回头看”，对于已经脱贫的，责任人要继续做好联系工作，完善后续帮扶措施，切实防止返贫。对于还没有脱贫的，要分清有劳动能力和没有劳动能力两种对象，对于有劳动能力的要严格落实帮扶责任人，依据主要致贫原因确定有效管用的帮扶措施，确保帮扶对象、帮扶责任人和帮扶项目“三落实”；对于没有劳动能力的，要纳入农村低保救助范围，应保尽保，绝不让一个低收入农户在小康路上掉队。三是坚持政府主导和市场机制相结合。省市县乡村五级要上下联动，政府应当更好的发挥“看得见的手”的作用，加大财政投入和政策支持。同时，也要尊重市场经济规律，更加重视发挥市场“看不见的手”的决定性作用，运用市场的思维和办法，通过政策引导，吸引各类资源要素向重点片区流动、各类市场主体到经济薄弱地区投资兴业，激发片区发展的内在活力，提高资源利用效率。四是坚持外部支持和内生发展相结合。要不断深化“五方挂钩”和“五个一”帮扶机制，进一步加大帮扶力度，拓展帮扶内容，坚持政策聚焦、资源集聚、力量聚合，为重点片区脱贫奔小康创造良好的外部环境[①]。

① 《江苏扶贫简报》(江苏省扶贫工作领导小组办公室，2014 年 4 月 22 日第 18 期)。

4. 主要举措

1) 国家农业综合开发产业化经营项目单位与低收入农户结对帮扶

省农业资源开发局根据自身职责和实际，把农业综合开发与扶贫开发紧密结合，把行业扶贫与精准扶贫紧密结合，引导实施了农业综合开发产业化经营各类项目的农业龙头企业、农民专业合作组织，以农业综合开发项目为载体，与建档立卡的低收入农户结对帮扶，探索出了一条扎实推进行业扶贫与精准扶贫的新路子[①]。

2) 绿色能源产业与扶贫工作结合

由于资源禀赋不同和地区位置差异，在苏北一些经济薄弱村，产业集聚尚未形成，高新技术企业落户难度较大，一般性的产业低端项目难以产生持续的经济效益，且存在产业风险，不能保证形成长期稳定的造血机能。按照省委、省政府“工作到村、帮扶到户、责任到人、措施到位”的工作要求，2013年省经委结合推动光伏产业发展和“光伏下乡”计划的实施，在东海县建立示范项目，着力解决低收入农户增收脱贫和经济薄弱村的发展问题。该项目不仅实现了村民免费用电，而且将发电收益直接用于帮扶低收入人口和扶持村办集体经济，这既是一种全新的行业扶贫模式的尝试，也是江苏省首个居民区连片集中建设并逐户上网的分布式光伏发电示范项目。

光伏发电项目等绿色能源产业的建成，使农民得到了实实在在的实惠，实现了由一次性帮扶向持续性保障的转变，取得了农民增收和和扶持村集体经济的双重效益。同时，新能源建设推动了新农村建设，有助于改善民生，有效促进了农村文明建设[②]。

---

①《江苏扶贫简报》(江苏省扶贫工作领导小组办公室，2014年3月26日第10期)
②《江苏扶贫简报》（江苏省扶贫工作领导小组办公室，2014年3月26日第10期）。

3) 组织引导民营企业帮扶全省经济薄弱村

江苏一直倡导社会扶贫，今年对于省内的民营企业实施了重点组织和引导。这些民营企业大多是由过去的乡镇企业演变而来，与农业农村农民具有天然的联系，不少企业家有承担社会责任、报效家乡父老乡亲的想法。江苏对于扶贫帮扶工作做出突出贡献的民营企业还将实施四项激励政策：一是享受税费减免。企业为实施帮扶项目捐赠的资金，根据国家有关规定，在企业年度利润 12%以内的部分，可在计算应纳所得额时扣除。投资兴办中小企业，享受国家促进中小企业发展税收优惠政策。二是给予金融优惠。对到经济薄弱村发展产业、建设基地、促进低收入农户增收达到一定规模的企业，按国家有关规定享受电费综合补贴，享受涉农贷款相关优惠政策，并免费培训到企业就业的农户劳动力。三是优先立项支持。对在村企挂钩中贡献突出的企业，符合有关政策规定的，同等条件下优先安排扶持项目，优先享受产业扶持政策。四是实行表彰奖励。江苏将每两年表彰一批民营企业参与农村扶贫开发工作先进集体和先进个人。对投资经济薄弱村公益性基础设施或社会事业建设项目、捐资达到一定规模的企业，允许以企业或企业家个人冠名。对做出突出贡献的企业和企业家，在各类评优活动中，予以优先考虑。

4) 积极实施扶贫小额贷款

江苏扶贫小额贷款实施过程中有四个明显的特征：一是锁定扶贫开发对象。贷款支持的对象是具有劳动能力、遵纪守法、信用良好、有小型生产经营项目、收入处于中等水平以下的扶贫开发低收入农户，尽最大的可能满足其生产发展的需求；二是给予贷款适当贴息。贫困农户使用贷款，乡镇农商支行按人民银行同期同档次贷款基准利率，与贷款农户签订借款合同，对按期归还贷款的农户，省财政按基准利率的 50%给予农户贴息；三是提供贷款资金担保。省财政厅安排一定的担保资金存到县农村商业银行，开设担保资金专户，实行专户存储、专款利用。当贷款回收率高于 90%时，农户贷款形成的损失由财政承担；当贷款回收率低于 90%时，贷款损失由财政和农村商业银行分别承担 80%和 20%；四是实施激励回收政策。明确以县为单位进行年度考核，对贷款回收率超过 92%的给予奖励。由省财政在统一审计后予以安排奖励资金，基层农商银行和扶贫部门分别按 70%和 30%的比例分成，用于相关的业务经费开支和基层工作人员奖励①。

专栏 1　涟水扶贫办——扶贫小额贷款发放实现新突破

扶贫办统一印制 4.5 万份带回执的扶贫小额贷款政策宣传单，统一下发到低收入农户手中，确保宣传单每户一份，达到政策知晓率 100%。村干部和信贷员一道进村入户对低收入农户进行筛选授信，简化办理程序，节省了办理时间，受到低收入农户一致好评。县政府专门出台了《涟水县扶贫小额贷款奖励办法》，对扶贫小额贷款发放工作进行单项考核奖励，对完成任务的乡镇进行奖励，县农商行也出台内部奖励办法，对完成任务的各乡镇分行进行奖励，极大地提高了乡镇和农村商业银行发放贷款的积极性。截至目前，全县发放扶贫小额贷款 1.75 亿元，受益低收入农户 1.6 万户，完成全年任务的 116%，成为我县今年扶贫工作的一大亮点。

——摘自《2014 年涟水扶贫办工作总结》

5) 关注女性贫困

在新一轮的扶贫帮扶工作中，积极发挥妇联组织在扶贫工作中的重要作用，对农村低收入户中的女性采取了一系列重点帮扶措施，取得了初步成效。

基于江苏扶贫工作中的新变化，本报告重点关注小额信贷扶贫及女性贫困两大问题。

① 江苏省扶贫开发信息网，http://www.jsfp.gov.cn/Item/855.aspx.

二、小额信贷扶贫机制与成效

1. 小额信贷扶贫的发展历程

江苏省实施扶贫小额贷款大体可以分为四个阶段，分别是：探索阶段、起步阶段、提高阶段和完善阶段。

第一阶段是探索阶段(1998 年以前)。省财政每年安排一定资金用于苏北经济薄弱县的扶贫工作，扶贫资金下拨到各县扶贫办，县里再配套一部分资金集中用于扶贫开发项目。这一做法存在的主要问题：一是扶贫项目由扶贫部门确定，项目一旦失败，扶贫资金损失殆尽；二是扶贫资金到不了农户，效果不尽如人意；三是由于扶贫资金无偿使用，截留、挪用的现象时有发生，帮扶效果不太明显。

第二阶段是起步阶段(1998~2001 年)。从 1998 年开始，人民银行南京分行、江苏省扶贫办和省财政厅经协商，改革了扶贫资金的使用管理办法，将扶贫资金作为补贴资金存入农业银行和农村信用社，农业银行和农村信用社按 1∶1 的比例发放扶贫小额贷款，银行和信用社如果收不回贷款，其损失直接从补贴资金中扣除。这种做法的好处是银行和信用社不承担风险，但是由于银行和信用社也未从中得益，责、权、利不挂钩，因此发放和管理的积极性不高。

第三阶段是提高阶段(2001~2004 年)。2001 年人民银行南京分行会同省扶贫办、省财政厅等部门，出台了《2001 年扶贫小额贷款实施意见》，主要做法：一是省财政部门将原来由省扶贫办下达的、市县配套的、省财政安排的多渠道筹集的扶贫资金，作为补贴资金统一存入省财政在各县农村信用社开设的补贴资金专户，农村信用社按 1∶2 的比例发放小额扶贫贷款。同时，农村信用社对财政部门存留的补贴资金按一年期存款计付利息。二是扶贫部门负责从贫困村中选定有劳动能力、遵纪守法、信用好、有小型生产经营项目、收入处于中等以下水平的贫困农户，确定贷款对象，自主发放，每户贷款不超过2000元，并执行优惠利率。三是扶贫贷款损失低于10%的，信用社可直接从补贴资金中扣除；贷款损失超过10%的，超出部分由财政、信用社各承担50%。四是对小额贷款的回收实行考核奖励制度，贷款回收率超过92%的，对超收部分可在补贴资金中等额提取费用，用于扶贫部门和农村信用社工作人员的奖励。五是农户能按期还款的，凭信用社的还贷证明可享受50%的贴息政策。贴息资金主要来源于财政补贴资金的利息。

第四阶段是完善阶段(2005年以来)。为进一步完善扶贫小额贷款的管理工作，2004年底，省扶贫办、财政厅和信用联社对《2001年扶贫小额贷款实施意见》进行修改。一是调整了扶贫小额贷款的发放对象，对能带动贫困农户共同致富的项目，其项目承担者种养大户也可以给予适当支持。二是调整了贷款的额度，将原来每户贷款不超过2000元，调整为每户首次贷款原则上不超过3000元，续贷的原则上不超过5000元，能带动贫困农户致富的种养大户的贷款额，根据与贫困农户订立合同户数，按每带动一户2000元计算，每一大户可获得贷款高限为20 000元。三是明确了考核奖励的资金分配。将原来奖励资金分配由金融部门和扶贫部门各50%的比例分割，调整为按农村信用社70%、扶贫工作相关部门30%的比例分配，并明确用于有关工作人员的奖励部分不得超过15%。2005年8月，中国人民银行向各分支行转发了《江苏省扶贫小额贷款实施意见》，要求各地积极探索符合当地实际需要的扶贫贴息贷款运作模式，切实发挥扶贫贷款在促进农村经济发展中的积极作用。在下达2007年度扶贫小额贷款计划时，又适当提高了贷款额度，由每户首次贷款原则上不超过3000元，续贷的原则上不超过5000元，提高到最高不超过1万元，其中姜堰、泰兴、如皋、句容、金坛五市最高不超过1.5万元。2008年，根据江苏省委、省政府《关于组织实施脱贫攻坚工程的意见》，江苏省扶贫工作领导小组办公室、江苏省财政厅、江苏省农村信用合作联社联合出台了《关于完善扶贫小额贷款发放办法的通知》，进一步明晰扶贫小额贷款的发放对象、提高单户贷款的发放额度、调整贷款计算期限及损失责任承担比例等相关事项，规范和扩大了扶贫贷款的发放范围、发放额度和奖惩措施，并对签订带动建档立卡贫困户增收脱贫协议的各种种养加专业户、合作经济组织按每带动 1 户申请使用 5000 元，最高不超过 5 万元，总量控制在年度发放总量的 25%以内的额度进行掌握使用，进一步促进扶贫小额贷款的发放与管理工作，有效扩大了贫困户的受益面。

2. 小额信贷扶贫的运作机制

1) 组织架构

江苏小额信贷扶贫工作由各经济薄弱县自行成立小额信贷扶贫协调小组负责展开，各地的运作模式各不相同，但基础模式为：各县由县委、县政府分管扶贫工作的领导、县直属部门负责人任组长、副组长，县扶贫办、财政局、农林局、水产局、妇联、信用联社(农商行)等相关部门负责人为成员。县协调小组的主要职能就是加强对小额信贷扶贫工作的组织领导，协调解决重大问题。日常工作由县扶贫办负责。各镇成立小额信贷扶贫协调小组，由乡镇分管领导任组长，乡镇纪检、财政、农经部门负责人为副组长，农技、妇联、畜牧、金融机构等部门负责人为成员。镇协调小组的具体职责有：组织协调域内小额信贷扶贫工作，研究制定贷款到户方案；审查、指导使用小额信贷的贫困农户筛选经营项目，引导、监督金融部门投放贷款；组织、协调、督促、检查有关服务单位搞好生产、销售服务；协助金融部门按期回收贷款。乡镇协调小组的日常工作由农经部门负责。辖区内每个村都建立了中心组，由支部书记、村委会主任、会计任组长、副组长，村妇联主任、农技员等为成员。其主要职责有：完成上级协调小组交办的有关工作；搞好宣传引导，选好用贷贫困农户；帮助用贷贫困农户选择经营项目，用好贷款资金；协调有关部门为用贷贫困农户搞好产前、产中、产后服务；协助金融部门按时回收贷款。

2) 发放流程

从 1999 年起，江苏将结余的财政扶贫贴息资金改为扶贫小额贷款担保资金，为中国农业银行和农信社发放贫困户扶贫小额贷款提供担保，用小额信贷运作机制来运作扶贫贴息贷款，2001 年以后，江苏将扶贫小额贷款的发放全部移交给农信社办理。目前，江苏的扶贫小额贷款可以被看做成扶贫贴息贷款与小额信贷的综合体。

扶贫小额贷款的投放范围是省定的扶贫重点村，发放对象主要是家庭收入处于中等以及中等以下水平的农户，和一些以项目带动贫困户“脱贫”的合作经济组织和种养大户。在发放范围内的农户自主优先选定合适的经营项目，然后向村委会提出用款申请，接受公示之后，经乡镇扶贫小额贷款协商小组[①]筛选，初定为贷款备选农户，报县扶贫办审定并由财政局复核确定，再转至县信用联社，最终由农信社根据备选农户名单自主审查和自主发放小额贷款[②]。

对于经济薄弱县，则由经济薄弱县扶贫办为低收入农户建档立卡，并将结果在对应低收入农户的行政村(社区)进行公示，最终建立《在册贫困农户花名册》。由帮扶责任人或村组干部帮助符合条件的低收入农户，自主选择生产经营项目并向村(社区)委会提出申请；相关种养加专业户和合作经济组织等带动载体在与低收入农户签订带动协议后，可提出贷款申请。申请扶贫小额贷款的对象、额度、用途等要求在村、组公示，接受群众监督，提高透明度。由各农村信用社(支行)在比对贷款备选农户名册(由县扶贫办提供给县农信

① 乡镇扶贫小额贷款协商小组由乡镇主管扶贫的领导，农经中心主任、财政所长、乡镇农信社领导组成，其主要职能是宣传扶贫小额贷款的政策，审核《贷款备选农户名册》，指导农民发展生产项目，建立贷款农户档案以及协助农信社做好扶贫小额贷款的回收工作等。

② 褚保金，张龙耀，郝彬.农村信用社扶贫小额贷款的实证分析——以江苏省为例［J］.中国农村经济，2008（5）:11-21.

社、农商行并分发对应支行)基础上，实地调查生产经营项目的可行性、必要性。对符合发放要求的低收入农户、种养加专业户和合作经济组织，在核定额度、明确期限的前提下，由各支行办理扶贫小额贷款发放手续。原则上用贷贫困农户采用信用贷款模式，发放额度在 1 万元左右，2 万元左右则采用保证担保模式。

专栏 2　2014 年涟水县小额贷款发放规则

(1) 扶贫小额贷款发放范围：全县所有建档立卡低收入农户；

(2) 扶贫小额贷款发放对象：有劳动能力、致富愿望，能遵纪守法、守信用并选择了较好的生产经营项目，能按期偿还贷款本息的建档立卡低收入户或能带动低收入农户共同致富的种养大户；

(3) 贷款发放程序：到当地农村商业银行按程序办理；

(4) 贷款额度：每户每年贷款最多不超过 10 000 元，能带动低收入农户增收的大户可获得贷款高限 50 000 元，大户贷款总额不得超过总量的 25%；

(5) 贷款期限：最长不超过一年，允许跨年度使用；

(6) 贷款利率：按人民银行规定的同期档次基准利率执行；

(7) 贷款贴息：按期归还贷款的农户享受 50%的贴息，农村商业银行在农户还贷时直接贴付。

——摘自《涟水县人民政府办公室文件》涟政办发〔2014〕45 号

3. 推进小额信贷扶贫的举措

1) 出台扶贫开发指导意见，大力推进金融扶贫

为贯彻落实中央和省有关扶贫开发工作的部署，各县(市、区)相继出台了一系列指导意见用于指导各地的金融扶贫贷款工作。如中国人民银行宿迁市中心支行出台了《关于金融支持三大片区扶贫开发指导意见》，该意见从增

强三大片区金融服务功能、加大三大片区信贷投放、创新三大片区金融产品、改进三大片区金融服务 4 个方面提出 12 条具体建议，引导辖区金融机构围绕三大片区金融需求，加大对“三农”、小微企业、新型农业经营主体、农村基础设施建设的支持力度。

专栏 3 宿迁中支——加大对三大片区支持力度

截至 2014 年 7 月末，泗洪农商行两大片区贷款余额 23.93 亿元，比年初新增 2.96 亿元，增速为 14.12%；泗洪东吴村镇银行两大片区贷款余额 1.47 亿元，比年初新增 0.45 亿元，增速为 44.12%；民丰农商行在服务范围内的两大片区贷款余额为 3.57 亿元，今年以来累计投放贷款 8954 笔，金额 4.48 亿元，较好地支持了片区的扶贫开发工作。农发行着力支持土地整治、高标准农田建设、农田水利等农业基础设施建设，如农发行泗阳县支行正在申报成子湖 330 省道 3 亿元项目贷款和泗阳县同城供水 1 亿元项目贷款；农行宿迁市分行依托各县支行“三农事业部”，加大对农业龙头企业扶持力度，在三大片区贷款余额近 1.2 亿元；邮储银行宿迁市分行在三大片区积极拓展小额贷款业务，在三大片区贷款余额约为 10 亿元，比年初增长 20%。

——摘自《突出片区扶贫导向，加快全面小康进程——宿迁市扎实做好三大片区扶贫开发金融服务工作》中国人民银行宿迁市中心支行

2) 完善金融组织体系，加大信贷支持力度，提升贷款使用效益

充分发挥农村商业银行在扶贫开发金融服务中的主力军作用，加大对各地的扶贫工作的支持力度。各地区按照扶贫开发指导意见的要求，不断完善金融服务体系，向更多的低收入农户脱贫致富提供信贷支持，帮助其发展小型生产经营项目，实现增效增收。

3) 加强基础设施建设，提高金融服务能力

以沭阳为例，沭阳瞄准贫困对象，创新帮扶方法，着力实施信贷扶贫。

全县 2014 年已投放扶贫小额贷款 3.02 亿元，受益贫困农户 2.36 万户，同比增长了 1.01 亿元、9250 户。在扶贫贷款实施中注重五个结合：

一是把扶贫小额贷款与产业化帮扶相结合。资金投向上主要围绕产业化帮扶、农村产业结构调整与主导产业建设，重点帮扶贫困农户发展种、养、加等支柱产业和增收项目。2010 年投放种养加项目贷款达到 2 亿元，促进了 40 多个高效农业示范小区的发展。

二是把扶贫小额贷款与整村推进扶贫相结合。向 70 个省定经济薄弱村投放扶贫小额贷款 4910 万元，直接扶持贫困农户 3950 户。促进"一村一品"、"几村一品"特色产业发展，预计年底将新增脱贫攻坚目标实现村 23 个。

三是把扶贫小额贷款与技术服务配套相结合。加强县扶贫部门与科技部门联合，投放大户带动扶贫小额贷款，与专业大户签订技术承包协议，为贫困农户提供技术培训、种苗、肥料和产品销售服务。

四是把扶贫小额贷款与村官创业相结合。拿出 1000 万元扶贫贷款专项用于大学生村官创业项目，鼓励大学生村官扎根经济薄弱村，带领农户致富，真正成为沭阳农村一支创业富民的生力军，带动了 3800 户贫困农户脱贫。

五是把扶贫小额贷款与村级互助资金相结合。加大扶贫小额贷款的扶持力度，通过村级互助资金会配股方式吸引贫困农户入会，村级互助资金为贫困农户提供扶贫小额贷款担保，受到了贫困农户的一致欢迎。扶贫小额贷款与村级互助资金有效结合，促进了全县花卉、大棚蔬菜、食用菌、畜禽养殖等高效农业发展，增加贫困农户收入 1.16 亿元。

为了不断提高各个贫困县(市、区)、经济薄弱村的金融服务能力，各地区金融机构高度重视基础设施建设。这其中不仅包括在各地设立金融机构的分支机构和网点，还包括一些农村金融综合服务站的建设以及自助设备的布放和新型支付方式的推广。

专栏 4　宿迁中支——三大片区的金融基础设施建设

鼓励金融机构到三大片区设立分支机构。如泗洪境内的两大片区 12 个乡镇共有金融机构网点 23 个，其中泗洪农商行有 12 个网点，覆盖了两大片区所有乡镇，村镇银行在近两年在两大片区陆续设立了 2 个网点，逐步实现重点乡镇网点全覆盖。

在三大片区推进农村金融综合服务站建设。目前，泗洪农商行已在西南岗上塘镇成功运行垫湖、郑集两处服务站，提供查询、存取款、小额取现、转账、反假币、零币兑换、金融知识宣传等全方位的金融服务。

积极推进自助设备布放和新型支付方式。截至 2014 年 7 月末，民丰农商行在黄墩湖片区配置存取款机具 10 台，设立 65 个村村通便民点，向当地提供专业化、智能化、一体化的金融服务；泗洪农商行在西南岗、成子湖片区配置取款机 12 台，存取款机 12 台，布放“快捷通”机具 89 台，实现新开网上银行 1315 户、手机银行 960 户，安装 POS 机 48 台。

——摘自《突出片区扶贫导向，加快全面小康进程——宿迁市扎实做好三大片区扶贫开发金融服务工作》中国人民银行宿迁市中心支行

4) 加快发展普惠性金融，拓宽民生金融内涵

所谓普惠性金融是指联合国系统率先在 2005 年小额信贷年时广泛运用的词汇。其基本含义是：能有效、全方位地为社会所有阶层和群体提供服务的金融体系。目前的金融体系并没有为社会所有的群体提供有效的服务，联合国希望通过小额信贷(或微型金融的发展)促进这样的金融体系的建立。通过这些优质金融体系的建立，优先支持农民工、农村女性和农村青年等创业就业。

民生领域不仅包括保障老百姓基本生存条件所必需的相关领域，同时也包括保证老百姓实现自我价值和生活质量所关联的领域。目前，民生领域已经成为国家政策重点支持、产业特征明显，业务种类繁多，发展潜力巨大的金融领域。

5) 创新金融产品和服务，满足多样化金融服务需求

在金融信贷支持扶贫开发工作的过程中，各县(市、区)不断创新金融产品、改进金融服务。一是优化信贷流程，提高贷款利率；二是加大对家庭农场等新型农业经营主体的支持力度；三是加大金融产品创新。

专栏 5　宿迁中支——分级授信制 · 扶持家庭农场 · 创新金融产品

(1) 泗洪农商行实行贷款分级授信制，增强支行自主审贷能力，同时实行贷款限时办结制，大大缩短贷款发放时间。民丰农商行设立了中小企业金融服务事业部、小企业专营中心、小微企业信贷服务平台，整体上形成了“三位一体”的小微企业服务模式，实行扁平化运行，进一步缩短服务流程；

(2) 截至 2014 年 7 月末，三大片区家庭农场贷款余额为 4500 万元，支持家庭农场 180 余家，占片区家庭农场 30%以上；

(3) 泗洪农商行创新推出农民住房抵押贷款，使农户手中的“死资产”变成“活资本”，改善了农民有效抵押物不足的问题。截至 2014 年 7 月末，泗洪农商行在西南岗、成子湖片区农房抵押贷款余额为 16 578 万元，支持户数 1176 户。泗洪农商行和村镇银行在西南岗、成子湖片区发放大学生村官贷款和“发展书记”创业富民贷款约 1 亿元，通过特色种植养殖、手工加工等带动农户脱贫致富。

——摘自《突出片区扶贫导向，加快全面小康进程——宿迁市扎实做好三大片区扶贫开发金融服务工作》中国人民银行宿迁市中心支行

4. 小额信贷扶贫取得的成效

1) 缓解低收入农户“贷款难”

扶贫小额贷款政策突出规范操作，严格程序，坚持“三贷、六不贷”。乡镇按 1∶3 确定备选农户，方案实行公开公示，县农商银行按备选农户名单

直接向农户放贷；贷款发放期限视生产经营项目周期确定，最长不超过一年，允许跨年度使用；每户贷款金额最高不超过 1 万元，种养加专业户每带动一户建档立卡的低收入农户申请贷款 5000 元(须有扶贫部门鉴定认证的书面带动协议)，每户贷款金额最高不超过 5 万元；扶贫小额贷款执行人民银行同期同档次的基准利率，支行在农户按期归还贷款时直接贴付 50%利息。这一系列的举措有效缓解了低收入农户“贷款难”的问题。

2) 加快经济薄弱村产业发展

在一些经济薄弱村，有许多贫困户把资金用于种养项目，如购买化肥、地膜、良种，种植蔬菜，发展食用菌，栽培花木，饲养猪、牛、羊，以及农产品的加工销售等。这些项目既尊重了农民生产经营活动的自主权，又在客观上培育和推动了农村主导产业的形成与发展。以沭阳县为例，目前，沭阳形成了由花卉苗木、食用菌、蔬菜、优质稻米和生态水禽等高效特色农业构成的“四区一带”生产新格局，花木种植面积拓展到 45.2 万亩。通过连续多年的贷款到户支持，不少贫困农户发展的项目在当地已形成“一村一品”或“一村多品”的特色。颜集镇花晏村是省定经济薄弱村，该村农户经过近 4 年的贷款支持，已经建成了 32 栋标准化鲜花温室大棚，每棚年效益达 3 万元以上。万匹乡采取“合作社+贫困户”，扶贫小额贷款支持成立了金针菇、肉牛养殖、原生态农家猪和银杏等 9 个合作社，带动了全乡特色产业发展。通过扶贫小额贷款投放支持，全县先后新增高效农业面积 20.5 万亩，新增扶贫产业园 72 个，新增特色专业村 62 个。

3) 减轻低收入农户经济负担

扶贫小额贴息贷款实行基准利率不上浮政策，与普通农户小额贷款(平均利率按基准利率上浮 70%计算)相比，每个贷款农户每年可节省利息支出 600 元左右。据抽样调查，一般贫困农户使用 1 万元的扶贫小额贷款，基本能实现其家庭年人均增加 600～800 元的收入。以沭阳县为例，2012 年，沭阳县扶贫小额贷款农户节省利息支出 3480.7 万元，省定 120 个经济薄弱村农民人均纯收入比上年增长 15.2% ，增幅超过了全县平均水平，很大程度上得益于扶贫小额贷款的支持。

4) 密切农村的党群干群关系

扶贫小额贷款的发放，体现了党和政府对“三农”的关心，是帮扶农民增收致富奔小康的“暖心工程”。以沭阳县为例，在上一轮扶贫开发中，沭阳县投放扶贫小额贷款 13 亿元，带动了 11.4 万低收入农户增收脱贫。该县李恒镇曙红村江正华、李长生，长期身体不好，不能做重活，村干部主动为他们担保办理小额扶贫贷款 5000 元，帮助他们种植大棚平菇，当年每户就获利 4000 元，次年又贷 1 万元扶贫小额贷款，扩大种植面积，使他彻底摘掉了贫困帽子，他们逢人便说：“没有扶贫贷款的支持，我们至今还是个穷光蛋”。据统计，近年该县有 1.2 万基层党员干部为低收入农户担保扶贫小额贷款。乡村干部深有感触地说：以前我们向农民催粮派款索取多，现在村委会给农民送资金、送技术、送信息，扶贫小额贷款不仅成为政府联系农户的金融纽带，而且成为基层组织在农村实践“群众路线”的政治纽带。

5) 增强扶贫部门的服务功能

利用扶贫小额贷款奖励资金，可以加大各个县乡扶贫部门办公设施和服务项目投入，可以帮助基层业务人员每人配备电脑、打印机等设备，村一级的扶贫互助社还可以统一使用国家级管理软件。这些服务功能增强，有力的促进了村级扶贫互助社、农村贫困劳动力的培训转移、财政奖补资金项目实施等多项工作的开展[①]。各地每年拿出扶贫贷款专项资金用于“大学生村官+低收入农户”和“大学生扶贫工作人员+低收入农户”等一系列有特色的创业

① 江苏省扶贫开发信息网，http://www.jsfp.gov.cn/Item/855.aspx.

项目，这些项目进一步增强了大学生等高素质人才扎根农村，带领农户致富的信心与能力。

5. 小额信贷扶贫存在的问题

1) 政策及效果方面的问题

(1) 受发放条件限制，小额信贷扶贫作用下降。

小额扶贫贷款是金融支持扶贫开发的重要举措，对于贫困农户脱贫有重要作用。但随着形势的不断发展，小额扶贫贷款的作用开始下降。目前，受农民收入增加及农村土地流转等因素影响，农民用于种养殖需求的资金不断增加，1 万元以下扶贫贷款无法满足其实际需求。但由于扶贫贷款大户受到最高限额 5 万元及比例不超过 25%的限制，导致很多有项目、想发展的农户无法得到充足的资金支持。同时，建档立卡户名单中，五保户、低保户及年龄偏大户较多，实际具备贷款能力的贫困户相对较少。

(2) 银行之间支持力度不均衡，难以形成工作合力。

目前，农商行和村镇银行承担了主要的扶贫开发支持工作，农发行、农行和邮储银行等涉农机构也发挥了较大的作用，但其他银行业金融机构在扶贫开发支持工作中支持力度还不够，应有的作用还没有发挥。各银行业金融机构之间还没有真正形成互相补充、互相配合、全方位支持三大片区扶贫开发的格局，也影响了金融支持三大片区扶贫开发的效果。

(3) 有些地区经济基础薄弱，增收后劲不足，贷款承载能力低。

长期以来，虽然江苏省省委省政府出台了一系列金融措施，但是仍然有一些地区由于经济基础薄弱，基本上以传统农业为主，企业数量少、规模小，抗风险能力低，这决定了这些地区的贷款承载能力较低，在一定程度上制约了辖内金融机构对扶贫开发的支持。

2) 实地调查反映的问题

为了了解江苏小额信贷扶贫和女性贫困的现状，课题组选取邳州、滨海、宿豫、泗洪以及睢宁五个样本地区进行了调查，共走访了 333 家农户，有效问卷 325 份。针对贫困、脱贫以及返贫情况共反映出了以下几个方面的问题。

(1) 农户对扶贫项目认知不清。

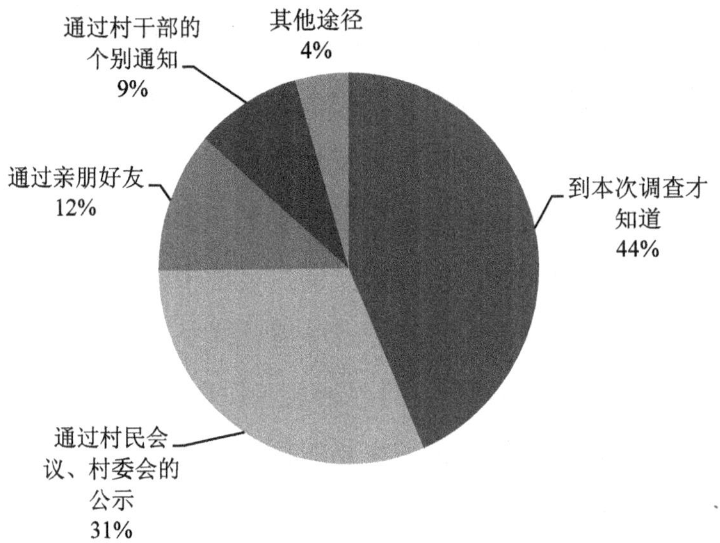

图 5-1 样本地区低收入农户对扶贫项目的认知途径的调查

从图 5-1 可以看出，有近三分之一的农户对于村子内部贫困项目是到本次调查才第一次知道，其他途径还包括村民会议、村委会的公示，亲朋好友互相告知以及村干部的个别通知。虽然村民会议和村委会的公示在一定程度上弥补了村民对于村庄内部事务的知情权，但是对于扶贫工作及项目的宣传来说仍然是远远不够的。一些好的扶贫帮扶政策项目如果一开始不为村民所知，那么在今后的推广和实践中是很难进行下去的。

(2) 农户对于扶贫项目的参与性不高。

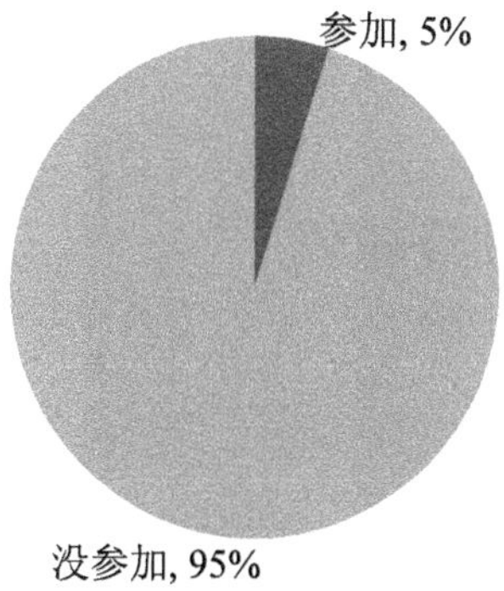

图 5-2　样本地区低收入农户对扶贫项目的参与情况

从图 5-2 可以看出，由于样本地区农户对村子内部扶贫项目认知途径有限，因而导致有近 95%的农户没有参与到扶贫项目中去。这种参与率的低下充分说明当前江苏一些地区存在着政策虽好，无人参与的局面，导致原本一些好的扶贫政策没有给低收入农户带来实际利益。

(3) 低收入农户对小额贷款扶贫缺乏了解。

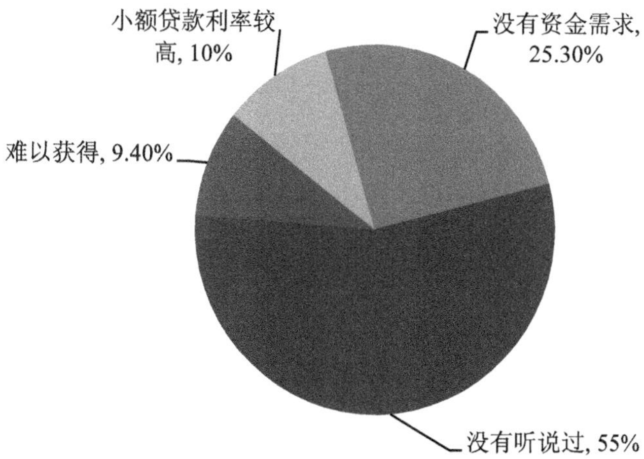

图 5-3　样本地区低收入农户对小额信贷扶贫的了解情况

从图 5-3 可以看出，有超过调查样本总数一半的低收入农户完全没有听说小额扶贫贷款。还有四分之一的低收入农户认为没有这方面的资金需求，剩下的 20%则分别是认为小额扶贫贷款难以获得以及贷款利率较高。这反映出在样本地区，对于小额扶贫贷款的宣传、发放和实施过程中仍然存在着许多问题。

6. 国外先进经验借鉴及政策建议

1) 国外先进经验

(1) 孟加拉乡村银行——非政府组织模式[①]。

孟加拉乡村银行起源于 20 世纪 70 年代，是由著名经济学家穆罕默德·尤努斯博士的小额信贷实验开始的，并于 1983 年被孟加拉政府允许注册为民间银行。为了让家乡人民更早更快的摆脱贫困，尤努斯博士首先与乡村赤贫农妇合作，开始创建孟加拉乡村银行。在经历了 30 年的努力之后，发展成为拥有 400 万借贷者(96%为女性)，1277 个分行，12 546 名员工，贷款总额达 40 亿美元的庞大银行网络，帮助了数百万人口成功脱贫。

孟加拉银行模式是一种非政府从事小额信贷的模式，具有独立的组织系统和经营结构，主要包括以下几个方面的特点：第一，孟加拉乡村银行专门经营小额信贷业务，专门向中低收入阶层提供存款、贷款、保险等小额信贷金融服务，贷款对象以穷人为主，多为贫困群体，而且主要是农村的贫困女性；第二，孟加拉乡村银行的贷款资金来源主要是本国政府和国际组织的支持，以及成员储蓄；第三，孟加拉乡村银行的组织系统由银行自身的组织机构和借款人组织机构两部分组成。银行自身的组织机构分为四级，即总行、分行、支行和营业所。借款人的组织机构分为三级，即会员中心、会员小组和会员。其在自愿的基础上建立农户自助组织，通常按 30~50 人组建一个中心，5 人为一个小组。中心有定期的中心会议制度，即时交流管理、技术等方面的经验和做法。在会员小组中，小组成员都需要取得以下共识：承担在

① 石晶，李卿语. 孟加拉乡村银行模式对发展我国农村小额信贷的启示[J]. 税务与经济, 2010, (2).

其他成员发生还款困难时相互帮助的义务，即如果贷款者无法按期还款，则小组成员共同承担风险，其他成员负有相应的连带还款责任；第四，孟加拉乡村银行的贷款额度由成员个人所在小组的表现、个人在乡村银行的总储蓄额及个人意愿决定，总额度不低于个人储蓄总额的150%。还款期限可选择按周或按还款。对按期参加活动、按期还款的，其贷款额度逐步增加；反之则递减；第五，孟加拉乡村银行根据借款人的需求发放无抵押、短期的小额贷款，同时要求客户开设储蓄账户，存款金额达到一定程度时必须购买孟加拉乡村银行的股份，从而成为银行股东。

这种模式对于我国农村地区小额信贷扶贫有以下几点启示：

① 成功的风险控制使小额信贷成为可能。由于农民贷款缺乏可用于抵押的物品，而商业性金融机构出于控制风险的考虑，对抵押、担保等条件要求很高。孟加拉乡村银行通过整贷零还、小组模式、随机回访等一系列风险防范措施，在无需抵押担保的情况下，保证了资金的安全，为盈利创造了条件。

② “小组+中心+银行工作人员”的信贷制度。这种制度在一定程度上解决了信息不对称的问题。孟加拉乡村银行的工作人员采取上门服务措施，并且分工到位，平均1名工作人员要负责10个中心、约400名借款人的业务。当孟加拉乡村银行的某一成员在一次会议期间正式提出贷款申请，银行工作人员通常会向小组组长和中心负责人咨询，较为真实地掌握了借款人的信息状况。

③ 高利率政策保证了乡村银行的盈利和可持续发展。孟加拉乡村银行根据市场情况自行制定利率，利率水平较高，一般年复利在10%左右。孟加拉乡村银行的职员需走村串户、上门服务，因此薪酬较高，较高的利率水平与职员较高的薪酬水平是相对应的。

④ 完善的用工制度有助于提高乡村银行员工的整体素质。首先考查应聘者的思想道德，是否具有敬业、吃苦耐劳的精神。其次，按照学历来安排所从事的工作。一般情况下，基层工作人员至少是高中学历；营业所的经理、主任必须是本科以上学历，但工作能力特别突出者，适当破格提拔任用；近

来，许多研究生也加入到乡村银行的队伍中，从而提高了职员的素质，也提升了银行的影响力。最后，公开招聘，以公开、透明的方式选拔优秀人才。这极大地杜绝了一些才学浅薄的权贵分子钻营进入银行，提高了银行的运行效率，有效避免了寻租现象。

⑤ 与政府建立良好关系。政府采取有效的政策措施促进其健康、有序发展。孟加拉政府对乡村银行的发展不仅在态度上给予肯定，还放宽了对其的政策限制，同时乡村银行始终与政府保持着融洽的关系。

(2) 印度尼西亚人民银行小额信贷部——正规金融机构模式①。

印度尼西亚人民银行小额信贷部下共有设地区人民银行、基层银行和独立营业中心三个部门。独立营业中心是基本的经营单位，实行独立核算，可以自主决定贷款规模、期限和抵押，执行贷款发放与回收。机构内部建立激励机制，如独立营业中心实行独立核算，每年经营利润的 10%在第二年分配给员工。实行商业贷款利率以覆盖成本(年利率 32%)，如果借款者在 6 个月内都按时还款，银行将每月返回本金的 5%作为奖励；储蓄利率根据存款额确定，存款越多，利率越高。这种政策使 BRI-UD 吸收了印尼农村约 3300 万农户手中的小额游资，储蓄成为其主要的贷款本金来源。严格分离银行的社会服务职能和盈利职能。银行不承担对农户的培训、教育等义务。BRI-UD 高利率和鼓励储蓄的政策，使金融机构实现了财务上的可持续性。

印度尼西亚人民银行的成功说明：①国有商业银行在农村金融市场上具有较高的信誉，而国有商业银行的信誉是小额信贷在印度尼西亚取得成功的保障；②在远离城市的乡村，对小额存贷款实施大幅度高于城市的利率是可操作的；③将低收入农户的财产作为贷款抵押，对提高贷款履约率能够有效地发挥保障作用；④国有商业银行在农村采用高利率、高抵押率的模式办理小额信贷是能够实现市场化经营和持续发展的。

---

① 石俊志. 小额信贷发展模式的国际比较及其对我国的启示 [J]. 国际金融研究, 2007, (10).

2) 对策建议

(1) 建立小额信贷最终偿还机制。

最终偿还是小额信贷健康运行和持续发展的核心条件。小额信贷作为低收入者、主要是贫困农户的创业资金，存在着较大的创业失败风险。如果创业失败，资金损失，如何使信贷资金得到最终偿还是确立小额信贷模式需要解决的首要问题。

(2) 加强银政沟通，锁定发放人群。

通过组织召开全市扶贫贷款发放工作现场推进会形式，加强各农商行和扶贫办等政府部门沟通协调，紧紧锁定年纯收入4000元以下贫困农户，按照“两优先”原则，即有特色产业项目的优先支持，有致富愿望的农户优先支持，明确扶贫贷款投放目标和投向。

(3) 简化贷款程序，扩大投放规模。

组织辖区农商行对农户实行授信、上门服务、设立专柜、安排专人发放等“一站式”服务，对资料、证件健全的给予现场办理，同时本着便民原则，成立流动发放服务队，把临时柜台搬进村，努力提高工作效率，不断扩大扶贫贷款的覆盖面积。

(4) 突出带动作用，提高使用效益。

在扶贫小额贷款具体发放过程中，广泛采取“合作社+贫困户”、“专业大户+贫困户”、“龙头企业+贫困户”等模式，实行“分户信贷，集中使用，同舟共济，携手发展”的方法，积极发挥种、养、加大户和农民专业合作社的带动作用，降低扶贫资金使用风险，同时带领贫困农户抱团“致富”。

(5) 完善担保机制，降低信贷风险。

推动地方政府建立以财政担保金为主，多形式、多渠道的扶贫小额贷款担保机制，扶贫小额贷款担保倍数由以往的 1∶3 逐步提高到 1∶5。如沭阳县安排县级财政拿出3000万元资金作为扶贫小额贷款扩大投放担保金，扶贫小额贷款发放突破 3 亿元，名列全省县级第一。

(6) 加强监督检查，规范贷款操作。

加强扶贫小额贷款督查推进工作，将扶贫小额贷款投放进度及时通过媒体向社会公布。推动各县区农工办把目标任务分解到乡镇，乡镇将目标任务分解到村组，实现乡、村“一把手”负责制。各县区制定出台了扶贫小额贷款工作奖惩办法，对规范操作、投放及时、回收好的单位和个人给予表彰奖励，着力促进扶贫小额贷款投放形成长效机制。

(7) 全面实行扶贫资金直接到户，增强资金使用的针对性和精准度。

村子穷不代表农民穷，村子富也不能代表农民富。过去的“漫灌”式的模式值得反思，如今通过全面实行扶贫资金直接到户，改“漫灌”为“滴灌”，增强了资金使用的针对性和精准度，也在一定程度上可以改善村镇繁荣但农民贫困的现象。“授人以鱼不如授人以渔”，贷款资金不只是用于帮助农户脱贫，更是要帮助农户做项目，开辟致富的道路。因此要坚持“项目跟着规划走、资金跟着项目走、监管跟着资金走”的原则，落实扶贫项目、资金公告公示制度，使有限的资金用在刀刃上，真正惠及广大帮扶对象。

三、农村女性贫困问题与对策

贫困女性化现象已经成为一个全球关注的问题。在我国过去有关贫困问题的讨论中，大多是对贫困问题的单一描述，很少从性别角色的角度去分析和对待贫困，妇女的处境往往被忽略了。传统社会中妇女一直处于被歧视、被束缚的地位，她们依附于家庭而存在，失去了应有的话语权和独立能力，这种状况根深蒂固，短时间很难彻底解决。在新的历史阶段，虽然从法律上而言，妇女已经解放，获得男女平等的权利，而且部分妇女已经成为了真正意义上的半边天，但是还有相当多的妇女特别是贫困妇女，依然处在弱势之中，这就需要我们投入更多的精力来关注妇女问题特别是贫困妇女问题。妇女中的贫困问题不仅仅是她们自身的问题，而且与长辈的赡养与孝义、子女的教育和健康、家庭的稳定问题直接相关，牵涉到社会的各个方面。它的复杂性要求我们对其进行深入细致的调查和研究。

1. 低收入农户中女性贫困问题

根据课题组在邳州、滨海、宿豫、泗洪以及睢宁五个样本地区进行的调查，发现低收入户中的女性境况更差，需要更多的关注。

1) 缺少对土地承包权的拥有权

图 5-4 显示的是被调查地区农村贫困女性土地承包权的归属情况。从图中可以清楚地看到，有近 74%的农村贫困女性的土地承包权是在婆家的。而只有 25%的女性的土地承包权在娘家。土地承包权是农民生存保障的最后一道防线，对于本身处于农村社会弱势地位的女性来说，土地承包权更是其保障自身权益的一种有效方式。可是现实情况是侵害农村女性土地承包权的情形时有发生，农村女性土地承包权在行使方面仍然不尽如人意。

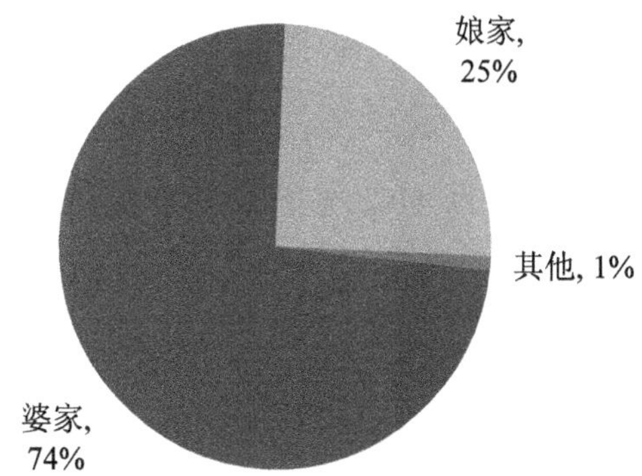

图 5-4 样本地区低收入农户中贫困女性的土地承包权归属情况

由于土地保障性条文设计有缺陷，导致农村妇女土地承包权的保护不周。《农村土地承包法》第 30 条规定：“承包期内，妇女结婚，在新的居住地未取得承包地的，发包方不得收回其原承包地；妇女离婚或丧偶，仍在原居住地生活或者不在原居住地生活但在新居住地未取得承包地的，发包方不得收回其原承包地。”这一条款目的在于保障出嫁女、离异及丧偶妇女的土地承包权，但由于条文规定不明确，现实生活中出现了规避情形。如嫁入方的集体组织以女方在原居住地保有承包地为由，拒绝发包土地；而原住地则以女方已经嫁出为由收回承包地，导致女方或迟迟不能得到新承包地，或提早被收回承包地。即使原住地不收回承包地，但因土地的固定性，出嫁的女性根本无法行使承包权，很多情况下也无法获取土地的收益，其名义下的土地份额及其收益往往由娘家父母或兄弟享有。

2) 缺乏对家庭中财产权利的正确认识

从图 5-5 可以看出，样本地区低收入农户中女性对于娘家财产分配的态度有以下几个类型：一是认为可以与家庭中男性成员平分，这些人数占到全部调查总数的 29%；二是认为不应当或少于家庭中男性成员分配家庭中财产的人数占到总数的 62%；三是认为无所谓是否得到娘家财产，这部分人数占到总数的 8%。这三种不同的态度反映出以下几个方面的问题：一是受传统观念的影响，男孩和男人对家庭经济贡献更大，父母到了老年可以依靠男孩，而女性就其劳动力和挣钱能力贡献而言总量较少，或是由于其出嫁的昂贵花费要求，使家庭财产外流[①]。在所有情况下，认为女孩对家庭没有贡献，也不能照顾年老的父母，婚姻对女性至关重要的社会性别观念，都导致大多数女性只拥有对老年人的赡养权，而没有对家庭财产的继承权，大多数家庭中的老人往往将财产留给家庭中的男性成员，从而剥夺了女性获得财产权的可能，进而导致贫困；二是在样本地区低收入农户中女性由于缺乏法律常识和对家庭中财产权利的正确认识，使得他们自我保护意识淡薄，更容易陷入贫困。

① 瓦伦丁 · M. 莫格哈登. 贫困女性化？—有关概念和趋势笔记. 三联书店，2000: 40-42.

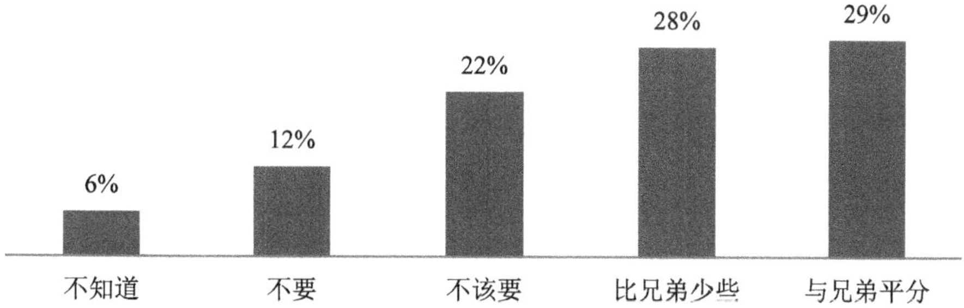

图 5-5　样本地区低收入农户对娘家财产分配的态度调查

3) 缺失家庭中的决策权

从图 5-6 可以看出，在低收入农户家庭中丈夫仍然是一家之主，享有对家庭事务的主要决策权。在 2013 年的《千年发展目标报告》中曾指出，提高女性的决策权并不仅限于她们在议会中的作用，更应该体现在私人领域即家庭空间中。家庭内部的不平等有如下两种最为突出的表现：①对家庭成员有不同的评价，女孩和已婚女性的价值最低，年长者价值最高；②家庭内部的开支、投资等一系列重大决策都由男性决定[①]。通过对样本地区的观察也可以看出，在低收入农户中女性决策权相对于男性依然较少，这不仅不利于女性自身的发展，同时也阻碍了家庭中下一代子女的成长[①]。

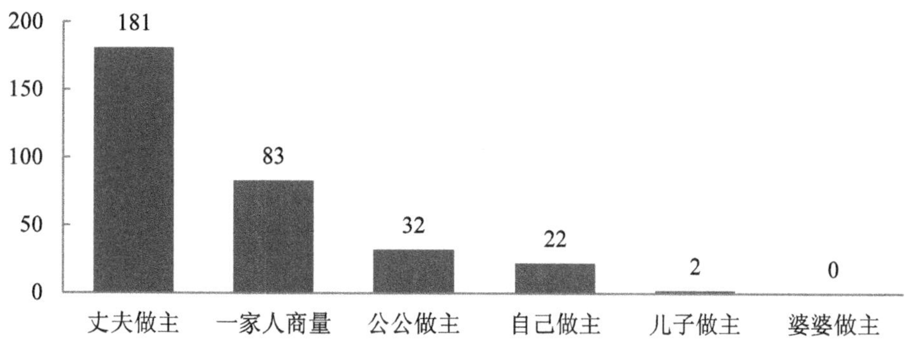

图 5-6　样本地区低收入农户中家庭决策权归属情况

① http://www.un.org/zh/mdg/report2013/3_6.shtml，2013 年千年发展目标报告——女性在家庭内部的决策权仍有很大的提升空间。

4) 对社区内社会活动的参与程度低

尽管各地区妇联组织针对贫困妇女开展了形式多样的活动，但是从样本地区女性参与妇联活动的情况来看，有将近 84%的女性表示当地并无此类组织，而表示从不参加的人数比例也达到了 34%。造成这种现象的原因是多方面的，首先，妇联对开展的活动宣传力度不够。很多组织活动由于前期宣传力度不够，使得很多女性参与性不高；其次，由于丈夫常年在外打工，家中的生产生活任务就全部落到了家中的女性身上，使得她们无法取得参与社区组织活动的时间和精力；最后，女性的贫困并不单纯是经济上的贫困，同时由于缺乏教育和培训的机会，使得她们在对自身认识上存在局限性，因此缺乏参与改变自身现状的社区活动的积极性(图 5-7)。

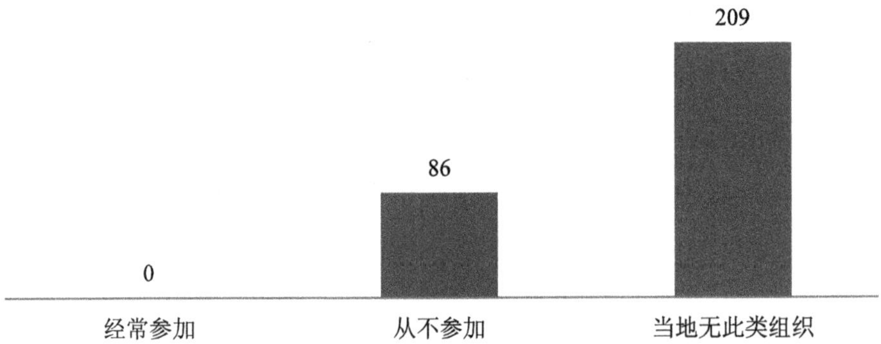

图 5-7　样本地区低收入户女性参与妇联活动情况调查

5) 社会资本较为单一

从图 5-8 中可以看出，在样本地区有 82%的农村女性在生活中遇到困难时首先想到的求助对象是亲戚。从这一数据中可以看出在一些农村地区女性的社会资本较为单一。由于传统观念的束缚以及受教育程度的低下，女性在获得社会资源和信息方面处于弱势地位。在生产生活中如果遇到困难时，只能依靠单一的社会资本寻求援助，这在一定程度上制约了农村女性的发展。

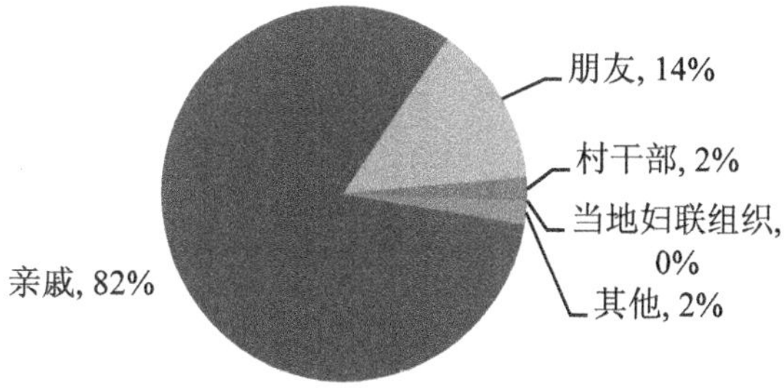

图 5-8 样本地区低收入户女性求助对象调查情况

6) 自身发展受到多种制约

从图 5-9 中可以看出，在样本地区，低收入农户中的农村女性在自身发展方面主要面临以下五个方面的问题：分别是接受教育和培训的机会少、缺少改变自身现状的动力、生存压力大、家庭矛盾多以及受到不同程度的歧视。这几个方面问题的出现表明当前在江苏省的一些农村地区低收入户中女性发展面临十分严峻的形势。

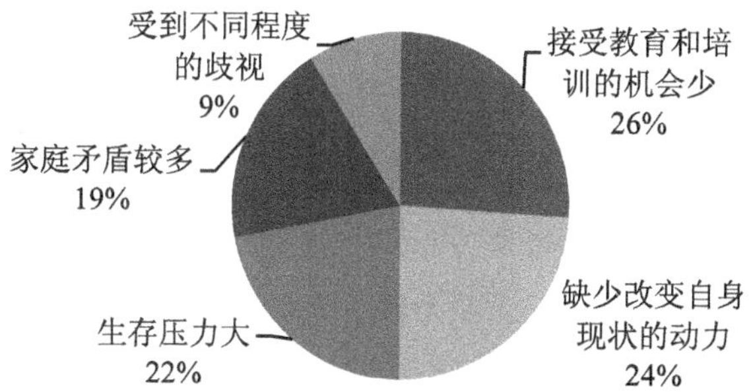

图 5-9 样本地区低收入农户女性发展所面临的主要问题调查

作为比例最高的一项——接受教育和培训的机会少(26%)应当是首先要解决的问题。教育和培训不仅能提高妇女在外工作的生产力，而且有助于提高她们在做家务和教育子女的能力[①]。这种能力对于低收入户中女性来说尤其重要，不仅可以帮助其自身尽早走出贫困，同时也可以防止贫困在代际间进行传递。缺少改变自身现状动力(24%)这一项几乎同等重要，在一些农村地区

① 伊娃 · 米勒. 测量发展中国家妇女贫困问题. 三联书店，2000: 95.

由于经济条件和传统观念的限制，使得她们在发展中缺乏培训、教育、信贷和自尊，这些因素导致了贫困女性处于十分不利的地位，同时也影响了贫困女性对自身潜力的认识和发掘。生存压力较大(22%)反映出贫困妇女除了要承担农业劳动生产这种重体力劳动之外，还肩负着家庭中种种不计入生产劳动报酬的家务劳动，这种双重重担限制了女性的自身发展，同时也阻碍了其脱贫致富的道路[①]。家庭矛盾较多(19%)和受到不同程度的歧视(9%)则反映出贫困女性在自身发展中还存在获得生产资源和收入的条件限制，她们不仅在经济上处于弱势，而且在家庭中的决策地位也处于劣势。

2. 贫困女性帮扶现状

江苏在新一轮的扶贫帮扶工作中，积极发挥妇联组织在帮扶贫困女性中的重要作用，开展了一系列重要活动，并取得了初步成效。

专栏 6　妇联扶贫济困情暖贫困户

2014 年以来，江苏泗洪县妇联结合党的群众路线教育实践活动的开展，积极动员社会力量关爱贫困母亲、贫困儿童，关注贫困家庭。组织巾帼志愿者大力开展多种形式宣传活动，宣传扶贫中的先进典型，努力在全社会形成积极参与扶贫济困的良好氛围。积极寻求帮扶资金开展贫困儿童捐资助学活动，今年以来，已开办各类春蕾班 5 个，为贫困儿童申请各类助学款达 50 多万元。通过组织开展单亲贫困母亲关爱活动，动员社会力量共同关爱单亲贫困母亲，为她们提供衣物、帮扶资金达 20 万元，同时为她们提供免费技能培训，帮助申报女性小额创业贷款。结合“玫瑰心语”谈心谈话活动，组织单位全体人员开展结对帮扶低收入户、特困户家走访慰问活动，帮助他们共同谋划解决困难的路子。今年以来，已经为贫困户、特困户提供衣物、生活用品、帮扶现金近 3 万元。

——中国泗洪网 http://www.sihong.gov.cn/art/2014/10/22/art_701_199570.html.

① 陈芳. 全球化、性别与发展. 天津大学出版社，2009:77.

专栏 7　市妇联、市慈善总会到宿豫区慰问单亲贫困母亲

为进一步做好“资助单亲贫困母亲”慈善救助项目资助金发放工作，扩大慈善工作影响力，凝聚社会力量，关爱弱势群体，市妇联、市慈善总会到宿豫区慰问单亲贫困母亲，宿豫区妇联主席高潮和王官集镇党委书记周瑞等陪同。

在宿豫区王官集镇王集村单亲贫困母亲程艳春家中，市妇联副主席孙金葵、市民政局副局长单延山亲手把 1000 元慰问金送到她手中，并与她亲切交谈，帮助她解决困难。在看到程艳春家中简陋的过冬床被时，领导们当场表态再向她家捐赠 2 床棉被。程艳春热泪盈眶，连连说到“感谢领导，感谢共产党啊！”

此次市妇联、市慈善总会到宿豫共计慰问了 40 户贫困单亲母亲，慰问金额达 4 万余元。

——中国宿豫网 http://www.suyu.gov.cn/news/suyu/2009-12-27/1118.html.

不仅各地妇联对低收入户的农村女性采取了一系列重点帮扶措施，一些地区还推出了一系列新的举措帮助农村女性尽快脱贫致富。

专栏 8　滨海县妇联建设单亲贫困母亲救助信息库

为进一步做好单亲贫困母亲救助工作，日前，滨海县妇联召开了基层妇联干部会议，就做好单亲贫困母亲救助、建立完善救助对象信息库提出明确要求。各镇区妇联及时召开村组妇联干部会议，布置单亲特困母亲调查摸底任务。以村（社区）为单位，各镇区妇联干部会同村居妇代会主任纷纷进组入户，搜集了解单亲贫困母亲情况，实现救助信息搜集网络的全覆盖。对搜集上来的单亲贫困母亲信息，按照家庭经济情况及需要帮扶的重点内容进行细化分类，以便有针对性做好单亲贫困母亲救助工作，切实有效帮助她们解决实际困难。为确保信息库的准确性与及时性，滨海县妇联实行单亲贫困母亲救助信息定期更新制度，要求各镇区妇联对救助人的接受帮扶情况及救助工作情况，要连续记载，逐年更新，定期上报，及时更新数据库信息。

——中国滨海网 http://www.binhai.gov.cn/Article/ShowArticle.asp?ArticleID=520849.

3. 帮扶农村贫困女性的对策

虽然近年在扶贫开发工作中开始关注女性贫困问题并取得一定成效，但农村贫困女性的处境依然很不乐观。针对农村女性贫困问题，扶贫政策的制定应当具有性别指向性，更多的考虑农村女性的需求。

(1) 在加快贫困地区经济社会发展进程以及在各项扶贫开发重点内容和工作中注意为妇女创造提高收入的机会。在整村推进扶贫开发过程中将性别问题作为必须坚持的基本原则之一；将妇女劳动力的培训和转移列为专项计划，从培训、转移、权益保护等方面采取具有性别敏感的措施；产业化扶贫要特别关注妇女的参与和效益分享；“公司+基地+农户”的模式要注意为妇女多提供稳定增加收入的机会。

(2) 在扶贫开发涉及的系统和领域、范围倡导和普及社会性别意识。包括：开展和普及“社会性别”教育，对全社会进行社会性别培训；在扶贫政策和措施宣传中增加社会性别意识教育和普及的内容；将扶贫项目作为传播社会性别意识的载体；在举办社会性别意识活动时积极邀请男性参加，促进男性社会性别意识的根本转变。

(3) 将社会性别问题分析作为扶贫开发政策调整的一项重要原则。一是建立制度，要求所有扶贫政策、方案和项目宏观决策前必须进行社会性别分析，要有清晰的社会性别计划方案以及该项政策、方案和项目可能分别对男性和女性带来的影响；在该项政策、方案和项目实施后，评价其对男性和女性在实践发展中产生的不同影响。二是将社会性别意识纳入具体的政策制定过程和决策主流，运用社会性别分析的方法，分析贫困妇女发展中遇到的问题。

(4) 在开发式扶贫政策及措施中提高社会性别敏感性。在现有的统计系统(按区域或户)中增加按性别划分贫困人口的数据，建立性别瞄准机制。引导、组织妇女以积极参与者的身份而不是以被动受益者的身份参与反贫困决策、管理、实施、协调和监测，逐步建立性别敏感的参与式扶贫机制。建立贫困妇女社会安全救助网，包括一份社会保障田、食品和营养安全保障(如直接的食品补贴)、基本医疗条件、适当的自然灾害救助、增加财产及家庭经营多样化的保险机制等。在加强贫困人口能力培养的制度建设中关注贫困妇女的基本需求，重点为贫困妇女提供基本的社会服务。从法律、机制、具体措施上消除城市就业中的性别不平等，建立有利于贫困女农民进城务工和劳动就业的环境和制度。在整合、协调多层次、多部门、多形式的社会扶贫资源的新机制、新方式中纳入性别意识和视角。

(5) 在扶贫开发项目的设计和实施中提高社会性别敏感性。一是在扶贫开发项目的整个周期中始终贯彻社会性别敏感的参与性原则；二是在扶贫开发项目的设计和实施中，将社会性别盲点的技术推广转变为具有社会性别敏感的技术推广；三是在扶贫开发项目的设计和实施中，增加以性别平等为目标、针对当地突出的社会性别问题进行系统或策略性干预的项目内容；四是在扶贫开发项目的设计和实施中，鼓励在社区建立妇女小组并帮助和支持妇女小组成长的各项活动和预算安排，推动妇女小组作为农村妇女民间组织，参与到村民自治和社区管理中。

(6) 建立具有社会性别敏感的参与式扶贫体系。在参与式村级规划的过程中，探索并建立能够反映和表达妇女群体声音的各种机制和程序；转变新阶段扶贫开发工作方式与运行机制，对扶贫资金的传递和扶贫项目的管理要从制度上保证妇女代表的自主、充分参与；在参与式村级扶贫开发规划实施管理小组和监测评价小组中确保妇女参与的数量和程度，并为自治组织真正发挥作用提供制度支持；支持妇女组织的建立和培育；围绕扶贫开发规划项目的实施管理、监测评价，以及其他经济社会发展活动对妇女开展有效的培训；有计划、有步骤地开展一系列性别敏感的贫困村参与式扶贫体系建设的试点、示范活动。

(7) 建设分性别的扶贫开发监测与评价系统。第一、将扶贫开发项目的性别敏感性纳入项目设计和效果评价的范围。第二、创新贫困村扶贫开发监测评价体系：一是在传统的扶贫开发监测评价系统中增加性别指标；二是建立贫困农户参与式监测评价系统。在实践中，可以考虑扶贫系统和有参与式经验的民间团体、专家作为中介和协助者的角色，保证项目社区真正有贫困人群和妇女的参与并在项目的监测和评估中发挥主体作用。第三、在扶贫开发监测评价中建立和使用适当的客观的性别敏感指标。这些指标应包括生活的各方面——健康、教育和经济机会，还应与妇女生活的各阶段相关。第四、增加衡量扶贫效果的社会性指标，更加灵活全面地包括妇女和少数民族的体验和感受。第五、协调及整合各个部门与群众团体的分性别统计资料，防止统计工作重复和资源浪费。

(8) 加强社会性别与扶贫开发的分析与实践能力建设。重视贫困与社会性别的研究和社会性别意识和分析能力的能力建设；从中央到各省区的扶贫开发系统要注意建设、引进或培养具有社会性别敏感的政策研究和社会性别分析的专家人才队伍，在系统内部的培训班中增加社会性别意识与分析理论、方法等内容，为社会性别纳入扶贫开发政策和实践的主流而建立基础；运用社会性别分析的理论和方法，对现行扶贫开发模式进行效果研究；加强与国际组织、非政府组织的合作，充分利用国际发展项目的优势，有计划地开展各类研究，如社会性别敏感的扶贫开发规划的制定与实施等；通过扩大与倡导社会性别平等的妇女组织、民间组织、国际发展机构等合作的途径，组织力量收集、翻译、研究国际相关的实践经验和研究成果，并在扶贫系统、相关部委、学术界、扶贫民间组织、妇女组织乃至更广的范围内进行研讨与交流。

四、案　　例

1. 宿迁市——“三大片区”扶贫工作新进展

近年来，在全市上下的共同努力下，宿迁经济社会取得了长足进步，小康社会建设取得了新的进展，扶贫开发工作取得了明显成效。但由于建市时间晚、经济基础弱、贫困人口多，全市小康社会建设和新一轮扶贫开发形势仍十分严峻，脱贫任务仍十分繁重。据统计，全市人均纯收入低于4000元的贫困户有28.9万户，99.5万人，其中扶贫开发77.2万人；省定经济薄弱村360个，占全省总量的35.6%，其中三大省级扶贫片区经济薄弱村占比达到50%，是全省贫困面最广、贫困人口最集中、脱贫难度最大的地区。

2012年4月，省委、省政府在宿迁召开全省苏北工作暨扶贫开发工作会议，会上印发了《江苏省农村扶贫开发“十二五”规划纲要》，明确将包括宿迁西南岗地区、成子湖周边地区和黄墩湖滞洪区(以下简称“三大片区”)在内的六大片区确定为省级重点扶贫开发片区。宿迁市三大片区涉及泗洪县、泗阳县、宿豫区、宿城区和湖滨新区，共20个乡镇，依据2011年省扶贫办要求，按最新扶贫标准实施新一轮建档卡，宿迁市共建档立卡28.9万户，99.5万人，其中扶贫开发77.2万人，行政村236个(其中经济薄弱村116个)，总面积2284平方公里(其中耕地面积127.6万亩)，总人口80.2万人(表5-1)。

表5-1　宿迁扶贫开发重点片区基本情况表

分类 片区	面积/km^2	涉及县(区)	乡镇数/个	耕地面积/万亩	行政村数/个	经济薄弱村/个	总人口/万
西南岗地区	677	泗洪县	8	56.1	84	55	28.7
成子湖地区	1289	泗阳县 泗洪县 宿城区	10	63.7	127	53	43.7
黄墩湖滞洪区	318	宿豫区 湖滨新区	2	7.8	25	8	7.8

注：黄墩湖滞洪区涉及徐州和宿迁两市，表中数据为宿迁市相关指标。

全省扶贫开发工作会议召开后，宿迁市扶贫开发工作围绕低收入户脱贫和村集体增收“两大任务”，强化扶贫整体帮扶力度，大力推进片区扶贫开发，重点加大对三大片区基础设施建设、产业发展、民生改善等政策措施的落实力度。一是认真做好项目编报。全年编报三大片区项目335个，投入资金83.05亿元，其中省以上补助资金20.59亿元，市县乡配套41.1亿元，自筹 21.36 亿元；计划实施基础设施类项目 130 个、产业发展类项目 132 个、民生改善类项目 73 个。二是加快项目落实。截至目前，三大片区已完成帮扶项目 44 个，正在实施 213 个，已完成投资 29.87 亿元，其中争取省以上补助 3.73 亿元，占全年争取省以上补助的 18.1%。三是统筹改革发展。积极探索在“统筹城乡发展、减少相对贫困”背景下实现工业化、城镇化和城乡一体化发展的新路子。目前，成子湖周边地区综合改革试验区方案基本完成，近期报省审批。西南岗地区充分运用国税对“公司+农户”经营模式、对农民专业合作社的免征企业所得税和增值税等优惠政策，促进扶贫开发向纵深发展。

2. 涟水县——紧盯目标任务，强化措施推进

2014 年是“十二五”扶贫开发的关键之年，年初以来，涟水县不断强化推进措施，快速有序推进全年扶贫工作开展。

一是建档立卡实现动态管理。根据全省扶贫数据网上直报要求，对二次确认的农村低收入农户建档立卡名单进行再次核查，进一步厘清是否符合低收入农户条件、是否脱贫、是否返贫等信息，并在网上进行动态调整更新，实施分类保障帮扶，进一步提升“三落实”工作的针对性和精准性。

二是持续加大帮扶投入力度。充分发挥帮扶工作队帮扶效应，经济薄弱村及所在乡镇积极与省市县工作队对接，确定帮扶项目，最大限度争取工作队帮扶，年初以来，全县累计投入 1.31 亿元，其中，省委投入 6000 多万元，市委工作队投入 1000 多万元，县委工作队投入 480 多万元。扎实开展“三落实”工作，党员干部与低收入农户结对帮扶，帮助低收入农户确定发展项目，协调资金投入。多方式开展扶贫济困活动，仅今年扶贫日期间，全县副科级以上干部为低收入农户、贫困老人发放慰问金、实物折币 90 多万元。

三是完善农户直接受益机制。创新奖补资金使用模式，参与城市开发建设，最大限度发挥资金使用效益，有效解决了需要长期“输血式”扶贫对象的帮扶问题。今年继续统筹省奖补资金 2255 万元，累计统筹 8300 万元奖补

资金，通过县级政府资产经营平台，按照年收益率不低于 10%的比例，可以形成 800 多万元的收益惠及低收入农户。今年 4 月份，兑现 2013 年入股分红收益 359 万元，受益农户 1.2 万户，11 月底，将再兑现 300 多万元，持续惠益低收入农户。

四是强化技能培训促进脱贫。把促进有劳动能力、就业意愿的贫困群体“再就业”作为工作重点，调整优化培训资源，实行定企培训和订单培训，既从根本上消除了贫困人口，又为地方产业发展提供了稳定的人力资源保障。今年以来，完成培训低收入劳动力 3000 余人、就业率超过了 95%。

五是建立健全帮扶制度体系。年初，专题召开脱贫奔小康工作会议，签订目标责任状，形成“一级抓一级、层层抓落实”的责任体系。调整完善扶贫工作考核评价体系，把评判权交给低收入农户，加强对考核结果的运用，切实做到扶真贫、真扶贫。结合“三解三促”、“三进三帮”、“万名党员干部进万家”等活动，进一步建立健全结对帮扶制度，将全县财政供养人员全部纳入帮扶责任人名单，结对帮扶 2~3 户低收入农户，实现了全县低收入农户帮扶全覆盖，加快低收入农户脱贫步伐，截至 10 月底，全县脱贫低收入人口 5.92 万人，完成全年任务的 85.8%。

六是扶贫小额贷款发放实现新突破。始终将扶贫小额贷款作为一项重要帮扶举措，明确任务目标，强化考核措施。扶贫办统一印制 4.5 万份带回执的扶贫小额贷款政策宣传单，统一下发到低收入农户手中，确保宣传单每户一份，达到政策知晓率 100%。村干部和信贷员一道进村入户对低收入农户进行筛选授信，简化办理程序，节省了办理时间，受到低收入农户一致好评。县政府专门出台了《涟水县扶贫小额贷款奖励办法》文件，对扶贫小额贷款发放工作进行单项考核奖励，对完成任务的乡镇进行奖励，县农商行也出台内部奖励办法，对完成任务的各乡镇分行进行奖励，极大地提高乡镇和农村商业银行行发放贷款的积极性。截至目前，全县发放扶贫小额贷款 1.75 亿元，受益低收入农户 1.6 万户，完成全年任务的 116%，成为今年扶贫工作的一大亮点。

3. 东海县——扶贫小额贷款让低收入者走出国门

东海县是江苏著名的劳务大县，外派劳务以“开展早、人员多、技术硬、民风正”等特点在全国范围内享有一定的知名度。从 1987 年第一批务工人员跨出国门，东海县的外派劳务事业至今已走过 27 个年头，形成独具特色的海外劳务市场，外派人员遍布 60 多个国家和地区，年新增外派近万人。

2013 年，东海期末在外劳务超过 3.5 万人，外派劳务收入近 4 亿美元，约为全县农民人均增收 3000 多元，占全县农民人均纯收入的 1/4。外派劳务是东海县的一大特色产业，也是农民增收脱贫最直接、最现实、最有效的途径。但出国劳务不但有技能要求，而且还需缴纳一定数额的出国费用，成为低收入农民出国务工最大的制约瓶颈。为解决这个难题，今年东海县成立了“外派劳务扶贫资金互助社”，为全县基本具备出国劳务条件的低收入农户搭建资金服务平台。

1) 整合资源成立外派劳务资金互助平台

为加强全县外派劳务工作的管理，县政府于 2009 年 2 月成立了东海县外派劳务服务中心，中心是经江苏省商务厅批准，由东海县政府主办的具有事业法人资格的江苏省首家外派劳务服务平台，负责全县范围内与外派劳务有关的宣传、组织、培训、政策咨询、人员备案、纠纷调解和司法援助等工作，2010 年被中国对外承包工程商会认定为“全国对外劳务合作行业基地”。

随着外派人员的不断增加，服务中心越来越感觉到外派劳务工作是一项系统的利民富民工程，但是也有阻碍这项工程的因素存在。其中最重要的就是有些想出国劳务，但是因为交不出出国费用而苦恼的人，特别是对建档立卡低收入农户更是一道不可逾越的门槛。为此，按照创新扶贫体制机制的要求，今年 2 月，以东海县外派劳务服务中心为主导，联合东海县扶贫办、东海县晶都外派劳务技能培训中心，整合利用农村扶贫互助资金、财政培训扶持资金和相关部门出资，共筹集资金 200 万元，成立了“东海县外派劳务扶贫资金互助社”。互助社是独立法人机构，为全县有出国意愿的低收入群体提供服务。

2) 规范资金使用简化贷款程序

(1) 明确扶贫资金互助社的功能定位。即互助社资金只对有出国意愿的贫困家庭提供低息使用。互助社不吸储，确保资金使用安全。

(2) 明确资金使用对象。即在县扶贫部门建档立卡的低收入户，同时只用于该群体的出国劳务费用。

(3) 每人一次使用不超过 10 000 元，最长 4 个月内回收。10 000 元可每年循环使用 3-4 次，200 万元每年可帮助 800~1000 人走出国门。

(4) 资金使用按照项目审核—人员备案—外派公司申请—本人承诺—外派公司担保的程序发放，方便快捷。

(5) 贷款资金直接打入外派企业账户，并由外派企业负责回收。

3) 强化制度约束确保资金使用的可持续性

(1) 东海外派劳务资金互助社建立完善的资金使用管理制度和贷款、回收流程，明确各环节的责任主体。

(2) 成立外派劳务资金互助社理事会和监事会。成员由商务局、扶贫办、外派劳务服务中心、外派企业等相关单位代表组成，定期召开会议，集体审查和研究资金使用和财务状况。

(3) 实行外派企业担保制度，提高了外派项目的可靠性。外派企业要为外派人员提供资金使用担保，必然要对外派项目的真实性、国外用工企业的可信度等情况有深入地了解，才能保证工人安全的在国外工作、生活；工人能赚到钱，担保才能降低风险。

(4) 实行外派企业贷款回收制度，强化了外派企业和外派人员的密切联系。外派企业要在 4 个月内回收贷款，必然要加强和工人、用工单位的联系，了解工人的工作状况、企业的生产情况和薪资发放情况；同时关注和解决工人的实际困难，密切和工人的感情，才能更好地做好资金回收工作。

外派劳务资金互助社的成立帮助了大批低收入户圆了“出国劳务，发家致富”的梦。互助社计划每年帮助 1000 名贫困人口出国，实现外派收入 1 亿元，不断提高农民的收入水平，确保低收入农户脱贫致富；同时在操作的过程中密切外派劳务平台、外派企业和外派人员之间的关系。这样，既有利于外派劳务的管理又扩大了外派企业的招收群体，能实现多方共赢的局面。

附录1 江苏农村社会保障政策文件(索引)

新型农村合作医疗政策文件

江苏省深化城乡医院对口支援工作实施方案(2013~2015 年)(苏卫医〔2013〕42 号)

2014 年全省卫生工作要点(苏卫综合〔2014〕3 号)

关于做好新型农村合作医疗几项重点工作的通知(苏卫农卫〔2014〕9 号)

关于做好新农合参合人员基本信息登记工作的通知(苏卫基层〔2014〕1 号)

农村最低生活保障政策文件

社会救助暂行办法(中华人民共和国国务院令 第 649 号)

关于提高城乡居民最低生活保障标准的通知(宁民助〔2014〕136 号，宁财社〔2014〕410 号)

关于加强和改进社会救助工作的意见(宁委发〔2014〕39 号)

关于开展因病支出型贫困家庭临时生活救助试点工作的通知(宁民助〔2013〕249 号)

关于提高医疗救助标准的通知(宁民助〔2013〕248 号，宁财社〔2013〕843 号)

苏州市政府办公室关于提高有关社会保障对象生活救助(补助)标准的通知(苏府办[2014]114 号)

淮安市政府办公室关于提高城乡低保农村五保供养标准的通知(淮政办发〔2014〕20 号)

宿迁市政府办公室关于提高全市农村五保城市“三无”老人供养标准的通知(宿政办发〔2014〕146 号)

宿迁市政府办公室关于提高全市城乡低保标准的通知(宿政办发〔2014〕143 号)

宿迁市政府办公室关于提高全市孤儿养育标准的通知(宿政办发〔2014〕145 号)

连云港市政府办公室关于进一步加强农村五保供养服务机构建设管理的实施意见(连政办发〔2014〕4 号)

城乡居民社会养老保险政策文件

关于提高全省城乡居民社会养老保险基础养老金标准的通知，苏人社发〔2014〕42号，2014年3月15日

市政府关于调整扬州市城乡居民社会养老保险实施办法的通知，扬府发〔2014〕49号，2014年4月7日

关于2014年调整市区居民社会养老保险基础养老金标准的通知，镇人社发〔2014〕57号，2014年4月25日

省人力资源和社会保障厅 省财政厅关于印发《江苏省城乡养老保险制度衔接实施意见》的通知，苏人社发〔2014〕206号，2014年7月7日

关于贯彻《江苏省城乡养老保险衔接实施意见》的通知，通人社险〔2014〕16号，2014年9月16日

关于无锡市区贯彻国家和省城乡居民基本养老保险办法和制度衔接有关问题的处理意见，锡人社规发〔2014〕7号，2014年11月21日

省政府办公厅关于进一步完善城乡居民基本养老保险制度的意见，苏政办发〔2014〕104号，2014年12月8日

失地农民社会保障政策文件

连云港市征地补偿和被征地农民社会保障办法(连政规发〔2014〕3号)

镇江市征地补偿和被征地农民社会保障办法(镇政规发〔2014〕3号)

泰州市市区征地补偿和被征地农民社会保障实施办法

徐州市征地补偿和被征地农民社会保障实施办法(试行)(徐政规〔2014〕1号)

南通市市区征地补偿和被征地农民社会保障办法

扬州市征地补偿和被征地农民社会保障办法

常州市征地补偿和被征地农民社会保障办法(常政规〔2014〕6号)

盐城市征地补偿和被征地农民社会保障实施办法(盐政规发〔2014〕7号)

苏州市市区征地补偿和被征地农民社会保障办法

农村扶贫开发政策文件

关于印发《扶贫开发工作考核办法(试行)》的通知(国开发〔2012〕1号，2012年1月6日)

关于《进一步加强农村贫困监测工作的通知》(国统字〔2012〕21号，2012年3月19日)

关于做好新一轮中央、国家机关和有关单位定点扶贫工作的通知(国开发办〔2012〕78号，2012年11月8日)

《关于创新机制扎实推进农村扶贫开发工作的意见》(中发办〔2013〕25号，2013年12月18日)

《关于进一步创新扶贫开发体制机制的意见》(苏办发〔2014〕14号，2014年2月28日)

国务院扶贫办关于印发《扶贫开发建档立卡工作方案》的通知(国开发办〔2014〕24号，2014年4月2日)

涟水县政府办公室关于印发《2014年扶贫小额贷款发放实施意见》的通知(涟政办发〔2014〕45号，2014年4月29日)

附录2　江苏农村社会保障大事记

新型农村合作医疗大事记

2013年11月12日，江苏省卫生厅印发了《江苏省深化城乡医院对口支援工作实施方案(2013~2015年)》的通知(苏卫医〔2013〕42号)，要求各市卫生局认真贯彻执行，并将实施过程中的工作情况和意见建议及时反馈至江苏省卫生厅医政(医管)处。

2013年11月22日，扬州市开始开展农村居民大病保险理赔工作，中国人寿保险公司扬州市分公司和中国人民财产保险股份有限公司扬州市分公司将成为扬州市农村居民大病保险工作承办单位，承担大病保险补偿人员医药费用的审核、结算和理赔等工作。

2013年12月25日，江苏省公布了关于授予邳州市等9个县(市、区)江苏省农民健康工程先进县(市、区)称号的通知(苏卫农卫〔2013〕18号)，由于邳州市、新沂市、新北区、海安县、灌云县、金湖县、建湖县、滨海县、靖江市9个县(市、区)在完善新型农村合作医疗制度、规范农村基本公共卫生项目服务和提升农村卫生机构基本服务能力、巩固农村卫生机构综合改革成果和加强乡村医生队伍建设等方面取得了显著成绩，故决定授予"江苏省农民健康工程先进县(市、区)"称号。

2014年2月27日，江苏省卫生厅印发了《2014年全省卫生工作要点》的通知(苏卫综合〔2014〕3号)，要求各市卫生局认真贯彻执行。

2014年3月11日，如东县提出深入推进新农合混合支付方式的改革，通过合理确定支付标准、建立医疗机构信用等级评定制度、实施核心指标考核按月结算等措施，不断推动混合支付方式改革向纵深发展。

2014年5月23日，江阴市提出将进一步完善新农合支付方式改革，通过提高总额付费的计算精度、推行混合支付方式改革、增进支付改革与管理融合等措施，不断精细化新农合支付方式，逐步形成了以总额付费为主，按项目付费、按病种付费和按床日付费为辅的混合支付方式。

2014年7月8日，淮安市加强了新农合督查工作的力度，整合了各县(区)合管办、市级定点医疗机构合管办、商业保险公司等力量，组建60余人的市级新农合督查队伍，制发统一证件，提高督查层次，加大督查频次，提升督查效能。

2014年7月30日，江苏省卫生厅转发国家卫生计生委办公厅《关于做好新型农村合作医疗几项重点工作的通知》(苏卫农卫〔2014〕9号)，要求各地进一步完善新农合集资机制，全面建立新农合大病保险制度，调整完善一般诊疗费等支付政策，深入开展新农合支付方式改革，扎实做好异地就医联网及时结报工作。

2014年8月19日，徐州市出台了《新型农村合作医疗分级诊疗管理实施方案(试行)》，率先启动新农合分级诊疗管理工作，加快建立基层首诊、分级诊疗、双向转诊的就医新秩序。

2014年11月4日，江苏省卫生厅发布了《关于做好新农合参合人员基本信息登记工作的通知》(苏卫基层〔2014〕1号)，要求各地组织做好新农合参合人员基本信息登记工作，不断提升新农合管理服务水平。

农村最低生活保障大事记

2013年12月23日，南京市民政局和财政局发布关于开展因病支出型贫困家庭临时生活救助试点工作的通知，从2014年1月至2014年12月在建邺区、高淳区开展试点工作。要求试点区民政局、财政局根据本通知精神，积极筹集资金，确保试点工作按时启动，惠及困难群众；加大试点工作的宣传力度，提高因病支出型贫困家庭临时生活救助申请率，以便准确掌握因病支出型贫困家庭临时生活救助工作量，为下一步全市政策调整提供准确依据；及时掌握试点工作成效，总结经验，分析存在的问题，按时上报试点工作情况。其他区民政局也要将支出型贫困救助作为社会救助工作的开展重点进行深入研究、论证。

2014年1月20日，江苏省“两会”期间，“改革”、“民生”等成为会议热词，民政工作成为关注焦点。省政协委员、民政厅厅长侯学元接受新华日报、江苏卫视、现代快报等多家省级媒体专访，围绕加强养老服务体系建设、加大困难群众救助力度等民众关注的热点问题作出积极回应。

2014年1月28日，江苏省首批因病支出型贫困家庭领到救助金。标志着今后，我省因病、因灾等原因造成的“支出型贫困家庭”将被纳入保障体系，获得制度性和常态性的救助。

2014 年 2 月 11 日，国务院颁布第 649 号国务院令，宣布《社会救助暂行办法》自 2014 年 5 月 1 日起施行。

2014 年 03 月 19 日，江苏省民政厅召开厅党组会议，专题研究部署《社会救助暂行办法》贯彻实施工作。会议明确，贯彻落实国务院《社会救助暂行办法》是当前和今后一段时期我省民政工作的头等大事、重中之重，省民政厅将贯彻实施《社会救助暂行办法》情况增列为今年全省民政重点工作综合考核评估一票否决事项。

2014 年 5 月 1 日前，江苏省所有乡镇、街道将依托现有政务大厅、综合服务窗口、社区服务中心等，设置社会救助申请“一门受理”窗口，在受理窗口挂牌，对困难群众提出的最低生活保障、特困人员供养、受灾人员救助、医疗救助、教育救助、住房救助、就业救助、临时救助等申请事项，明确专人负责受理或转办工作，做到人员到岗、到位。

2014 年 7 月 3 日，江苏省民政厅会同省财政厅下达 2014 年孤儿基本生活保障省补资金，对苏南、苏中、苏北的补助标准分别由 2013 年的每人每月 90 元、135 元、180 元提高到 100 元、150 元、200 元，提高幅度超过 10%，全省 19 415 名孤儿从中受益。

2014 年 7 月，省民政厅、财政厅联合下发文件，要求全省各地从 2014 年 7 月起，全面提高城乡居民最低生活保障标准，确保城乡低保标准高于上年度省辖市城镇居民人均可支配收入和县(市、区)农民人均纯收入的 20%，农村保障标准达到 300 元/月以上。

2014 年 7 月，南京市江宁区城乡低保第 13 次提高保障标准：从今年 7 月 1 日起，农村低保由月人均 480 元提高到 660 元，城镇低保由月人均 560 元提高到 660 元。本次提标是历年来幅度最大的一次，并实现了保障标准城乡同标、与主城区同步。

2014 年 8 月，为深入贯彻实施国务院《社会救助暂行办法》，确保“救急难”方针落在实处，根据民政部和省领导提出的“江苏省社会救助工作要先行先试”的要求，江苏省民政厅把乡镇(街道)社会救助“一门受理”平台建设作为打通社会救助政策执行“最后一公里”的基础性工作，加大试点力度，在总结南京市鼓楼区等地乡镇(街道)社会救助“一门受理”窗口建设经验的基础上，把能力建设作为核心，提出“求助有门、门里有人、人人全能、能解急难”的基层社会救助工作新思路，初步形成了“一站式受理”、“一体化推行”、“一个口上下”的基层社会救助管理服务工作模式，确保群众求助不走弯路，政府部门救助及时到位。

2014 年 9 月 28 日，《江苏省 2013 年老年人口信息和老龄事业发展状况报告》正式发布，关于老龄事业发展状况，省老龄委副主任、省民政厅厅长侯学元说，省委省政府高度重视和加强老龄工作，老龄事业稳步快速发展。一是养老社会保障制度更加健全。围绕人人享有基本社会保障的目标，我省基本养老保险、最低生活保障、五保供养、临时生活和医疗救助以及农村部分计划生育家庭奖励扶助等政策和制度构筑了全覆盖的养老社会保障体系，保障水平稳步提高。

2014年10月，宿迁市民政局会同市财政局出台《宿迁市聘用村居(社区)社会救助协理员试行办法》，明确了以政府购买服务方式聘用村居(社区)社会救助协理员，实行“县(区)聘用、乡镇(街道)管理、村居(社区)协助”的管理原则，原则上由担任村居(社区)灾害信息员的村干部兼任，规定社会救助协理员在乡镇(街道)民政办直接领导下，负责派驻村居(社区)的社会救助工作。

2014年10月，苏州市姑苏区出台《特困人员帮扶资金使用办法》。该办法结合《特困人员帮扶资金使用办法(试行)》实施一年以来的实际情况，对救助金额、救助对象都有提高和扩大，同时，特困人员帮扶资金的申请流程也更加优化。

2014年10月，连云港建立农村低保“固定式”公示栏，有效杜绝了“关系保”“人情保”。公示栏均放在各村醒目位置，公示内容包括低保政策、评议小组名单、享受低保人员基本情况、领取金额、市、县区民政局举报电话等内容。

城乡居民社会养老保险大事记

2014年1月1日起，江苏全面整合新型农村社会养老保险和和城镇居民养老保险两项制度，实行全省统一的城乡居民社会养老保险制度。整合后的城乡居民社会养老保险基金筹集主要由个人缴费、集体补助和政府补贴构成。参保人员按规定缴纳养老保险费。具有江苏省户籍，年满16周岁(不含在校学生)以上、60周岁以下，未参加企业职工基本养老保险的农村居民和城镇非从业居民，均可在户籍地自愿参加城乡居民社会养老保险。参加城乡居民社会养老保险的人员，年满60周岁可按月领取养老金。根据国家政策和全省经济社会发展，以及物价变动等情况，江苏省将适时调整基础养老金的最低待遇标准。

2014年7月1日起，江苏省人力资源和社会保障厅、省财政厅关于印发《江苏省城乡养老保险制度衔接实施意见》的通知，其中规定参加了企业职工基本养老保险和城乡居民基本养老保险的人员，达到企业职工养老保险法定退休年龄或领取企业职工养老保险待遇年龄时，企业职工养老保险缴费年限满15年的，可以申请将城乡居民养老保险转入企业职工养老保险，按照企业职工养老保险办法计发相应待遇。

2014年12月8日，江苏省政府办公厅出台《关于进一步完善城乡居民基本养老保险制度的意见》，将现行的“城乡居民社会养老保险制度”更名为“城乡居民基本养老保险制度”，并将最高筹资标准从1200元/年提高到2500元/年。新缴费标准将从2015年1月1日起正式实施。

失地农民社会保障大事记

2014年2月18日，连云港市十三届政府第9次常务会议研究通过《连云港市征地补偿和被征地农民社会保障办法》。该政策明确了被征地农民的名单公示的时间，明确被征地农民社会保障资金应当遵循“谁用地，谁负责”的原则予以足额缴纳，进一步细化劳动年龄段被征地农民进入社会保障机制。

2014年3月13日，镇江市政府出台了《镇江市征地补偿和被征地农民社会保障办法》，对镇江市被征地农民的补偿和社会保障办法进行调整和完善。《办法》要求更好地监督和落实对征地农民的补偿和保障，地上附着物补偿费和青苗、树木花木补偿标准在镇政规发〔2011〕7号文规定基础上平均上调10%，提高资金拨付效率，实行分类施保、应保即保。

2014年3月24日，泰州市出台《泰州市市区征地补偿和被征地农民社会保障实施办法》。新《实施办法》突出强调对被征地农民实行多元保障机制。

2014年4月2日，徐州市政府出台了相应的《徐州市征地补偿和被征地农民社会保障实施办法(试行)》(徐政规〔2014〕1号)。《实施办法》对原《办法》在一些方面做了补充，具体包括：增加被征地村集体经济组织成员资格认定；细化被征地农民名单产生流程；增加部门分工和建立信息管理系统。

2014年4月14日，南通市政府出台了《市区征地补偿和被征地农民社会保障办法》。

2014年6月5日，扬州市政府出台《扬州市征地补偿和被征地农民社会保障办法》，明确以征地补偿安置方案批准之日为界限，按被征地农民不同年龄段，实行不同的参保办法，新办法于7月3日起正式施行。

2014年6月，常州市制定出台了《常州市征地补偿和被征地农民社会保障办法》(常政规〔2014〕6号)，自2014年7月1日起施行。《办法》首先明确了关于征地补偿和被征地农民社会保障的原则，即即征即保、应保尽保、分类施保、逐步提高。明确市、辖市(区)人民政府统一负责本行政区域内的征地补偿和被征地农民社会保障工作，并明确了各相关部门的职责。在征地补偿的相关政策方面，明确征收农民集体土地，应当依法足额支付征地补偿费用，安排被征地农民的社会保障费用。

2014年7月28日，盐城市出台了《盐城市征地补偿和被征地农民社会保障实施办法》。该《实施办法》重点强调改革保障方式、划分保障年龄、明确保障标准、划转保障资金，统一并提高了大市区被征地农民生活补助费和养老金标准，实现同城同标准。

2014年9月10日，苏州市人民政府审议通过《苏州市市区征地补偿和被征地农民社会保障办法》。根据新办法的精神，吴中区21万被征地农民纳入城镇职工养老保障体系之中。

农村扶贫开发大事记

2014年1月27日，江苏省扶贫工作领导小组召开会议，总结、研究农村扶贫开发工作。省委副书记、省扶贫工作领导小组组长石泰峰主持会议并作讲话，副省长、省扶贫工作领导小组副组长徐鸣出席会议。会议听取了省委农工办(扶贫办)扶贫开发工作情况汇报，原则同意《关于大力推进扶贫开发体制机制创新的意见(征求意见稿)》，通过了2012~2013年度脱贫奔小康工作先进工作单位和优秀帮扶工作队员表彰方案，审定了新一届省委驻县帮扶工作队组建方案。

2014年2月18日，根据江苏省省委、省政府扶贫开发工作部署，省交通运输厅成立厅帮扶工作领导小组，召开专题会议，研究并明确扶贫开发六个集中连片地区和黄河故道地区交通帮扶方案的总体思路、工作重点，并对编制六个片区和黄河故道地区交通基础设施专项实施方案做出部署。

2014年5月19~22日，江苏省人大常委会委员、农委副主任梁学忠率扶贫开发立法调研组赴徐州市、睢宁县、连云港市、灌南县，通过召开部门座谈会、实地查看帮扶项目等方式，开展《江苏省农村扶贫开发条例(草案)》立法调研。省人大常委会农委委员郝日升、省扶贫办副主任朱子华等参加调研。

2014年10月14日，江苏省扶贫工作领导小组印发了《关于组织民营企业开展村企挂钩扎实推进社会扶贫工作的指导意见》，对组织民营企业开展村企挂钩，推进社会扶贫工作提出了具体的意见。《指导意见》明确提出，要引导组织民营企业挂钩帮扶经济薄弱村，利用民企资本、技术、人才和管理等优势，帮助经济薄弱村开发优势资源，培育主导产业，加强基础设施和社会事业建设，促进经济社会发展，实现富民强村目标。

2014年10月16日，江苏省委在淮安召开扶贫开发调研座谈会。省委书记罗志军强调，要认真学习、深刻领会、牢牢把握习近平总书记关于扶贫开发的重要战略思想，以更高要求、更实举措、更大力度做好我省的扶贫开发工作，咬定目标不动摇，围绕中心不偏离，抓牢重点不松劲，创新机制不止步，坚决打赢脱贫奔小康工程这场攻坚战。

2014 年 11 月 7 日，江苏省人大常委会在南京召开泗洪县西南岗地区整体帮扶工作推进会，进一步贯彻落实中央和省关于扶贫开发工作的各项要求，研究西南岗地区“十二五”整体帮扶规划实施工作，推动省有关部门和单位进一步加大帮扶力度，动员各方凝心聚力，促进西南岗地区尽快实现脱贫奔小康目标。